DE LA

JURIDICTION FRANÇAISE

DANS LES ÉCHELLES

Aix, Imprimerie F. VITALIS, Pont-Moreau, 2. — 1859.

DE LA

JURIDICTION FRANÇAISE

DANS

LES ÉCHELLES

DU LEVANT ET DE BARBARIE

Par L.-J.-D. FÉRAUD-GIRAUD

Conseiller en la Cour Impériale d'Aix

PARIS

A. DURAND, LIBRAIRE-ÉDITEUR

RUE DES GRÉS, 7

1859

1858

J'avais publié em 1855, dans la *Revue historique du Droit français et étranger*, éditée par M. A. Durand, un article sur la Juridiction française dans le Levant; j'ai cru qu'il ne serait pas inutile de compléter cette étude théorique, d'un côté, par une indication détaillée des sources où j'avais puisé, de l'autre, par un commentaire pratique des lois et règlements sur la matière. C'est ce travail ainsi complété que l'on imprime aujourd'hui.

Si les magistrats consulaires, pénétrés de leurs devoirs et familiarisés avec eux par une longue pratique, n'ont besoin ni de conseil, ni de guide; s'il est inutile pour mes collègues de la Cour d'Aix de reproduire des lois exceptionnelles qu'ils appliquent journellement comme juges directs ou d'appel, et de publier une jurisprudence fondée exclusivement sur leurs propres décisions; il est cependant encore intéressant de mettre en relief une juridiction peu connue et qui, au point de vue du droit international et de nos intérêts politiques et commerciaux dans le Levant, est digne d'attirer l'attention des esprits sérieux.

Le nombre des affaires judiciaires portées devant les consulats du Levant augmente chaque année, et toutes les années également ces affaires sont soumises en plus grand nombre à l'appréciation de la Cour impériale d'Aix. Il y a quelques mois, il n'y avait pas moins de vingt affaires du Levant sur le rôle civil de cette Cour. Quatorze de ces affaires avaient été jugées à Constantinople, deux à Alexandrie, une à Iassy, une à Smyrne, une à Bucharest, une au Caire.

Voici dans les années antérieures quel avait été

le nombre des arrêts rendus sur appel des décisions consulaires du Levant :

En 1847, sept affaires venant, trois d'Alexandrie, trois de Smyrne, une de Tunis ;

En 1848, deux affaires, une de Smyrne, une de Constantinople ;

En 1849, cinq, dont trois de Constantinople, une de Smyrne, une d'Alexandrie ;

En 1850, six, dont deux de Constantinople, une de Salonique, une de Smyrne, une de Tunis, une d'Alep.

En 1851, quatre, toutes de Constantinople ;

En 1852, quatre, dont deux de Constantinople, une du Caire, une de Tunis ;

En 1853, cinq, dont deux de Constantinople, une de Smyrne, deux d'Alexandrie ;

En 1854, six, dont deux de Constantinople, deux de Larnaca, deux du Caire ;

En 1855, trois, toutes de Constantinople ;

En 1856, onze, dont sept de Constantinople, une de Beyrouth, deux du Caire, une de Tunis ;

En 1857, sept, dont cinq de Constantinople, une d'Alexandrie, une du Caire.

De 1836 jusques et y compris 1856, il a été rendu en matière correctionnelle, sur appel, ou en matière criminelle directement, vingt-neuf arrêts de condamnation. Quelques arrêts d'acquittement doivent être joints à ce chiffre pour compléter l'indication des arrêts rendus en matière correctionnelle ou criminelle. Sur les vingt-neuf arrêts de condamnation, douze ont été prononcés par la chambre correctionnelle, sur appel de sentences consulaires; dix-sept ont été rendus en matière criminelle par les chambres réunies.

Les douze arrêts rendus par la chambre correctionnelle ont prononcé l'emprisonnement pendant moins d'une année, à l'exception d'un seul condamnant l'inculpé à cinq années d'emprisonnement, et à diverses peines accessoires, notamment cinq ans de surveillance. Une de ces affaires avait été jugée en première instance à Tunis, une à Alexandrie, deux à Smyrne, huit à Constantinople.

Les dix-sept arrêts de condamnation prononcés par les chambres réunies ont atteint dix-sept accusés.

Aucun d'eux n'a été condamné à moins d'un an de prison;

Trois ont été condamnés à un an d'emprisonnement;

Cinq à plus d'un an de la même peine;

Trois à la réclusion ;

Trois aux travaux forcés à temps ;

Un aux travaux forcés à perpétuité ;

Deux à mort.

Je dois ajouter que ces condamnations à mort ont été prononcées contre des contumaces.

La plupart des affaires civiles ou criminelles portées devant la Cour, concernent des Français ; quelques-unes d'entr'elles cependant intéressent des protégés français. Le nombre de ces derniers est bien moindre depuis que, presque toutes les nations, ont obtenu le droit d'entretenir des consuls dans les Echelles. Cependant la France a encore sous sa protection des étrangers dans quelques-uns de nos arrondissements consulaires et notamment des Suisses et des sujets de Sa Sainteté.

Plusieurs décisions dans les affaires civiles portées devant la Cour émanent, non des tribunaux consulaires, mais des commissions mixtes, dont l'organisation verbalement convenue entre les légations dans le Levant mérite d'être remarquée. Les relations nombreuses qui existent entre toutes les places de commerce font naître journellement des contestations qui sont souvent vidées d'une manière diffé-

X

rente par les divers juges qui en sont investis. De là des difficultés d'exécution de toute nature et la plupart insolubles. On ne pourrait les prévenir que par des traités internationaux qui établiraient pour ces cas des tribunaux mixtes dont les parties seraient obligées de respecter les décisions. Si jamais, dans l'intérêt des relations commerciales, cette pratique était mise en vigueur entre les diverses nations, l'étude du fonctionnement des commissions mixtes du Levant fournirait des données précieuses à recueillir.

J'ai divisé cette étude en trois parties. La première, qui n'est presque que la reproduction de l'article publié dans la *Revue Historique*, contient un aperçu historique et théorique sur la Juridiction française dans les Echelles. J'ai rapporté dans la seconde le texte annoté de nos traités avec la Porte et les régences barbaresques. La troisième est consacrée aux lois et règlements intérieurs destinés à assurer l'exécution des dispositions des traités concernant notre juridiction dans le Levant.

En rapportant nos traités avec la Porte, j'ai dû éviter de rappeler les difficultés purement politiques auxquelles leur exécution a donné lieu. C'est à l'occasion de l'application de l'article 33 des capitulations de 1740 que naissaient encore hier les différends qui ont amené nos soldats et les flottes alliées dans la Baltique et la mer Noire. Je n'avais point à redire les faits d'une guerre où notre pavillon a toujours flotté vainqueur à la tête de nos alliés et en présence de nos ennemis. Qu'on me permette toutefois, à l'occasion du texte même de ces traités conclus à des époques bien diverses avec la Porte Ottomane, de faire remarquer qu'on y retrouve sans cesse et partout cette loyauté, ces principes généreux et ce noble désintéressement qui caractérisent notre politique extérieure.

Dans tous ces actes, la France, loin d'agir avec égoïsme dans un intérêt privé et particulier, stipule toujours dans l'intérêt général des puissances européennes. Dès le premier traité avec la Turquie, nous demandons à faire jouir tous les Francs des privilèges qui nous sont concédés et nous fesons des réserves expresses en faveur de l'Angleterre et du Saint-Siége. Ces garanties, réclamées par la France en faveur des autres nations, nous les retrouvons stipulées dans tous les traités postérieurs que nous obtenons par l'entremise de nos ambassadeurs, grâce à nos bons rapports avec la Porte ou au succès de nos armes à l'encontre des puissances barbaresques.

Vis-à-vis de ces puissances elles-mêmes, nous nous sommes toujours montrés grands, justes et généreux. Au moment où nos forces navales purgaient, au profit de tous les navigateurs, la Méditerranée des pirates qui l'infestaient, nous ne demandions aux vaincus que la reconnaissance des principes du droit des gens admis par les puissances civilisées; nous réclamions des garanties pour la personne et la propriété de tous également; nous faisions proscrire pour le cas de guerre entre les gouvernements les injustes représailles exercées contre les particuliers; nous allions jusqu'à faire admettre, par des peuples alors trop habitués à vivre en forbans et en pirates, l'abolition du droit de course en temps de guerre (Traité de 1830 avec Tunis, § 1); abolition qui ne devait être proclamée par les grandes nations que longtemps après (Déclaration du 28 avril 1856).

Enfin, ces traités témoignent des bons rapports qui ont toujours existé entre la France et la Turquie. La loyauté de notre politique, la position géographique de la France, l'intérêt qu'elle a au développement de ses rapports commerciaux avec le Levant et par suite à la prospérité de ce commerce, ont de tout temps rassuré la Porte sur les intentions de notre gouvernement. Aussi ces relations, *d'une parfaite sincérité, d'une particulière affection de candeur et droiture*, ont entretenu, comme le disent les traités, *depuis un temps immémorial, des liens d'une sincère amitié et d'un attachement particulier entre la France et la Porte*. Ces liens, il importe au gouvernement turc de les resserrer autant que possible, car peut-être jamais il n'eut plus besoin d'alliés sûrs et puissants.

Pendant des siècles, Marseille a été l'intermédiaire le plus actif et le plus efficace de nos relations commerciales et politiques avec les Echelles. C'est par elle que la France a fait de la Méditerranée un lac français. Ici encore nous devons puiser dans le passé d'utiles leçons. Rien ne doit être négligé pour assurer à cette grande et antique place de commerce une importance qui servira à la France à conserver sa prééminence dans la Méditerranée. Nos autres ports de commerce dans cette mer, visités par des chemins de fer côtiers, perdent chaque jour une activité bien circonscrite et qu'ils devaient sur-

XIV

tout au mouvement du cabotage. C'est dans les grands centres maritimes, où se trouvent, d'un côté, les intelligences et les bras, de l'autre les capitaux et les marchandises, qu'il faut développer un mouvement qui paraît excessif et qui cependant a besoin d'être largement secondé dans l'intérêt général du pays. Ce n'est point une lutte avec d'autres ports français qu'il faut craindre et éviter, mais les effets ruineux d'une concurrence largement organisée dans des ports étrangers qu'il faut prévenir. Dans les temps passés, pour arriver à ce résultat, rien n'a été négligé; on mit en vigueur, en faveur de Marseille, toutes les lois d'exception, de privilège, de monopole. Ces mesures seraient aujourd'hui des anachronismes dangereux; on ne peut assurer de nos jours la prospérité d'un grand port qu'en lui donnant toutes les facilités qui accompagnent la liberté du commerce. Ces facilités, le commerce marseillais, les possède en grande partie; celles dont il a encore besoin ne lui manqueront pas. D'un autre côté, nos possessions d'Afrique, en créant en face de l'empire français un nouveau royaume qui, baigné au nord par la Méditerranée, finira par ne trouver d'autres limites à l'Ouest que l'Océan; nos anciennes relations avec le Levant, qui ne peut tarder de devenir une échelle pour le commerce entier de l'Asie, promettent à Marseille, secondée par le concours actif et vigilant d'un gouvernement éclairé, un avenir digne de son passé.

Si j'écris ici ces lignes sur l'importance et l'avenir de Marseille, c'est que j'ai bien le droit de les placer à la tête d'un travail sur nos établissements consulaires dans le Levant. Pendant plusieurs siècles Marseille fut la métropole de ces établissements et la Chambre de commerce de cette ville en eut exclusivement la surveillance et la haute administration aux époques de leur plus grande prospérité.

I.

APERÇU HISTORIQUE ET THÉORIQUE

SUR LA

JURIDICTION FRANÇAISE

DANS LES ÉCHELLES DU LEVANT ET DE BARBARIE.

DE LA

JURIDICTION FRANÇAISE

DANS LES ÉCHELLES DU LEVANT ET DE BARBARIE (1).

Le droit de rendre la justice est un des attributs les plus importants de la souveraineté; aussi les gouvernements s'en sont-ils montrés en général très-jaloux. Ils ont voulu que des hommes revêtus d'un caractère public institués par eux pussent seuls prononcer des ju-

(1) On appelle Echelles du Levant les ports de la partie orientale de la Méditerranée soumis à la domination de la Porte Ottomane, dans lesquels les Européens ont des comptoirs. Les Echelles de Barbarie sont les ports méditerranéens du nord de l'Afrique sur les côtes des régences de Tripoli et de Tunis et de l'empire du Maroc. Le mot échelles vient sans doute du vieux terme de marine *escale* qui signifie port de mer qu'on trouve sur la route et où l'on entre par occasion pour ravitailler un navire, chercher un abri contre les vents, un refuge contre l'ennemi; c'est le *portus minor* de du Cange. Les navigateurs qui fesaient le commerce du Levant étaient autrefois dans l'habitude de s'arrêter dans ces divers ports et par suite de faire échelle ou escale. On fait dériver escale du turc *iskelé* qui signifie embarcadères: ce mot turc serait lui-même dérivé de l'hébreu *aïskaleth*, nom qui sert à désigner l'échelle dont on se sert pour arriver sur un navire ou en descendre.

gements obligatoires; et lorsque, entre nationaux, des amis communs ont été amiablement investis de l'appréciation de certaines contestations, leurs décisions n'ont pris un caractère authentique et n'ont pu être mises à exécution qu'après l'ordonnance du magistrat.

La susceptibilité du pouvoir serait bien autrement excitée, si les entreprises sur la juridiction territoriale procédaient du fait de juges étrangers; si, dans l'exercice des fonctions dont ils auraient été investis par le chef de leur gouvernement, des étrangers venaient sur le territoire d'une autre nation rendre la justice au nom d'un prince étranger, alors même que les décisions ne porteraient que sur des contestations nées entre sujets de ce prince. Un pareil acte serait considéré comme un attentat au droit de souveraineté.

Cependant, dans certaines matières, des exceptions à la rigueur de ce principe paraissent inévitables. Dans la navigation maritime, il est impossible de soumettre à toutes les juridictions locales des pays où l'on peut être dans le cas d'aborder, les contestations qui naissent entre gens de l'équipage; aussi les agents locaux que les Etats entretiennent à l'étranger pour protéger leurs nationaux sont généralement considérés comme ayant qualité pour vider ces différends. L'exécution de pareilles décisions qui a lieu sur un navire, démembrement flottant de l'Etat dont il porte le pavillon, est d'ailleurs facile, et ne nécessite pas des actes d'autorité sur le territoire de la nation auprès de laquelle est accrédité cet agent.

Des gouvernements sont allés plus loin, ils ont toléré en fait sur leur territoire l'existence d'une juridiction étrangère, en refusant toutefois de reconnaître une force exécutoire aux jugements et actes émanés des consuls chargés de rendre la justice à leurs nationaux. Il est des souverains qui ont admis dans leurs Etats des consuls étrangers, avec droit de juger ; mais, même dans ce cas, cette reconnaissance ne suffit pas pour donner force exécutoire à leurs jugements ; le droit de juger n'emporte pas le droit de contraindre.

Cet état de choses est la pratique ordinaire des consulats en pays de chrétienté. Les étrangers doivent porter devant leurs consuls les contestations qui les divisent. L'édit de juin 1778 en fait même une obligation pour les Français, à peine d'amende. Le consul a droit de juger ; mais sa sentence, exécutoire sur le territoire du gouvernement qui le nomme et le commissionne, reste une lettre morte, sans force et sans vigueur, dans le pays où il a été admis à fixer sa résidence. Pour nous servir de la langue de divers traités, les consuls n'ont pas de juridiction coactive.

Les évènements politiques, les guerres, les alliances,

les nécessités commerciales et industrielles ont amené entre divers Etats, des traités à la suite desquels les décisions des consuls ont obtenu une force exécutoire, non-seulement dans leur patrie, mais encore sur les territoires où ils résident; c'est alors à la lettre de ces traités qu'il faut recourir pour connaître l'étendue des pouvoirs des consuls et la portée d'exécution de leurs sentences (1).

Nous venons d'indiquer les règles que l'on suit en pays de chrétienté, relativement à la juridiction civile. Quant à la juridiction criminelle, elle y est formellement refusée aux consuls. Le principe posé dans l'article 3 du Code Napoléon : « Les lois de police et de sûreté obligent tous ceux qui habitent le territoire, » est consacré par les législations des divers peuples, avec cette consé-

---

(1) Parmi ces traités, on peut citer ceux des 11 janvier 1787, art. 7, entre la France et la Russie ; de 1782, entre la Russie et le Danemark ; 14 novembre 1788, art. 12, entre la France et les Etats-Unis, et encore ceux de 1665 et 1667, entre l'Espagne et la Grande-Bretagne ; 1828, entre les Etats-Unis et la Prusse ; 1816, entre les Etats-Unis et la Suède, etc. La plupart de ces traités ne sont restés que peu de temps en vigueur. Celui de 1788, entre la France et les Etats-Unis, était annulé par l'acte du 7 juillet 1798 et par le traité du 8 vendémiaire an IX, comme l'a jugé, le 17 mai 1831, la cour d'Aix, entre Huguet et Fetty-Place. Cet arrêt est rapporté dans la collection des lois et arrêts de Sirey et Villeneuve, tome 1831, 2ᵉ partie, page 208. Le pourvoi, a été rejeté par arrêt de la Chambre des requêtes du 26 avril 1832. Sic Walker, *Collection d'anciennes lois*, t. 5, p. 484. L. Pouget, *Principes du droit maritime*, 1858, t. 1, p. 402, etc.

quence que c'est au juge territorial seul à réprimer les infractions à ces lois commises par les étrangers. Les dérogations apportées à ces règles par les traités sont exceptionnelles; elles n'ont lieu que pour des cas très-rares.

La pratique est différente dans les pays hors chrétienté. Les gouvernements étrangers sont arrivés à y faire reconnaître et sanctionner le fonctionnement normal de leur juridiction nationale pour les affaires civiles et criminelles. Presque tous les États se sont ainsi procurés, par des traités dans les pays musulmans, une sorte d'extra-territorialité, qui permet aux consuls d'exercer sans contestation sur leurs nationaux des pouvoirs fort étendus pour le jugement des différends civils, comme pour la police, la punition des délits et la poursuite des crimes.

Dans ces pays les consulats ne sont pas seulement, comme le disait Depping, des Cours de commerce transportées en pays étrangers, ce sont des tribunaux de justice civile et criminelle auxquels est soumise la colonie française placée dans le ressort.

La France est la première des nations européennes qui ait obtenu de la Porte Ottomane des concessions aussi larges, non-seulement en faveur de ses nationaux, mais encore des autres nations autorisées à se placer sous la protection de son pavillon (1).

(1) Non era permesso altre volte di navigar nelle Scale e Scali del

Ces concessions sont si exceptionnelles, si exorbitantes, si contraires aux règles ordinaires du droit public international et aux principes de la souveraineté, qu'il ne sera pas sans intérêt d'exposer l'historique des traités qui ont sanctionné de pareils priviléges ; d'indiquer comment, au bénéfice de ces traités, s'exerce dans ces pays la juridiction française soit en matières civiles, soit en matières criminelles.

C'est surtout de la justice française dans le Levant que nous nous occuperons, bien que les mêmes règles soient presque entièrement applicables à la Barbarie pour laquelle la Porte stipulait. Il existe toutefois pour plusieurs de ces pays des traités particuliers (1) dans le détail desquels il nous a paru peu utile d'entrer, surtout depuis que la régence d'Alger est devenue une terre française.

Levante che sotto la protezione della bandiera di Francia, i cui Consoli erano gli arbitri nati di tutte le controversie che insorgevano sul traffico marittimo, sia tra i Francesi e di Turchi, come tra gli altri abitanti del paese. Tutto adesso é cangiato dacché altre nazioni hanno ottenuto il permesso di commerciar seco loro. (Azuni *Sistema univ. dei principj del diritto marittimo*. Firenze 1795, t. 1, p. 241.)

C'est sans doute par suite de ces anciens priviléges qui avaient placé autrefois tous les étrangers dans le Levant sous la protection du pavillon français, que l'on avait pris l'habitude de les désigner tous sous le nom commun de Francs.

(1) Voyez pour le Maroc, notamment les traités des 3 sept. 1630 ; 17 sept. 1631 ; 7 sept. 1635 ; 29 janv. 1682 ; l'acte du 20 sept. 1751 ; les traités des 28 mai 1767 ; 17 mai 1824 ; 28 et 31 mai 1825. — Pour Tunis, traité du 9 nov. 1742 ; pour Tripoli, traité du 28 mai 1767. Voyez au surplus *infra* 2ᵉ partie.

§ 1. — Origine de la juridiction française dans le Levant et dans les États barbaresques. — Documents qui l'ont sanctionnée.

Lorsqu'il existe entre deux peuples une très-grande différence sous le rapport de la religion, des mœurs, des lois et des coutumes, des rapports durables et suivis ne sont possibles qu'autant que celui de ces peuples que son activité attire sur le territoire de l'autre y trouve des garanties exceptionnelles sans lesquelles il n'existe aucune sécurité pour les personnes ni pour les biens. L'introduction de leur justice nationale dans ces pays est pour les étrangers le plus précieux gage de sûreté qu'ils puissent obtenir ; ce n'est qu'à cette condition qu'ils peuvent fonder des établissements durables et fructueux. Aussi, dans des circonstances semblables, les exemples de pareilles concessions se retrouvent-ils aux diverses époques de l'histoire. Cinq cent vingt-six ans avant Jésus-Christ, Amasis avait concédé aux Grecs le droit de choisir et d'instituer en Egypte des magistrats investis du droit de juger, suivant les lois de la Grèce, leurs nationaux commerçants établis en Egypte. Au sixième siècle, les barbares avaient autorisé les négociants étrangers établis sur les terres de la domination des Visigoths à soumettre leurs différends à des juges nationaux. « Dum trans-

« marini negociatores inter se causam habuerint, nullus
« de sedibus nostris eos audire præsumat, nisi tantum-
« modo suis legibus audiantur apud telonarios (1)
« suos (2). » Pendant le moyen-âge, de pareils usages
sont fréquemment consacrés, notamment au profit des
villes commerçantes, si puissantes à cette époque. Enfin,
ces usages se retrouvent partout où de grandes différences existent entre la civilisation de divers peuples; ainsi,
au neuvième siècle, l'empereur de la Chine avait concédé l'institution d'un juge mahométan à Kan-Phan pour
vider, d'après les lois musulmanes, les différends entre
les négociants turcs qui trafiquaient dans ce port (3).
Une pareille faveur nous a été accordée, de nos jours, en
Chine et dans les états de l'iman de Mascate (4).

Chez les Musulmans, nous devrons rencontrer des concessions semblables en faveur des étrangers appelés à ré-

(1) Telonarius n'est pas seulement *qui exigit tributum*, comme le dit Du Cange, t. VI, col. 1027; c'est le receveur des douanes et le juge des affaires de commerce, comme il le reconnaît, t. VI, col. 1028. V° TELONARIUS.
Telonarius est employé ici par la loi des Wisigoths dans le même sens que dans d'autres lois les *Bajuli*, *Præpositi*, *Seneschalli*, *Priores mercatuum*, etc. Miltitz, *Manuel des consuls*, t. I, p. 161.

(2) Leg. Wisigot., lib. XI, tit. III, *De transmarinis negotiatoribus*, art. 2.

(3) Voy. les autorités citées par Depping, *Hist. du Comm. entre l'Europe et le Levant*, t. II, c. VII, p. 23, note 2,

(4) Loi du 8 juillet 1852.

sider temporairement dans les villes commerçantes, alors que ces étrangers ont des lois religieuses, civiles et criminelles, des mœurs, des habitudes, des coutumes et des croyances si différentes de celles des Turcs et une civilisation éclairée par le Christianisme.

Aussi est-ce à ces différences que les auteurs rapportent la cause des pouvoirs de juridiction en matières civile et criminelle accordés aux consuls dans le Levant.

Dans ces pays, la force des choses a conduit même plus loin : non-seulement les étrangers résidant sur le territoire musulman ont conservé leurs lois et leurs juges; mais de pareilles concessions ont été faites même aux sujets tributaires de la Porte. Mahomet II nomma à Constantinople un patriarche (1) grec, chef de la nation, président du synode et juge suprême de toutes les affaires civiles et religieuses des Grecs. Les Arméniens ont à Constantinople, Césarée et Jérusalem, trois patriarches investis du droit de juger les affaires civiles (2) ; et même le

---

(1) Du grec πατριά, famille, lignage, patrie, et ἀρχός, chef. Ce titre donné aux anciens chefs de famille par la Bible, a été donné aux évêques des premières églises d'Orient ; il est encore pris par des archevêques d'Occident et par le chef de l'église grecque.

(2) Ces patriarches sont sous la suprématie du *Catholicos* ou grand patriarche, résidant à Etschmiazim, près d'Érivan, sur l'Ararat, autrefois à la Perse, aujourd'hui à la Russie depuis le traité de Tourkmantchaï (22 fév. 1828, art. 3), entre la Russie et la Perse.

Lorsque le couvent d'Etschmiazim, bâti, dit-on, par St. Grégoire de

pouvoir de répression des crimes et délits quoique reservé par les lois aux tribunaux turcs, en fait, est souvent exercé par les Patriarches. Les Juifs ont également leurs tribunaux, et un triumvirat composé de trois rabbins leur sert de tribunal suprême à Constantinople (1).

Les mahométans ont une aversion innée et invincible pour faire le commerce hors de leur pays ; la loi de Mahomet, qui leur défend de sortir de chez eux autrement que transitoirement et sans emporter le Coran, sert parfaitement leur humeur peu voyageuse. Ils n'ont personnellement aucun commerce maritime ; pas de marine marchande, car leurs vaisseaux sont peu nombreux, mal construits, mal dirigés, mauvais marcheurs (2). Les

---

Nazianze, passa de la Perse à la Russie avec la province d'Erivan, la Porte suspendit l'exercice de cette autorité supérieure du chef de l'église arménienne ; plus tard elle consentit à ce que le *Catholicos*, devenu sujet russe, conserva sur ses coréligionnaires en Turquie son ancienne autorité. Un extrait du règlement pour l'administration de l'église armeno-grégorienne dans l'Empire de Russie, a été publié dans la *Gazette Allemande de St. Petersbourg*, nos 90-94, du 24 avril (6 mai), au 29 avril (11 mai) 1836. Miltitz, tome I, appendice, page LVII, note 2.

(1) Les décisions de ces divers juges peuvent, d'après les lois, être déférées à la révision des tribunaux turcs ; mais soit qu'on force ; le plus souvent, les plaideurs à accepter par serment, en dernier ressort, la décision de leurs juges, soit pour éviter les frais, ou par toute autre cause, il y a très-rarement appel à la justice turque.

(2) Les Turcs ont été longtemps d'une ignorance extrême pour ce qui concerne la navigation. Miltitz rappelle que lors de la guerre entre la Porte et la Russie, terminée par la paix de Kaïnardji (10 juillet 1774), le divan, n'imaginant pas une communication possible entre la

Turcs, il est vrai, ont fait à plusieurs époques des efforts pour avoir une marine militaire. Au 16ᵉ siècle le croissant flottait dans la méditerranée, le golfe arabique et persique et la mer des Indes jusqu'au moment de l'échec subi le 8 octobre 1571 dans le golfe de Lépante. Depuis lors la marine militaire turcque se ressentit de l'état de langueur dans lequel tomba l'Empire. Elle se releva vers le milieu du 18ᵉ siècle, grâce au zèle de plusieurs sultans secondés par leur grand amiral; mais la journée de Navarin, le 26 octobre 1826, vint anéantir en un jour le résultat de tous ces efforts. Depuis, la Porte a vu de nouveau sa flotte écrasée à Sinope. A toutes les époques ce n'a été qu'au moyen de matelots étrangers que les Turcs ont pu armer leurs vaisseaux, et ils avouent que Dieu, qui leur a donné la terre, a laissé la mer aux infidèles.

Cependant la Turquie a un littoral étendu, de beaux

Baltique et l'Archipel par Gibraltar, adressa de vifs reproches à l'ambassadeur de Venise, « de ce que la république eût permis aux escadres russes d'arriver dans l'Archipel à travers l'Adriatique. » Hammer assure que lors de l'expédition française en Egypte, les ministres turcs, pendant longtemps, ne voulurent pas croire que les vaisseaux français pouvaient arriver dans la mer Rouge, et Miltiz nous dit encore que la découverte de l'Amérique n'a réellement eu lieu pour le divan que le jour où le gouvernement des Etats-Unis fit à la Porte des ouvertures pour un traité d'amitié et de commerce. Or, le premier traité entre ces puissances porte la date du 7 mai 1830, et s'il est vrai que les premières négociations furent entamées en 1818, ont voit que même cette époque est très-rapprochée de nous.

ports, de riches productions, en un mot elle est dans les conditions nécessaires au développement du commerce maritime. Si les Turcs étaient inhabiles à s'emparer eux-mêmes de cet élément de prospérité, le gouvernement ne pouvait renoncer aux avantages nombreux que ce commerce pouvait procurer à l'Etat ; il fallait donc appeler les étrangers pour exploiter ces richesses. De là une nouvelle cause de concessions en leur faveur. Ne nous étonnons donc pas des priviléges nombreux accordés par les sultans aux chrétiens qui fondaient des établissements dans les échelles du Levant. La Porte dut être d'autant moins éloignée de faire des concessions si utiles à la prospérité publique, qu'elles se trouvent en germe dans un acte du prophète lui-même, où on lit : « Je promets de protéger les magistrats des chrétiens dans mes provinces avec mon infanterie et ma cavalerie, avec mes troupes auxiliaires et avec les fidèles qui me suivent (1). »

Nous avons cru devoir relever en commençant les mo-

---

(1) Ricaut a donné la traduction du texte arabe de ce privilége dans l'*Hist. de l'état présent de l'empire ottoman*, publiée à Londres pour la première fois en 1668, liv. II, c. II, p. 346-359. Miltitz l'a reproduite d'après la traduction de Briot. L'authenticité de ce document est contestée ; cependant, dans une capitulation accordée par le calife Omar, second successeur de Mahomet, aux chrétiens de Jérusalem, en 636, et rapportée dans le *Journal des Voyages*, t. IX, p. 259, et *Miltitz*, t. II, p. 500, il est fait mention d'un acte du Prophète, ménageant les chrétiens et leur accordant sûreté.

tifs généraux des concessions faites aux Français en Orient. Étudions les faits à la suite desquels elles se sont établies et développées, les circonstances dans lesquelles elles ont été sanctionnées.

Il me paraît peu utile de remonter aux temps où Marseille, ancienne colonie grecque de l'Asie-Mineure, servait d'intermédiaire au commerce des Gaules avec le Levant. A diverses époques, quelques villes du littoral essayèrent en vain de disputer à la métropole des ports marchands de la Méditerranée ce commerce, qui lui appartint si longtemps exclusivement.

Dès le commencement de la monarchie française, des rapports s'étaient établis entre les rois francs et les empereurs d'Orient; Clovis avait reçu d'Anastase le titre de patrice et de consul. Au sixième siècle, un traité entre Chilpéric et Tibère II assurait aux armateurs d'Agde et de Marseille et aux négociants établis dans le Levant des facilités qui devaient nous donner dans ces pays, dès cette époque, le premier rang parmi les nations commerçantes.

Marseille qui, déjà avant l'ère chrétienne, avait eu une si brillante destinée, ne pouvait pas rester étrangère au mouvement commercial, qui donna tant de vie et d'éclat pendant le moyen-âge aux grandes cités commerçantes. Ce n'étaient plus Agde, Cette, Toulon, Fréjus, Antibes,

Montpellier, Narbonne, qui disputaient à Marseille le trident des mers dans la Méditerranée ; au lieu de ces timides et faibles rivales, c'étaient Venise, Pise, Gênes, Florence, Amalfi qui menaçaient le commerce marseillais. Dans le huitième siècle, les Provençaux se rencontrèrent dans le Levant avec les citoyens de ces cités puissantes qui se rendaient en Orient tantôt en négociants, tantôt en pèlerins, tantôt même en traitants (1).

C'est à la fin du huitième siècle et au commencement du neuvième que se rapportent les relations nombreuses qui ont existé entre Charlemagne et le kalife Aaroun-al-

(1) C'est surtout aux Vénitiens que ce reproche doit être adressé ; leurs premiers voyages dans la mer Noire paraissent avoir eu pour but l'achat des esclaves qu'ils vendaient, souvent après les avoir mutilés, pour être employés aux services des harems d'Asie. Lorsque le croissant flotta partout dans le Levant, ce trafic infâme acquit encore plus d'activité. Ce fut avec les esclaves de Circassie, transportés par les Vénitiens pour compte des souverains d'Egypte, que ceux-ci, pendant longtemps défendirent leur trône et repoussèrent les Arabes et les Coptes. Venise renfermait une foule d'esclaves acquis par la voie du commerce, bien plus que par le résultat de la guerre, et plusieurs auteurs vénitiens, tels que Gallicioli et Filiasi, regardent le grand nombre de ces étrangers, répandus dans leur ville, comme une des causes de la corruption des mœurs de cette république. Ces honteuses spéculations soulevèrent d'indignation la chrétienté ; les gouvernements employèrent tous leurs efforts pour les arrêter ; le Saint-Siége les ayant prohibées énergiquement et ayant lancé l'excommunication et les autres peines de l'Eglise contre les marchands désobéissants, Venise finit par se soumettre et dut y renoncer. Voyez Depping, t. I, c. 2, et t. II, c. 10. Miltitz, t. II, l. II, c. 1, sect. III, p. 74, et les auteurs par eux cités.

Raschid. Grâce à ces rapports de bonne intelligence et d'amitié, qui ont été pour les chroniqueurs de l'époque la source de fables inadmissibles, le roi de France put obtenir pour ses sujets, chez les musulmans, toutes les facilités d'accès et de commerce. Les documents historiques de l'époque ne nous donnent pas le texte des actes qui accordaient ces garanties aux Francs, mais leur existence ne paraît pas contestable. De cette époque date la nécessité d'une autorisation préalable du gouvernement français pour se rendre en Orient, autorisation que la Chambre de commerce de Marseille fut ensuite chargée d'octroyer jusque dans ces derniers temps. Ces autorisations, primitivement délivrées par les rois de France, devaient, à l'origine, être remises aux autorités locales, en arrivant dans le Levant. Les abus auxquels se livrèrent ces agents de la Porte motivèrent bientôt de nombreuses réclamations et donnèrent naissance à l'extension des priviléges concédés aux Francs. On leur permit d'avoir sur les lieux des agents nationaux commissionnés par leur souverain, reconnus par la Porte, appelés à protéger les Francs, à les surveiller, à les juger, et, au besoin, à les punir.

Les croisades (1) contribuèrent beaucoup à développer

---

(1) La première croisade eut lieu en 1095 ; la huitième et dernière finit en 1291.

l'influence des Francs dans le Levant et à augmenter le nombre de leurs établissements commerciaux dans ce pays. Ce grand drame politique et religieux qui, pendant deux siècles, poussa l'Europe vers l'Orient, eut les conséquences les plus heureuses. De cette époque datent, pour les nations de l'Occident, le progrès des institutions politiques, le développement des arts, de l'industrie, de la navigation, du commerce.

Le commerce avec l'Orient surtout prit une grande extension, et les marchands français en profitèrent en première ligne. La France avait été appelée à prendre la part la plus large dans les croisades ; partout en Orient, à cette époque, on rencontrait des marchands, des guerriers, des seigneurs et des princes français (1). Nos négociants ne pouvaient manquer d'être favorisés par leurs compatriotes, et le commerce du Languedoc et de la Provence dans le Levant, notamment celui de Marseille, ne pouvaient qu'acquérir un accroissement considérable et des facilités nombreuses.

Marseille, d'ailleurs, avait été d'un secours puissant à

(1) Presque tous les croisés qui fondèrent le royaume de Jérusalem notamment, étaient français. Ils y avaient apporté leurs usages et leurs lois. En rapportant une contestation née en ce pays, La Thaumassière dit : « fort chose à croire (chose difficile à croire), qu'il y ait usage en « ce royaume de Jérusalem qui soit contraire à l'usage de France; que « (puisque) céaus qui le y establirent au conquest de la terre furent « François. »

nos croisés ; cette même ville où s'embarquaient hier ces milliers d'hommes et de chevaux, cet immense matériel de guerre, qui journellement partaient pour l'Orient, avait fourni aux croisés, pendant plus de deux siècles, ses navires, ses marins, ses trésors et même ses soldats; l'armateur et le négociant marseillais étaient en droit de demander aux princes français, vainqueurs en Orient, des concessions en faveur des commerçants qui les avaient si puissamment secondés, et qui, si l'on en croit des auteurs contemporains, en prenant part à ces expéditions chevaleresques, étaient loin de perdre de vue leurs intérêts commerciaux. (Jacob. Vitriac. *apud* Bongars, p. 1089).

Aussi devons-nous voir sans étonnement les Marseillais obtenir les immunités les plus étendues pour les établissements qu'ils formèrent à cette époque en Orient. Les documents cités par Ruffi, dans son histoire de Marseille, et ceux récemment publiés par MM. Méry et Guindon, extraits des archives de Marseille, constatent plusieurs de ces concessions où l'on rend hommage aux nombreux services rendus par Marseille aux croisés. Ces chartes, la plupart sanctionnées par le chef de l'Eglise, devaient assurer aux négociants français établis dans le Levant et à la nation elle-même à laquelle ils appartenaient une grande influence. Ici c'étaient des franchises de droits, là on les autorisait à établir de véritables colonies en leur concédant une rue, une église et un four; d'autres actes leur permettaient de se faire rendre la justice au civil et au criminel par leurs propres consuls, sauf certains cas réservés à la justice du pays (1). Narbonne (2) et Montpellier (3) obtinrent des facilités et des concessions.

Il résulte de ces divers documents qu'à cette époque les Européens, et notamment les Français, avaient dans le Levant de nombreux priviléges, qu'ils avaient dans les villes les plus importantes des quartiers séparés (4) où la

---

(1) Voyez, pour les franchises et concessions dans le royaume de Jérusalem, les actes de 1117, 1136, 1152, 1190. Saint-Jean-d'Acre, les actes de 1152, 1190, 1226; Tyr, 1187; Beyruth, 1223; Chypre, 1141, 1180, 1236.

(2) Notamment en 1351 et 1356, des chevaliers de Saint-Jean de Jérusalem, pour les établissements dans l'île de Rhodes. (Dom Vaissette, *passim*).

(3) En 1243, pour Antioche, Tripoli et Constantinople; 1365, pour Chypre; 1556, pour Rhodes. (D. Vaissette, Depping, Pardessus, d'Aigrefeuille, etc.).

(4) On a appliqué à ces quartiers, véritables colonies européennes, le nom sous lequel on désignait les Bourses des villes commerçantes, les magasins et dépôts publics de marchandises : *fonde, funde*, ancien français; *funda, funticus, fundacus*, latin barbare; *fundaco, fontico*, italien; *alfondega*, espagnol.

Le savant auteur de l'*Hist. du droit Byzantin*, M. Mortreuil, lors de la première publication de ce travail, a bien voulu me faire observer que le nom de *fonde* ne servait qu'à désigner les magasins renfermant les marchandises, et non les quartiers habités par les Européens. M. Mortreuil a raison, la *fonde* était le marché où la nation étrangère

police était faite, et la justice était rendue par leurs nationaux.

En dehors des concessions directement obtenues par les négociants français, les rois de France, dans leurs rapports avec les princes musulmans, s'étaient efforcés d'assurer à leurs nationaux toutes les sûretés possibles

avait le privilége d'étaler et de vendre ses marchandises et de se pourvoir de vivres, *est fonticus domus grandis, in quâ et negociatores et merces eorum conservantur, ubi et forum venalium habent.* » Breydenbach, *Peregrinat, Hierosolym.*» C'est la définition donnée par les glossaires, et de Brèves, dans son *Voyage en Turquie*, dit : « Les *fondics* sont des magasins où se serrent les marchandises qui sont apportées des Indes, de Perse, par la voie d'Alep. » Mais, je persiste à croire que le mot *fonde* a été pris souvent dans une acception plus étendue, et qu'on l'a appliqué souvent à la colonie entière, comme le mot de *comptoir*, dont la signification primitive et restreinte et connue de tous, a servi à désigner des établissements commerciaux sur diverses cotes ; c'est ainsi que Depping, t. II, p. 47, et Miltitz, t. II, p. 433, écrivent : « Ce qui constituait un consulat au Levant, était un enclos fermé où résidaient le consul d'une nation étrangère et les marchands ses compatriotes ; outre *leurs habitations, cet enclos, appelé* fonde, *renfermait ordinairement des magasins ou boutiques, une chapelle ou même une église, un four, un bain, une taverne, une boucherie et une halle aux poissons.* » De Brèves, que je citais tantôt, ajoute aux lignes que je rappelais. « Les marchands y logent aussi. » Dans son voyage en Egypte, et Syrie, t. XXI, de l'*Archæologia or miscellaneous tracts*, de Lannoy dit : « Il y a plusieurs marchands chrétiens dedans la ville (Alexandrie) qui l'a demeurent, en espécial Vénitiens, Genois et Catalans, qui y ont leurs fontegues, *comme maysons grandes et belles, et les enferme on là dedans*, et tous les chrestiens chascune nuyt de haulte heure, et le matin les laissent les Sarazins sortir de boen heure. » Je pourrais ajouter d'autres citations dans ce sens et me prévaloir de divers passages des Assises de Jérusalem ; c'est ce qui m'a fait maintenir ma note malgré les observations de M. Mortreuil.

pour leurs personnes et leurs biens ; les villes de la Méditerranée avaient de nombreuses relations avec les pays d'Asie placés sur le littoral de la Méditerranée ; les rois de France parurent s'appliquer à étendre ces relations aux ports d'Afrique, en obtenant dans ces contrées des facilités pour leurs sujets. Au milieu du treizième siècle, saint Louis obtenait que des consuls français résideraient à Tripoli et à Alexandrie. Philipe le Hardi, son fils, en 1270, fit un traité en faveur du commerce français en Afrique. Plus tard, par l'influence et l'habileté de Jacques Cœur, les relations entre le sultan et le roi de France s'établirent de nouveau sous d'heureux auspices pour le commerce d'Egypte, et, par une lettre de 1447, le sultan promit sa protection aux négociants français déjà autorisés à avoir un consul.

Malgré les concessions rapportées par les négociants du Languedoc et de Provence dans le Levant, et les garanties obtenues pour le commerce en Afrique, le commerce du Levant, du treizième au quinzième siècle, était allé en déclinant ; les croisés avaient essuyé de nombreux revers, la France était appauvrie par la guerre étrangère et les déchirements intérieurs ; l'étoile de Marseille avait pâli ; Pise et Gênes liguées contre elle acquéraient tous les jours une plus grande importance maritime, commerciale et industrielle ; les rares produits du Levant, qui se déchargeaient sur ses quais, y étaient apportés par des navires vénitiens.

Heureusement une ère nouvelle commençait; la guerre étrangère et les dissensions intérieures, en déchirant les provinces, avaient rendu plus faciles les conquêtes des rois sur les grands vassaux; l'unité française faisait chaque jour des progrès. Avec l'union naissait la force. Louis XI voulut rendre au commerce français dans la Méditerranée son éclat. Aucune marchandise du Levant ne put entrer dans le royaume, si elle n'était apportée par des navires français. Le commerce de Marseille sortit de son engourdissement, les armateurs se réveillèrent, les vaisseaux partirent pour l'Orient; les fonds manquant pour les grandes opérations, on fit d'abord des chargements à la cueillette, et lorsque la route du Levant eut été rouverte, elle fut chaque jour de plus en plus fréquentée. Les consuls français reprirent leur place dans les échelles, où leurs nationaux commençaient à affluer de nouveau.

Les rapports entre les rois de France et les sultans continuaient au sujet du commerce de l'Egypte. Au commencement du seizième siècle, Louis XII obtenait, par l'intermédiaire du consul catalan Philippe de Parades, la confirmation de la protection promise aux Français.

Sélim Ier ayant conquis l'Egypte, ces privilèges furent reconnus et confirmés par lui; enfin, sur la demande des consuls français et catalan, Suleyman II le Canoniste (1) confirma de nouveau les priviléges dont jouissaient ces nations en Egypte (2). Cet acte a de l'importance, car il sert de base aux priviléges qui ont été accordés plus tard à la France dans le Levant (3).

Le pouvoir des sultans grandissait chaque année; maîtres de l'Egypte et de Constantinople, ils portaient leurs armes dans l'Allemagne, et François Ier, bien moins inquiété par leurs conquêtes que par les armes de Charles V, après avoir pris part au traité formé contre les Turcs entre ce prince et Henri VIII, recherchait avec

---

(1) C'est-à-dire le législateur. On appelle Canoun les lois constitutives de l'Etat; elles sont colligées dans un recueil qui porte le nom de Canoun-Namé et comprennent tout ce qui est relatif à l'organisation des tribunaux, au service des troupes, aux rapports politiques, au gouvernement de la Porte et des provinces, aux finances, aux usages et aux coutumes du sérail, le harem non compris. Qu'on me permette, à cette occasion de faire remarquer que l'on confond trop souvent le sérail et le harem : le sérail est le palais, tandis que le harem (endroit sacré) est la partie qui sert exclusivement d'appartement aux femmes.

(2) Cet acte est daté du 6 mouharrem, 935 de l'hégire; M. Pouqueville en a le premier fait connaître l'existence; toutefois il fait concorder l'année 935 de l'hégire avec 1518 de J.-C., tandis que, d'après l'*Art de vérifier les dates*, la concordance doit s'établir avec les années 1528 et 1529. C'est probablement à cet acte qu'il faut rapporter ce que disent MM. d'Hauterive et de Cussy, de l'acte de 935 de Mahomet, qu'ils appellent un traité de 1507 conclu entre Bajazet II et les consuls des nations française et catalane.

(3) Préambule de la capitulation de février 1535.

empressement l'alliance d'un Etat puissant qui pût l'aider à combattre son rival.

Le commerce d'Egypte seul avait été depuis quelque temps l'objet des relations entre les rois de France et les princes musulmans. Il importait de régulariser la position des Français dans les autres parties de l'empire ottoman. Les croisades avaient anéanti les anciens traités ; les défaites des croisés avaient annulé les concessions de leurs princes ; on vivait sous l'empire d'usages qu'il était essentiel de faire consacrer par la puissance publique. François Ier, profitant de ses bons rapports avec Suleyman et voulant les resserrer davantage, en haine d'un ennemi commun, envoya Jean de la Forest, son ambassadeur, à Constantinople, avec mission non-seulement de faire sanctionner les priviléges obtenus en faveur des Français en Égypte, mais encore avec mission d'obtenir, au nom de la France et des nations amies, des priviléges importants dans toute l'étendue de l'empire ottoman. En 1535 (941 de l'hégire), le sultan nous donna une charte, qu'on me pardonne le mot, que les auteurs sont généralement dans la coutume de placer à la tête de la série des capitulations sur lesquelles reposent aujourd'hui les rapports commerciaux et maritimes entre la France et la Turquie. A partir de cette époque, les consuls de France en Turquie furent commissionnés par le roi de France.

Cet acte et les divers traités qui l'ont suivi assurèrent pour longtemps à la France, sur les autres nations européennes dans le Levant, une prééminence politique qui peut, dans certaines circonstances politiques et commerciales, avoir été amoindrie, mais que l'on a vue ancienne, vivace et inhérente à la position géographique de ces Etats, renaître sans cesse et se perpétuer.

Je ne rapporterai pas le texte de la capitulation de 1535, dont quelques dispositions seulement se rapportent directement à notre sujet ; je vais indiquer les principaux actes qui l'ont sanctionnée et complétée, et j'exposerai alors, d'après l'ensemble de ces actes, les priviléges qu'ils ont assurés à la justice française dans le Levant.

La capitulation de 1535 stipulait une réserve par le roi de France en faveur du pape et du roi d'Angleterre. Ces souverains pouvaient profiter des stipulations qu'elle contenait, à condition de dénoncer leur acceptation au Grand Seigneur dans les huit mois. Cette réserve ne sortit pas à effet, et le pavillon français, à partir de cette époque, pendant longtemps couvrit et protégea tous les Européens qui, sous la dénomination commune de Francs, abordèrent en Turquie. Un moment cette protection s'étendit même à des sujets tributaires de la Porte et résidant sur le territoire de l'empire ottoman (1).

(1) Voyez *suprà*..., (p. 8, note 1).

La première capitulation fut successivement confirmée, renouvelée et amplifiée par les actes suivants :

Le 18 octobre 1569, sous le règne de Charles IX, par Sélim II, par l'entremise de l'ambassadeur français Claude du Bourg.

Le 6 juillet 1581, sous Henri III, par Amurat III, par l'entremise de Jacques de Germini.

Le 25 février 1597, sous Henri IV, par Mahomet III.

Le 20 mars 1604, sous le même roi, par Achmet Ier, par l'entremise de Savary.

Sous Louis XIII, en 1614, par Achmet Ier; en 1635, par Amurat; en 1640, par Ibrahim.

En 1649, sous Louis XIV, par Mahomet IV.

Le 5 juin 1673, sous le même prince, par Mahomet IV également, et par l'entremise du marquis de Nointel.

Le 28 mai 1740, sous Louis XV, par Mahmoud, par l'entremise du marquis de Villeneuve.

Dans tous ces actes, le roi de France est qualifié d'entre les grands princes de la religion de Jésus le plus grand, et des plus grands princes chrétiens le majeur (1), le plus puissant des fidèles du Messie, le médiateur des différends de l'universelle génération des Nazaréens (2), l'élu entre les princes de la nation du Messie (3), et de

(1) Capitulation de 1569.
(2) Capitulations de 1581, 1604, 1740.
(3) Capitulation de 1604.

même que l'empereur de France est le plus grand des princes chrétiens et le plus ancien et fidèle allié de la Porte, son ambassadeur a le pas sur tous les ambassadeurs (1), et son consul le pas sur les consuls des autres nations (2). Les sujets des divers Etats de l'Europe sont admis dans l'empire ottoman avec les priviléges accordés aux Français lorsqu'ils naviguent sous la bannière de France (3). Il est même stipulé dans la capitulation de 1604 que, malgré toute convention contraire, toutes les nations qui n'ont pas d'ambassadeur en Turquie ne peuvent y trafiquer que sous le pavillon et la protection de la France.

D'après ces capitulations, les Français sont exempts de toute contribution personnelle et de divers impôts. Les droits de douane sont réduits en leur faveur à 3 pour cent; la permission d'exporter est successivement étendue à

(1) Capitulations de 1581, art. 3; 1604, art. 20; 1673, art. 19 ; 1740, art. 17 et 44.

(2) Capitulations de 1673, art. 22 ; 1740, art. 18 et 44.

(3) Voici la date des actes par lesquels les diverses puissances ont successivement obtenu d'être traitées à l'instar des puissances les plus favorisées : juillet 1540, Venise ; 1579, 1606, 1619, 1641, 1676, l'Angleterre ; 1598, Provinces-Unies des Pays-Bas ; 1615, empereur romain , comme roi de Hongrie ; 1700, 21 juin 1783, Russie ; 10 janvier 1737 , Suède ; 1740, Naples ; 14 octobre 1756 , Danemark ; 22 mars 1761 , Prusse ; 1782. Espagne ; 24 février 1784, Autriche ; 1823, Sardaigne , 7 mai 1830, Etats-Unis d'Amérique ; 1832 , Toscane ; 3 août 1838 ; Belgique ; 10 octobre 1840, divers Etats de la Confédération germanique.

tous les produits ; des concessions de pêcheries sont faites ; les consuls ont le droit de choisir leurs drogmans, interprètes, janissaires, un certain nombre de domestiques ; les courtiers ou censaux de leurs nationaux, et leurs employés participent aux priviléges concédés aux Français.

En 1789, nous avions quatre-vingts maisons de commerce permanentes et puissantes établies dans les échelles du Levant. Les négociants de Marseille, qui avaient conquis le monopole de ce commerce, entretenaient eux-mêmes ces maisons avec leurs fonds et pour leur compte. On exportait annuellement pour 21 millions de marchandises (1).

L'édit de 1669 avait mis Marseille en état de franchise. La Chambre de commerce de cette ville avait la direction et la surveillance de la police des échelles, que la Porte avait abandonnée à nos consuls. La nécessité de faire quarantaine dans son lazaret et la perception d'un droit de 20 pour cent sur toutes les marchandises du Levant, arrivant des entrepôts de la Méditerranée ou du Levant par navires étrangers et même par navires français appartenant à des propriétaires étrangers à ce port (2), lui

(1) E. Vincens, *Exposition raisonnée de la législation commerciale*, t. III, p. 498.
(2) La perception de ce droit a été consacrée par l'arrêt du Conseil du 28 janvier 1760 et l'édit de 1785.

assuraient exclusivement ce commerce. Moyennant la perception de ce droit et d'un droit de consulat définitivement fixé à 2 pour cent (1), la Chambre de commerce de Marseille restait chargée de payer les consuls et toutes les dépenses des consulats (2), ce qui lui conférait un droit puissant de contrôle et d'administration dans le Levant ; c'était à cette chambre que l'on soumettait l'approbation des délibérations prises par les Français réunis en corps de nation dans les consulats du Levant. C'était encore elle qui délivrait les permissions aux Français qui allaient dans les Echelles (3).

(1) Supprimé par ordonnance du 18 avril 1835, dont l'article 4 est ainsi conçu : Est supprimée la perception du droit ancien dit de Consulat ou de 2 pour cent, levé dans le port de Marseille sur certaines marchandises provenant des Echelles du Levant et de la Barbarie, et conservé jusqu'à ce jour à titre de revenu spécial attribué à la Chambre de commerce de Marseille par application du décret du 23 décembre 1806.

(2) L'ord. du 18 avril 1835, qui supprime le droit de consulat levé sur certaines marchandises du Levant au profit de la Chambre de commerce de Marseille, porte par conséquence, art. 3 : Les dépenses relatives aux établissements publics dans les Echelles du Levant, cesseront d'être portées au budget de la Chambre de comm. de Marseille.

(3) Les permissions, pour s'établir dans le Levant, étaient délivrées moyennant un cautionnement qui variait suivant l'échelle de 40.000 à 60,000 f. L'ord. du 18 avril 1835 a supprimé l'obligation de rapporter une permission pour s'établir dans le Levant, ainsi que la nécessité de fournir caution. L'article 1 porte : Il ne sera plus exigé d'autorisation ni de cautionnement des Français qui forment des établissements commerciaux aux Echelles du Levant et de la Barbarie, ou qui s'y rendent pour le fait de leur commerce. Art. 2 : Les souscripteurs et cautions d'engagements de cette nature en restent libérés à partir de la promulgation de la présente ordonnance.

Depuis 1789, l'importance de notre commerce dans le Levant a un moment diminué. Des étrangers nombreux ont efficacement partagé le bénéfice de nos priviléges; la Russie couvrait de ses franchises et de son pavillon les navires turcs et grecs. Ces derniers, qui ne fesaient le commerce que sous notre protection, ont également accepté le protectorat d'autres nations, jusqu'au moment où la Porte elle-même, en leur donnant directement des lettres de protection, a donné plus de facilité à leur commerce.

Nous n'avons dès lors pas à nous reposer sur l'ignorance des Turcs et sur les bénéfices de notre monopole; mais nous sommes encore plus en position que qui que ce soit pour conserver les avantages de ce commerce. Depuis que les étrangers et les sujets de la Porte font le commerce du Levant, il ne faut pas songer à les exclure, il faut nous efforcer de les amener à nous. Déjà de nombreuses et riches maisons grecques sont établies à Marseille, et notre position politique à Constantinople ne peut qu'y sauvegarder pour longtemps encore nos intérêts commerciaux. La haute et intelligente protection que le gouvernement de l'Empereur accorde à Marseille, en favorisant le développement de la richesse et de la grandeur de cette antique cité commerciale contre laquelle lutteraient vainement les villes d'Espagne et d'Italie et les ports de l'Adriatique, assurera encore le premier rang au pavillon de France dans la Méditerrannée.

Après 1789, le traité de paix signé à Paris le 24 juin 1802, entre la France et la Porte, renouvela les traités ou capitulations qui, avant la guerre, réglaient les relations de tout genre existant entre les deux puissances. Il fut de plus stipulé que la France jouirait dans les pays ottomans de la mer Noire ou qui l'avoisinent, tant pour son commerce que pour les agents qui pourraient y être établis, des mêmes priviléges et libertés que pour les autres parties de la Turquie (1).

Par sa lettre de 1815, le Grand Seigneur, répondant à la notification que lui avait faite Louis XVIII lors de son avènement au trône, protestait de son désir de conserver les anciennes relations avec la France, et de faire jouir les Français des priviléges concédés par les anciennes capitulations. Si je rappelle le traité par lequel M. le marquis de la Rivière, chargé d'une mission spéciale à Constantinople par Louis XVIII, eut la faiblesse de souscrire de nouveaux tarifs qui soumettaient les négociants français à des droits excessifs, c'est pour ajouter que cet acte, qui fut cause de beaucoup de pertes pour

(1) Cette disposition avait pour but de faire jouir la France des concessions faites à la Grande-Bretagne par la déclaration du 30 octobre 1799.

les négociants français et nous força souvent de recourir à des pavillons étrangers, a cessé de peser sur notre commerce depuis la révision des tarifs des autres pays et le traité du 25 novembre 1838 entre la France et la Porte.

Résumons les stipulations contenues dans ces anciens actes au sujet de la juridiction française dans le Levant.

1. *Installation des consuls.* — Toutes les fois qu'un consul sera envoyé par l'empereur de France dans les divers lieux de l'empire turc, ce consul sera accepté et entretenu en autorité et convenance, et advenant qu'il veuille changer et mettre à sa place personnes dignes de tels offices, nul n'y fera empeschement. (Capit. de 1535, art. 3; 1569, art. 10; 1581, art. 15; 1604, art. 33; 1673, art. 35; 1740, art. 25).

2. *Différends entre Français.* — Si les Français marchands ou autres sujets du roi ont débat ou différend l'un avec l'autre, leurs ambassadeurs et consuls, selon leurs consciences et leurs us et coutumes, décideront desdits différends (1535, art. 5; 1569, art. 12; 1581, art. 17; 1604, art. 18 et 35; 1673, art. 16 et 37; 1740, art. 15 et 26), sans que aucun Kadi ou autre officier du Grand Seigneur puissent les en empêcher ni juger aucun différend entre lesdits marchands et sujets du roi (1535, art. 3; 1581, art. 17; 1604, art. 18 et 35; 1673, art.

16 et 37; 1740, art. 15 et 26), alors même qu'ils en seraient requis par ces marchands ou sujets (1535, art. 3); et si d'aventure les cadis venaient à juger de pareils différends, leurs sentences seraient de nul effet (1535, art. 3).

3. *Crimes entre Français.* — Survenant quelque meurtre, inconvénient ou autre désordre entre les Français, leurs ambassadeurs et leurs consuls en décideront selon leurs us et coutumes, sans qu'aucun des officiers de l'empire ottoman ne puisse les inquiéter à cet égard, ni en prendre connaissance, ni juridiction (1535, art. 3; 1604, art. 18; 1673, art. 16; 1740, art. 15).

4. *Crimes entre Français, dont la poursuite est laissée à la justice turque.* — Toutefois, si un Français ou un protégé de France commettait quelque meurtre ou quelque autre crime, et qu'on voulût que la justice locale en prît connaissance, les juges de l'empire ottoman et les officiers ne pourront y procéder qu'en présence de l'ambassadeur et des consuls ou de leurs substituts, dans les endroits où ils se trouveront, et afin qu'il ne se fasse rien de contraire à la noble justice ni aux capitulations impériales, il sera procédé de part et d'autre, avec attention, aux perquisitions et recherches nécessaires (1740, art. 65).

5. *Exécution des décisions consulaires.* — Au cas où les ordonnances des consuls ne fussent obéies, et que

pour les exécuter ils requissent les officiers du Grand Seigneur, ces derniers devront donner leur aide et main forte nécessaire (1535, art. 3).

6. *Différends entre Européens de nations différentes.* — S'il arrive que les consuls et les négociants aient quelque contestation avec les consuls et négociants d'une autre nation chrétienne, il leur sera permis, du consentement et à la réquisition des parties, de se pourvoir pardevant leurs ambassadeurs qui résident à la Sublime Porte, et tant que le demandeur et le défendeur ne consentiront pas à porter ces sortes de procès devant les Pachas, Kadis, officiers ou douaniers, ceux-ci ne pourront pas les y forcer, ni prétendre en prendre connaissance (1740, art. 52).

7. *Différends entre Français et Turcs.* — Lorsqu'il s'agit d'un différend entre un Français et un Turc, la justice turque est seule compétente (cela résulte de l'ensemble des capitulations, sinon d'un texte précis) ; toutefois, les procès excédant quatre mille aspres sont écoutés au divan impérial et non ailleurs (1) (1673, art. 12 des art. addit. ; 1740, art. 41 et 69).

(1) Par le traité de 1838, entre la Porte et la Belgique, on n'a plus réservé au divan que les procès dont la valeur dépassait 500 piastres, tandis que les traités antérieurs avec la France, les Deux-Siciles, la Sardaigne, l'Espagne, la Grande-Bretagne, etc., etc., fixaient seulement à 4000 aspres. Nous aurons occasion d'indiquer plus tard quelle est la valeur de l'aspre.

8. *Constatation des transactions entre Français et Turcs.* — Que les consuls français, les marchands, les interprètes et leurs dépendants aient en leurs ventes, achats et réponses, à passer acte devant les juges du lieu où ils seront ; au défaut de quoi ceux qui auront quelques prétentions contre eux ne seront pas écoutés, s'ils ne font paraître, comme dit est, par contrat public, leurs prétentions ou droits. Tous les témoins qui seront ouïs à leur dommage ne seront reçus ni écoutés, si premièrement, comme on dit, il n'apparaît d'actes publics de leurs ventes et achats (1535, art. 4 ; 1569, art. 6 ; 1581, art. 10 ; 1604, art. 29 ; 1673, art. 29 et 30 ; 1740, art. 23).

9. *Présence de l'interprète devant les juges turcs.* — Si un sujet turc a un différend avec un Français, dont la connaissance appartienne aux juges turcs, ceux-ci ne pourront écouter la demande qu'un interprète de la nation ne soit présent ; s'il ne s'en trouve pas, le juge doit remettre la cause à un autre temps jusqu'à ce qu'il se trouve un interprète, lequel toutefois le Français sera obligé de trouver et faire comparoir, afin que l'effet et expédition de justice ne soient différés (1535, art. 4 ; 1569, art. 11 ; 1604, art. 34 ; 1673, art. 36 ; 1740, art. 26).

10. *Comparution des consuls devant la justice turque.* — Ceux qui sont sous la domination de la Sublime

Porte, musulmans ou rayas, ne pourront forcer les consuls de France, véritablement français, à comparaître personnellement en justice lorsqu'ils auront des drogmans, et, en cas de besoin, les musulmans ou rayas plaideront avec les drogmans qui auront été commis à cet effet par leurs consuls (1740, art. 48).

11. *Poursuites contre les Français débiteurs des Turcs.* — Si quelque Français se trouve endetté, on attaquera le débiteur, et l'on ne pourra rechercher ni prendre à partie aucun autre, à moins qu'il ne soit sa caution (1535, art. 7 ; 1569, art. 4 ; 1581, art. 8 et 12 ; 1604, art. 27 et 31 ; 1673, art. 27 et 32 ; 1740, art. 22 et 23).

12. *Départ des débiteurs cautionnés par les consuls.* — Si un marchand français veut partir, et que l'ambassadeur ou consul se rende sa caution, on ne pourra retarder son voyage sous prétexte de lui faire payer ses dettes (1740, art. 69).

13. *Lettres de change non acceptées.* — Lorsque notre *Miry* (1), ou quelqu'un de nos sujets, marchands ou autres, sera porteur de lettres de change sur les Français, si ceux sur qui elles sont tirées ou les personnes qui en dépendent ne les acceptent pas, on ne pourra, sans cause légitime, les contraindre au payement de ces lettres, et

---

(1) Trésor de l'empire.

on en exigera seulement une lettre de refus pour agir en conséquence contre le tireur, et l'ambassadeur, de même que les consuls, se donneront tous les mouvements possibles pour en procurer le remboursement (1740, art. 66).

14. *Actions au cas de banqueroute.* — Lorsqu'un marchand français ou dépendant de la France fera banqueroute, ses créanciers seront payés sur ce qui restera de ses effets, et s'ils n'ont pas de titre valable de cautionnement, aucun ambassadeur, consul, drogman ou autre Français ne pourra être responsable ni être recherché à raison de ce (1740, art. 53).

15. *Les jugements turcs ne doivent pas être revisés.* — Lorsque des procès surviendront entre Français et autres personnes, et qu'ils auront été vus et terminés juridiquement par *hodjet*, ils ne pourront plus être revus. Si on requiert une révision, on ne pourra donner de citation qu'après avis à l'ambassadeur de France, et après une réponse du consul et du défendeur, et s'il émane un commandement pour revoir ces procès, ils seront vus, décidés et terminés à la Sublime Porte, et tous les dépendants de France pourront comparaître en personne ou par procureur juridiquement autorisé (1740. art. 74).

16. *Dépens devant les juges turcs.* — A l'avenir les dépens en justice seront supportés devant les tribunaux turcs par ceux qui oseront intenter contre la justice un

procès dans lequel ils n'auront aucun droit ; les Français et dépendants de la France, lorsqu'ils poursuivront juridiquement des sujets ou dépendants de la Sublime Porte en recouvrement de sommes dues, n'auront à payer pour droit de justice ou de *mekhemé*, de commission ou *moubachirié*, d'assignation ou *djarié* que 2 pour cent sur le montant de la somme recouvrée par sentence (1740, art. 72).

17. *Poursuites en cas de crimes contre les Turcs.* — En causes criminelles, les sujets du roi ne peuvent être appelés des Turcs ou sujets tributaires devant le Kadi ou autre officier, et ceux-ci ne les pourront juger, mais devront les envoyer devant la Sublime Porte, et, en l'absence, devant le principal lieutenant du Grand Seigneur pour qu'on y discute le témoignage du sujet turc contre le sujet du roi (1535, art. 7).

18. *Elles sont personnelles.* — Dans le cas où un crime est commis par un Français, si le coupable s'enfuit, personne autre que lui ne pourra être recherché à raison de ce fait (1569, art. 4 ; 1581, art. 12 : 1604, art. 31 ; 1673, art. 32 ; 1740, art. 23 et 42).

19. *Injures prétendues contre les Turcs et la religion.* — Les Français ne doivent pas être molestés, sous prétexte qu'ils ont injurié des Turcs, parlé ou blasphemé contre la sainte religion (1569, art. 7 ; 1581, art. 11 ; 1604, art. 30 ; 1673, art. 31 ; 1740, art. 23).

20. *Visites domiciliaires.* — Les gens de justice et officiers de la Porte ne pourront sans nécessité entrer par force dans la maison habitée par un Français ; lorsque le cas le requerra, on en avertira l'ambassadeur ou consul et l'on se transportera avec les personnes qu'il aura commises, à peine d'être châtié (1740, art. 70).

21. *Biens des Français décédés en Turquie.* — Si un Français vient à mourir, ses biens et effets, sans que personne ne puisse s'y ingérer, seront remis à ses exécuteurs testamentaires ou héritiers. S'il meurt intestat, ils seront remis à ses héritiers par les soins du consul, sans que les officiers du fisc et du droit d'aubaine puissent les inquiéter (1535, art. 9 ; 1569, art. 5 ; 1581, art. 9 ; 1604, art. 28 ; 1673, art. 18 ; 1740, art. 22). Dans le cas seulement où il n'y aurait pas de consul, les biens devraient être mis en sûreté après inventaire par le Kadi (1535, art. 9).

En dehors des règles qui résultent de l'ensemble des capitulations, l'usage a établi bien des privilèges en faveur des Français. Ainsi, il n'est pas d'exemple que lorsqu'un crime a été commis par un Français à l'encontre d'un Turc, si le consul revendique le droit de poursuivre le coupable, ce droit ne lui soit pas concédé. Il n'est pas d'année où nous n'ayons à juger à la Cour impériale d'Aix des Français ou protégés de France, coupables de crimes commis dans le Levant à l'encontre de sujets turcs.

Toutefois, les usages qui se sont établis en dehors des traités sont d'une application variable; ils sont plus ou moins libéralement exécutés, suivant que les événements politiques donnent à la France et à ses consuls et ambassadeurs plus ou moins d'influence et de force dans les échelles. Aussi, nous bornerons-nous à signaler leur existence sans essayer de préciser ce qui n'a rien de précis, de certain, ni de fixe.

Nous venons d'examiner quelles sont les concessions qui ont été faites aux Français dans le Levant ; il nous reste maintenant à indiquer sommairement quelles sont les règles qui ont été posées par nos propres lois pour régler l'exercice des priviléges qui nous ont été ainsi concédés ; l'examen détaillé et pratique de ces règles devant faire l'objet de la troisième partie de ces études.

§. 2 — **Juridiction civile.**

L'édit de 1778, enregistré au parlement de Provence le 15 mai 1779, portant règlement sur les fonctions judiciaires et de police des consuls de France dans les pays étrangers, a complété les dispositions des articles 12 et suivants du titre IX, liv. I de l'ordonnance de la marine d'août 1681. Cet édit, en ce qui concerne les affaires civiles, est encore en vigueur. La loi du 28 mai-1ᵉʳ juin

1836, concernant la juridiction criminelle des consuls dans le Levant, n'a abrogé, comme nous le verrons dans la troisième partie de ce travail, que les articles 39 et suivants de l'édit de 1778.

On reconnaît que dans le Levant la juridiction des consuls en matière civile s'étend à tous les Français, sans distinction de profession. Les capitulations emploient presque toujours les expressions *marchands ou autres Français*, et on s'accorde généralement à reconnaître, du moins pour les échelles, que la juridiction consulaire s'étend non-seulement aux affaires commerciales et aux affaires sommaires, mais encore aux affaires civiles proprement dites, procès d'Etat, difficultés sur propriétés, successions, donations, droits d'époux (1). La Cour impériale d'Aix a été dans le cas de juger en appel des affaires de cette catégorie, et elle vient de statuer, conformément à ses antécédents, sur une demande en adoption accueillie dans l'un de ces consulats. Cette opinion s'appuie d'ailleurs sur le texte de l'édit qui porte : art. 1er « Nos consuls connaîtront en première instance des contestations *de quelque nature qu'elles soient* qui s'élèveront entre nos sujets négocians, navigateurs *et autres*, dans l'étendue de leurs consulats. »

(1) *Sic* Merlin, *Rép.*, v° Consul; Pardessus, *Droit comm.*, etc. Voy. *infrà*, 3e partie, le commentaire sous l'article 1er de l'édit de 1778.

Une amende de 1,500 livres doit être appliquée au Français qui aurait traduit à l'étranger un de ses concitoyens devant les juges ou officiers des puissances étrangères (1).

Nous allons exposer, d'après l'édit de 1778, les règles applicables à la composition du tribunal consulaire, à la procédure à suivre devant ces tribunaux, à leurs jugements, à l'exécution de ces jugements et aux voies ouvertes pour les faire reviser.

1. *Composition du tribunal consulaire.* — Les consuls doivent se faire assister, pour rendre toutes sentences en matières civiles, de deux Français choisis parmi les plus notables du consulat. Ces adjoints ont voix délibérative ; ils prêtent serment devant le consul, sans qu'il soit nécessaire de le réitérer, lorsque les mêmes notables continueront à être adjoints aux consuls pour rendre la justice. Le consul peut juger seul s'il lui est impossible de trouver des notables pour l'assister ; dans ce cas, il doit toujours faire mention de cette impossibilité dans les sentences. Celui des officiers du consulat commis à la chancellerie remplit, après prestation de serment, les fonctions de greffier et celles de notaire ; il donne, en outre, toutes les assignations et fait en personne toutes

---

(1) Edit de 1778, art. 2, 3, 4 et 5.

les significations pour suppléer au défaut d'huissiers (Edit de 1788, art. 6. 7 et 8).

2. *Procédure devant le tribunal consulaire.*— Lorsqu'il s'agira de former quelque demande, la partie ou son fondé de pouvoir présentera requête ou fera au consulat une déclaration circonstanciée dont il lui sera délivré expédition et qui sera présentée au consul pour lui tenir lieu de requête. Sur ladite requête ou déclaration le consul ordonnera, nonobstant opposition en appel, que les parties comparaîtront en personne aux lieu et heure qu'il fixera; il pourra, dans les cas requérant célérité, ordonner qu'elles comparaîtront d'heure à heure (Edit de 1778, art. 9 et 10).

Les articles 11 et suivants de l'édit de 1778 indiquent comment cette requête doit être signifiée au défendeur (art. 11, 12 et 13); la nécessité pour les parties, hors les cas déterminés, de comparaître en personne devant le tribunal consulaire (art. 14, 15 et 16); les formalités à remplir lorsque des descentes sur les lieux ou des expertises sont nécessaires (art. 18 et 19); les règles à suivre dans les enquêtes (art. 21, 22, 23, 24, 25 et 26).

3. *Jugements des tribunaux consulaires.* — Après la comparution des parties et sur le vu des mémoires, pièces et déclarations envoyés, le tribunal consulaire rend sa sentence si la cause lui paraît suffisamment instruite ;

à défaut, il surseoit à statuer jusqu'à ce que l'instruction qu'il croit devoir ordonner ait été terminée (art. 16). Les sentences rendues sur des lettres de change, billets, comptes arrêtés et autres obligations par écrit, seront exécutées par provision, nonobstant opposition et appel (art. 30). Dans les affaires où il s'agira de conventions verbales ou de comptes courants, il sera ordonné par les sentences qu'elles seront exécutées nonobstant appel, en donnant caution, qui sera reçue devant le consul (art. 31). La contrainte par corps sera prononcée dans tous les cas prévus et énoncés dans les lois (36).

4. *Exécution des sentences consulaires.* — La partie qui voudra faire exécuter une sentence exécutoire en donnant caution, et dont la partie condamnée aura fait signifier l'appel, présentera au consul une requête par laquelle elle indiquera sa caution ; le consul ordonnera que les parties viendront devant lui, aux jour et heure qu'il indiquera, pour être procédé, s'il y a lieu, à la réception de ladite caution : cette requête et l'ordonnance seront signifiées au défendeur. Il suffira, pour admettre cette caution, qu'elle soit notoirement solvable, sauf qu'elle puisse être obligée de fournir un état de ses biens. On pourra, pour suppléer à ladite caution, déposer le montant des condamnations dans la caisse du consulat; et après la signification faite de la reconnaissance du tré-

sorier, ces sentences seront exécutées (art. 32, 33 et 34). Indépendamment de l'exécution des sentences consulaires par toutes les voies praticables dans les échelles, elles seront encore exécutées dans toute l'étendue de l'empire français, de même que les sentences rendues par les autres juges (art. 35).

5. *Voies de recours.* — Ceux contre lesquels il aura été rendu des sentences par défaut pourront présenter leur requête en opposition au consul, dans trois jours au plus tard après celui de la signification desdites sentences à la partie en personne ou à son procureur fondé; passé lequel temps, aucune opposition ne pourra être reçue. Dans le cas où la partie condamnée serait absente et n'aurait pas de procureur fondé pour la représenter, le délai de l'opposition ne courra contre elle que du jour qu'il lui aura été donné connaissance de la condamnation ; et seront cependant les sentences par défaut exécutées sur les biens des défaillants, trois jours après la signification qui en aura été faite à personne, domicile ou par affiche. Les instances sur opposition seront vidées le plus tôt possible (art. 28 et 29). L'appel des sentences des consuls établis aux échelles du Levant sera porté devant la Cour impériale d'Aix (art. 37).

§ 3. — Juridiction criminelle.

Lorsqu'éclata la révolution de 1789, l'édit de juin 1778, portant règlement sur les fonctions judiciaires des consuls en matière civile, était aussi applicable aux matières criminelles, et grâce aux dispositions de cet édit, les réserves faites en faveur de la justice française, en cas de crimes commis par les Français à l'encontre d'autres Français dans le Levant, pouvaient sortir régulièrement à effet. « Mais les changements de juridiction opérés en
« France à la suite de nos grandes réformes politiques
« et sociales ayant brisé l'instrument à l'aide duquel la
« justice était rendue à l'occasion des faits accomplis sur
« des terres de la domination turque, on se trouva sans
« moyen de répression (1). » Un pareil état de choses, qui assurait l'impunité aux coupables, était aussi affligeant pour la justice que pour la morale publique. Le gouvernement dut songer à y porter remède. Sous la Restauration, un projet de loi fut présenté aux Chambres, pour déterminer le mode de poursuite des crimes, délits et contraventions commis par les Français dans les

---

(1) Rapport de M. Parant, sur le projet de loi de 1836, présenté, le 16 février, à la Chambre des députés *(Moniteur* du 20).

échelles. Ce projet, adopté par la Chambre des pairs en 1826, fut abandonné par le gouvernement, qui ne le présenta pas à la Chambre des députés. En 1833, des faits récents firent déplorer les lacunes de notre législation ; ils menaçaient l'existence même de nos priviléges : le projet fut repris et représenté à la Chambre des pairs en 1834; il fut mis à l'ordre du jour ; mais les occupations de la Chambre ne lui permirent pas de s'en occuper cette année ni la suivante. Le ministre, en 1836, insista sur la nécessité de mettre fin aux déplorables abus qu'entraînait l'insuffisance de notre législation. La justice, la morale publique, l'existence de nos priviléges le réclamaient impérieusement. Les Chambres votèrent avec quelques amendements le projet qui leur était présenté, et qui a été promulgué comme loi de l'Etat, le 28 mai 1836.

Le projet de 1836 n'était à peu près que la reproduction du projet adopté par les pairs en 1826 et représenté en 1834 ; seulement on avait reproduit les articles de l'édit de 1778, concernant la juridiction criminelle des consuls, auxquels le projet de 1826 se bornait à renvoyer. Il en est résulté que l'édit de juin 1778, resté en vigueur comme règlement sur les fonctions judiciaires des consuls en matière civile, est abrogé en ce qui concerne leur juridiction criminelle. La loi de 1836, art. 82, le porte formellement ; toutefois, le texte de cet article, tel

qu'il a été voté et primitivement promulgué, porte :
« Sont abrogés les articles 36 et suivants, jusques et com-
« pris l'article 84 de l'édit de 1778. » Il y a une erreur
matérielle, signalée aux Chambres après le vote de la loi,
il faut lire les articles 39 et suivants et non 36 et suivants (1).

La loi de 1836 comprend six titres : 1° instruction ;
2° jugement des contraventions et délits ; 3° mise en
accusation ; 4° jugement des crimes ; 5° peines ; 6° dispositions générales.

Nous indiquerons sommairement les points saillants de
cette législation.

1. *Instruction.* — Dans tous les cas prévus par les
traités et capitulations ou autorisés par les usages, les
consuls des échelles du Levant et de Barbarie continueront d'informer, sur plaintes ou dénonciations, soit d'office et sans qu'il soit besoin de ministère public, sur les
contraventions, délits et crimes commis par des Français
dans l'étendue desdites échelles.

Lorsqu'il s'agit d'une contravention ou d'un délit,
notre loi a consacré la plupart des pratiques suivies

---

(1) Un erratum a été placé au *Bulletin des lois*, dans ce sens, à la suite du *Bull.* 445. Deux lettres adressées, l'une, par le rapporteur de la loi ; l'autre, par le ministre des affaires étrangères, au président de la Chambre des députés, et lues dans la séance du 12 juillet 1836, ont signalé l'erreur et la rectification, qui a été accueillie sans difficulté.

en France pour l'instruction en exécution de notre Code d'instruction criminelle ; mais lorsqu'il y a indice de crime, la loi de 1836 a maintenu des formalités qui ont disparu de notre législation criminelle depuis l'ordonnance de 1670. Comme nous allons le rappeler, c'est à la Cour impériale d'Aix à juger les Français accusés de crimes dans le Levant ; il est impossible de soumettre aux juges à une telle distance un débat oral; il faut y suppléer par l'information écrite, qui doit dès lors présenter toutes les garanties possibles. Anciennement, lorsque les juges, en France, étaient appelés à juger sur les seuls procès-verbaux d'instruction, on exigeait, après que la déposition des témoins avait été reçue et transcrite, qu'elle fût lue plus tard au témoin invité à y persister ou à y faire les changements qu'il croyait conformes à la vérité. La loi de 1836 a maintenu cette formalité, que l'on nomme le récolement. Mais le jour du jugement l'accusé ne sera pas mis en présence du témoin ; il peut cependant avoir des observations utiles à faire en sa présence sur sa déposition; il peut avoir des interpellations à lui adresser, qui soient capables de faire connaître la vérité, en complétant ou rectifiant le dire du témoin, en faisant connaître des circonstances que ce témoin peut taire, n'en connaissant pas l'importance réelle ou n'en ayant pas gardé le souvenir. La loi de

1836, comme les anciennes ordonnances, a prescrit la confrontation du prévenu par le juge instructeur avec chaque témoin. Au moment de cette confrontation, la déclaration du témoin est lue au prévenu, le témoin est interpellé de déclarer si le prévenu présent est bien celui dont il a entendu parler. Si le prévenu remarque dans la déclaration quelque contradiction ou quelque autre circonstance qui puisse servir à le justifier, il peut requérir le consul d'interpeller le témoin à ce sujet. Le prévenu a encore le droit de faire au témoin, par l'organe du consul, toutes les interpellations qui seront jugées nécessaires pour l'éclaircissement des faits ou pour l'explication de la déposition. Il ne peut interrompre le témoin dans le cours de ses déclarations (art. 26). S'il y a plusieurs prévenus, ils sont aussi confrontés les uns avec les autres, après qu'ils ont été séparément récolés en leurs interrogatoires (art. 29). La loi de 1836, accordant aux prévenus une garantie de plus que les anciennes ordonnances, leur a donné la faculté de se faire assister d'un conseil lors de la confrontation; faute par eux d'user de cette faculté, le consul peut, d'office, désigner un conseil; le conseil de l'accusé peut librement conférer avec lui (art. 22); il peut, lors de la confrontation, exercer tous les droits conférés au prévenu, à la seule condition de ne point répondre pour le prévenu et de ne lui suggérer aucun dire ni réponse (art. 26). La loi de 1836 a été encore plus libérale envers les prévenus, en leur accordant le droit de proposer des reproches contre les témoins en tout état de choses (art. 28); tandis qu'anciennement, en France, ces reproches devaient être proposés à peine de forclusion à un moment déterminé de la procédure.

Lorsque l'instruction est complète, l'affaire est soumise au tribunal consulaire, composé du consul et de deux notables ou du consul seul, s'il lui est impossible de se les adjoindre. Le tribunal consulaire procède de la même manière que procédaient les Chambres du conseil de nos tribunaux civils en France (art. 39); si le fait ne présente pas les caractères d'une contravention, d'un délit ou d'un crime, ou s'il n'existe pas des charges suffisantes contre le prévenu, il rend une ordonnance de non-lieu. Si le tribunal reconnaît qu'il existe des charges suffisantes contre le prévenu, à raison d'un délit ou d'une contravention, il le renvoie devant le tribunal compétent (art. 41 et 42); si le fait emporte une peine afflictive ou infamante et que la prévention soit suffisamment établie, le tribunal décerne une ordonnance de prise de corps qui est transmise avec les autres pièces de la procédure au procureur général près la Cour impériale d'Aix.

Lorsqu'il s'agit d'un délit ou d'une contravention, le

consul peut procéder par citation directe et même dans le cours de la procédure renvoyer par ordonnance le prévenu devant le tribunal compétent (art. 20). La partie civile a également le droit de citation directe.

2. *Jugements des contraventions et délits.* — Pour le jugement des contraventions et délits, la loi de 1836 a adopté les règles tracées par le Code d'instruction criminelle ; le consul statue seul, au lieu du juge de paix, s'il s'agit d'une contravention ; le tribunal consulaire est juge du fait, s'il constitue un délit. Le consul statue seul en matière de simple police, non-seulement par assimilation de ce qui se pratique en France, mais encore parce que l'administration turque s'en rapportant aux consuls pour assurer certaines défenses, on ne peut espérer de pouvoir garder cet usage, extension des priviléges, par lequel les Européens se sont ainsi complètement soustraits à l'action de la police turque, que si les consuls ont le pouvoir d'assurer l'exécution immédiate de leurs ordonnances [1].

Les jugements par défaut ne sont susceptibles d'appel qu'après opposition ; on n'a pas voulu que l'on pût braver l'autorité du consul, en refusant de comparaître devant le tribunal consulaire.

---

[1] Discuss. à la Chambre des députés, séance du 20 janv. 1856.

L'appel est porté devant la Cour impériale d'Aix, chambre correctionnelle (art. 55 et suiv.). Il est procédé au jugement, en conformité des prescriptions du Code d'instruction criminelle. Toutefois, le condamné non arrêté ou reçu à caution peut se dispenser de comparaître en personne à l'audience et à charge de se faire représenter par un fondé de procuration spéciale (art. 62). Lorsque la Cour, investie par l'appel, vient à reconnaître que le fait sur lequel le tribunal consulaire avait statué comme tribunal correctionnel présente les caractères d'un crime, il peut se présenter deux cas : ou l'information préalable a été suivie du récolement et de la confrontation, et dans ce cas la Cour, statuant comme chambre d'accusation, décerne une ordonnance de prise de corps; ou ces formalités n'ont pas été remplies, alors elle ordonne un supplément d'information, auquel il est procédé par le consul délégué, et elle ne statue comme chambre d'accusation que lorsque la procédure a été complétée.

Les arrêts de la Cour d'Aix peuvent être attaqués par la voie de la cassation, pour les causes énoncées au titre III, liv. II du Code d'instruction criminelle (art. 76).

3. *De la mise en accusation.* — Lorsque le tribunal consulaire a rendu une ordonnance de prise de corps, le prévenu est embarqué sur le premier navire français

en destination pour la France. Le capitaine qui refuserait d'obtempérer à l'ordre d'embarquement encourrait des peines sévères (art. 80). Les pièces sont transmises au procureur général près la Cour impériale d'Aix, qui investit la Chambre des mises en accusation. Si cette dernière pense que le fait ne constitue qu'un délit, elle renvoie le prévenu devant le tribunal d'Aix, qui statue correctionnellement, sauf appel (art. 66). Si la mise en accusation est déclarée, l'accusé est traduit devant la première Chambre et la Chambre des appels de police correctionnelle réunies de la Cour impériale d'Aix, lesquelles statuent, sans que le nombre des juges puisse être inférieur à douze (art. 67). On peut se pourvoir en cassation contre les arrêts rendus par la Chambre des mises en accusation (art. 76).

4. *Jugement des crimes.* — A son arrivée à Aix, l'accusé est interrogé par un conseiller délégué, qui lui désigne un défenseur d'office s'il n'en a pas choisi un (art. 67). Le ministère public et la partie civile peuvent faire citer tous témoins présents sur le territoire français, à charge d'en notifier la liste vingt-quatre heures au moins avant la comparution (art. 70). Huitaine au moins après l'interrogatoire et au jour indiqué pour le jugement, le rapport est fait par un des conseillers, la procédure est lue devant la Cour séant en audience pu-

blique, l'accusé et son conseil présent. Cette lecture doit être complète; toutefois, la Cour de cassation a justement rejeté, en 1854, un pourvoi motivé sur ce que le conseiller rapporteur se serait borné à analyser certaines parties du dossier sans opposition de la part de l'accusé, du défenseur ni du ministère public. J'ai vu cela se pratiquer d'ailleurs dans toutes les affaires au jugement desquelles j'ai été appelé à prendre part. Après les débats, le président pose les questions et en fait donner lecture par le greffier; en cas de réclamations, il est statué par la Cour (art. 72). Les questions posées sont successivement résolues, le président recueille les voix; la décision tant contre l'accusé que sur les circonstances atténuantes ne peut être prise qu'aux deux tiers des voix, et dans le calcul de ces deux tiers, les fractions, s'il s'en trouve, sont comptées en faveur de l'accusé. Il en est de même pour toute peine afflictive ou infamante. L'arrêt prononcé publiquement doit contenir les questions posées, les motifs de la décision et le texte de la loi appliquée, et constater l'existence de la majorité requise. S'il porte condamnation à une peine afflictive ou infamante, il est affiché dans les chancelleries des consulats des échelles du Levant et de Barbarie (art. 73). On peut se pouvoir en cassation contre les arrêts de la Cour d'Aix, statuant en matière criminelle (art. 76).

5. *Peines.*—Les contraventions, délits et crimes commis par les Français dans le Levant sont punis des peines portées par les lois françaises; toutefois, en matière correctionnelle et de police, lorsque l'emprisonnement est prononcé, les juges peuvent convertir, par leur jugement et arrêt, cette peine en une amende spéciale indépendante des autres dispositions du jugement, et calculée à raison de 10 fr. au plus par chaque jour d'emprisonnement. Les contraventions aux règlements des consuls pour la police des échelles sont punies d'un emprisonnement qui ne peut excéder cinq jours, et d'une amende qui ne peut excéder 15 fr., ces deux peines pouvant être prononcées cumulativement ou séparément (art. 75). Les frais de justice criminelle sont avancés par l'Etat (art. 81).

6. *Mesures administratives de police.* — Outre le pouvoir de répression donné aux consuls par l'article 82 de l'édit de 1778 dans tous les cas qui intéressent la politique ou la sûreté du commerce français dans les pays étrangers, les consuls peuvent faire arrêter et renvoyer en France, par le premier navire de la nation, tout Français qui, par sa mauvaise conduite et par ses intrigues, pourrait être nuisible au bien général, à charge par les consuls de rendre un compte exact et circonstancié au ministre des faits et des motifs qui les auront déterminés. La loi de 1836 n'a abrogé que les articles 39

jusques et y compris l'article 84 de l'édit de 1778 ; l'article 82 a donc été respecté ; il est encore aujourd'hui en vigueur. Cela a d'ailleurs été formellement reconnu dans les Chambres, lors de la discussion de la loi de 1836 (1). Toutefois, il a été également dit dans cette séance, et on reconnaît généralement, que l'article 83 de l'édit de 1778, réglant les mesures à prendre à l'encontre des Français expulsés, n'est plus en vigueur, et que si la loi de 1836 ne l'a pas abrogé, son abrogation résulte de l'ensemble des lois politiques promulguées depuis 1789.

Disons en terminant que les crimes de piraterie dans le Levant sont exclus de ceux dont les consuls doivent connaître (2), et nous aurons exposé l'ensemble des règles édictées par nos lois pour régir la juridiction réservée aux Français dans le Levant par nos traités avec la Porte.

Sous nos anciennes Chambres législatives, on a critiqué vivement plusieurs dispositions de ces lois ; on a reproché notamment à la loi de 1836 d'avoir refusé aux Français, dans le Levant, le bénéfice de l'institution du jury. Au point de vue de la politique extérieure et de nos rapports dans le Levant, c'est là un rêve irréalisa-

---

(1) Séance de la Chambre des députés du 15 mars 1836.
(2) Loi, 10 avril 1825, et 28 mai 1836, art. 82.

ble. S'il est permis d'exprimer quelques regrets, c'est de voir la force des choses obliger de sanctionner, en matière criminelle, ces procédures repoussées en France depuis le milieu du dix-septième siècle, comme ne présentant pas toutes les garanties suffisantes.

II.

TRAITÉS DE LA FRANCE

AVEC LA PORTE OTTOMANE,

LES RÉGENCES

DE TRIPOLI ET TUNIS, ET L'EMPIRE DU MARROC.

TRAITÉS
ET
CAPITULATIONS.

§ **1. — Traités** (1) **entre la France et la Porte Ottomane.**

1535. février. Traité de paix et d'alliance entre François Ier et Suleyman II, signé à Constantinople par l'entremise de Jean de la Forest.

1569. 18 octobre. Traité entre Charles IX et Sélim II, signé à Constantinople par l'entremise de Claude Dubourg.

1581. 6 juillet. Traité entre Henri III et le sultan Amu-

---

(1) La plupart de ces actes sont moins des traités internationaux que des concessions de priviléges, des lettres de priviléges; on les désigne généralement sous le nom de Capitulations, qui est applicable aux conventions conclues entre la France et tous les souverains étrangers; c'est dans ce sens général que notre ordonnance de la marine de 1681 notamment emploie le mot Capitulation. M. de Flassan, dans son Histoire de la Diplomatie, fait remarquer avec raison que c'est à tort que l'on désigne habituellement sous ce nom des lettres de priviléges délivrées par la Porte. Des capitulations supposent deux parties contractantes stipulant sur leurs intérêts, et non des concessions d'immunités et de priviléges faites par une nation à une autre. Toutefois, après avoir ainsi restitué aux mots leur véritable signification, nous n'en continuerons pas moins à nous en servir comme l'ont fait nos devanciers.

rat; confirmation des anciennes capitulations, M. de Germini étant ambassadeur.

1597. 25 février. Traité conclu entre Henri IV et Mahomet III, au sujet des nations étrangères qui navigueraient sous la protection du pavillon de France. Ce traité est indiqué dans les divers recueils ; mais je ne l'ai trouvé rapporté dans aucun.

1604. 20 mai. Traité entre Henri IV et Achmet Ier, M. François Savary, seigneur de Brèves, conseiller du roi, ambassadeur.

1614. Confirmation des anciennes capitulations par Achmet Ier, sous Louis XIII.

1618. Par Osman, sous Louis XIII.

1635. Par Amurat IV, sous Louis XIII.

1640. Par Ibrahim, sous Louis XIII.

1649. Par Mahomet IV, sous Louis XIV.

1673. 5 juin. Par Mahomet IV, sous Louis XIV, M. le marquis de Nointel, ambassadeur ; confirmation avec des additions.

1739. 16 sept. et 22 déc. Actes de garantie donnés par la France aux traités signés à Belgrade entre la Porte Ottomane et la Russie, ainsi qu'entre l'Autriche et la Porte.

1740. 18 mai. Renouvellement, avec additions, des anciens traités par le sultan Mahmoud Ier, sous le règne de Louis XV, M. Louis Sauveur, marquis de Villeneuve, ambassadeur.

1802. 25 juin. Traité de paix entre la République Française et Sélim III. Les articles 2 et 3 remettent en vigueur les anciennes capitulations.

1815. Lettre écrite au roi par le sultan, en réponse à celle que, lors de son avènement, Louis XVIII avait adressée à ce prince.

1838. 25 novembre. Convention conclue à Constantinople formant appendice aux Capitulations garanties à la France par la Porte; M. l'amiral Roussin, ambassadeur. Une ordonnance du 3 juin 1839 a prescrit la publication de cette convention. Les dispositions en sont rapportées, *infrà*, à la suite des articles 2 et 9 du Traité de 1740.

1841. 18 juillet. Convention entre la France, l'Autriche, l'Angleterre, la Prusse, la Russie et la Porte ayant pour objet de garantir la fermeture des détroits des Dardanelles et du Bosphore aux bâtiments de guerre de toutes les nations. Une ordonnance du 30 décembre 1841 a prescrit la publication de cette convention.

1856. 18 février. *Hatti chériff* portant concessions et accordant garantie aux Chrétiens de l'empire. Je mentionne ici ce document, complément du *hatti humayoun* de Gulhané et des lois du Tanzimat, bien qu'il ne rentre pas dans la classe des Traités conclus avec la France, parce qu'il est la base d'un droit politique et civil tout nouveau pour les sujets chrétiens de l'empire ottoman.

1856. 30 mars. Traité de paix et d'amitié entre la France, l'Autriche, l'Angleterre, la Prusse, la Russie, la Sardaigne et la Turquie; M. le comte Walewski, ministre des affaires étrangères. Publié en vertu du décret impérial du 28 avril 1856.

Parmi ces documents, l'acte du 18 mai 1740, auquel on a aussi donné la date du 28 mai 1740, présente un ensemble complet de dispositions. Aussi sera-ce le texte de ce Traité que nous allons reproduire. Ce texte sera accompagné d'annotations qui indiqueront les dispositions des actes antérieurs et feront connaître les modifications partielles qui ont été apportées à la Capitulation de 1740 par les actes postérieurs.

La Capitulation de 1740, dans son ensemble, est encore

aujourd'hui en vigueur. Tous les auteurs la reproduisent comme résumant les règles de nos rapports avec la Porte. C'est au surplus le dernier traité dans lequel sont reproduites, avec des additions, les anciennes concessions faites à la France, et ce traité a reçu, à ce point de vue, de nombreuses consécrations.

Ainsi, l'article 2 du traité de paix signé à Paris entre la France et la Porte, le 25 juin 1802, porte : « Les Traités ou Capitulations, qui avant la guerre réglaient les relations de tout genre existantes entre les deux puissances, sont renouvelés dans toutes leurs parties. En conséquence de ce renouvellement, et en exécution des articles des anciennes Capitulations..... »

Le Traité du 25 novembre 1838, entre la France et la Porte, en laissant subsister les anciens priviléges et immunités (article 5), ne fait que règlementer à nouveau ceux qu'il était nécessaire de reviser par suite des changements de diverse nature survenus tant dans l'administration intérieure de l'empire turc, que dans ses relations extérieures avec les autres puissances.

Enfin le dernier Traité, du 30 mars 1856, entre la Turquie et la France, l'Angleterre, la Russie et la Sardaigne, porte, article 32 : Jusqu'à ce que les traités ou conventions qui existaient avant la guerre entre les puissances belligérantes aient été ou renouvelés ou remplacés par des actes nouveaux, le commerce d'importation ou d'exportation aura lieu réciproquement sur le pied des règlements en vigueur avant la guerre.

Bien que cela n'ait pas été dit formellement dans les anciens traités, et notamment dans celui de 1740, il faut tenir que ces actes sont applicables dans toutes les provinces de l'empire ottoman. Nous aurons toutefois à indiquer les divers traités particuliers passés entre la France et les puissances barbaresques où ces priviléges et immunités ont pu être sanctionnés, étendus ou modifiés. Dans le traité du 25 novembre 1838, la Porte dit formellement : « Cette convention est exécutable dans toutes les provinces de l'empire ottoman (c'est-à-dire dans les possessions de S. H., situées en Europe et en Asie, en Egypte et dans les autres parties de l'Afrique appartenant à la Sublime Porte). »

Le traité de 1740 a été traduit à Constantinople par M. Duval en 1761 ; il a été imprimé à part en 1770 à l'imprimerie impériale, et réimprimé dans le *Codex juris gentium* de Wenck. C'est ce texte qui est généralement suivi comme le plus exact et le plus complet, et c'est celui que nous reproduisons.

CAPITULATION DE 1740 ENTRE LA FRANCE ET LA TURQUIE.

L'Empereur Sultan Mahmoud, fils du Sultan Moustapha toujours victorieux.

Voici ce qu'ordonne ce signe glorieux et impérial, conquérant du Monde, cette marque noble et sublime, dont l'efficacité procède de l'assistance divine.

Moi, qui par l'excellence des faveurs infinies du Très Haut et par l'éminence des miracles remplis de bénédiction du chef des prophètes (à qui soient les saluts les plus amples, de même qu'à sa famille et à ses compagnons), suis le Sultan des glorieux Sultans, l'Empereur des puissans Empereurs, le distributeur des couronnes aux Cosroés qui sont assis sur les trônes ; l'ombre de Dieu sur la terre, le serviteur des deux illustres et nobles villes de la Mecque et de Médine, lieux augustes et sacrés où tous les Musulmans adressent leurs vœux ; le protecteur et le maître de la sainte Jérusalem ; le Souverain des trois grandes villes de Constantinople, Andrinople et Brousse, de même que de Damas odeur de Paradis, de Tripoli de Syrie ; de l'Egypte, la rareté du siècle et renommée pour ses délices ; de toute l'Arabie ; de l'Afrique, de Barca, de Cairovan, d'Alep, des Irak, Arab et Adgen, de Bassora, de Lahsa, de Dilem et particulièrement de Bagdad, capitale des Kalifes ; de Rakka, de Mossoul, de Chehrezour, de Diarbekir, de Zulkadrie, d'Erzerum la délicieuse ; de Sébaste, d'Adana, de la Caramanie, de Kars, de Tchildir, de Van ; des îles de Morée, de Candie, Chypre, Chio et Rhodes ; de la Barbarie, de l'Éthiopie ; des places de guerre d'Alger, de Tripoli et de Tunis ; des îles et des côtes de la mer Blanche et de la mer Noire ; du pays de Natolie et des Royaumes de Romélie ; de tout le Kurdistan, de la Grèce, de Turcomanie, de la Tartarie, de la Circassie, du Cabarta et de la Géorgie ; des nobles tribus des Tartares et de toutes les hordes qui en dépendent ; de Caffa et autres lieux circonvoisins ; de toute la Bosnie et dépendances ; de la forteresse de Belgrade, place de guerre ; de la Servie , de même que des forteresses et châteaux qui s'y trouvent ; des pays d'Albanie, de toute la Valachie, de la Moldavie, et des forts et fortins qui se trouvent dans ces cantons ; possesseur enfin de nombre de villes et de forteresses, dont il est superflu de rapporter et de vanter ici les noms ; Moi qui suis l'Empereur, l'asile de la justice et le Roi des Rois , le centre de la victoire, le Sultan fils de Sultan , l'Empereur Mahmoud-le-conquérant, fils de Sultan Mustafa, fils de Sultan Muhammod : Moi qui par ma puissance, origine de la félicité, suis orné du titre d'Empereur des deux terres et pour comble de la grandeur de mon Califat, suis illustré du titre d'Empereur des deux mers.

La gloire des grands princes de la croyance de Jésus, l'élite des grands et magnifiques de la religion du Messie, l'arbitre et le médiateur des affaires des nations chrétiennes , revêtu des vraies marques d'honneur et de dignité, rempli de grandeur, de gloire et de majesté, l'Empereur de France et d'autres vastes Royaumes qui en dépendent, notre très magnifique, très honoré, sincère et ancien ami, Louis XV, auquel Dieu accorde tout succès et félicité, ayant envoyé à notre Auguste Cour qui est le siège du Califat, une lettre, contenant des témoignages de la plus parfaite sincérité et de la plus parfaite affection, candeur et droiture, et ladite lettre étant destinée pour notre Sublime Porte de félicité, qui par la bonté infinie de l'Être suprême incontestablement majestueux, est l'asile des Sultans les plus magnifiques et des Empereurs les plus respectables ; le modèle des Seigneurs chrétiens, habile, prudent, estimé et honoré ministre, Louis-Sauveur marquis de Villeneuve, son Conseiller d'Etat actuel et son Ambassadeur à notre Porte de félicité (dont la fin soit comblée de bonheur) aurait demandé la permission de présenter et de remettre ladite lettre, ce qui lui aurait été accordé par notre consentement impérial, conformément à l'ancien usage de notre Cour, et conséquemment ledit Ambassadeur ayant été admis jusque devant notre Trône Impérial, environné de lumière et de gloire, il y aurait remis la susdite lettre, et aurait été témoin de Notre Majesté, en participant à notre faveur et grâce impériale ; ensuite la traduction de sa teneur affectueuse aurait été présentée et rapportée, selon l'ancienne coutume des Ottomans, au pied de notre Sublime Trône, par le canal du très honoré Elhadjy Mehemmed Pacha, notre premier Ministre, l'interprète absolu de nos ordonnances, l'ornement du monde, le maintien du bon ordre des peuples, l'ordonnateur des grades de notre Empire, l'instrument de la gloire de notre couronne, le canal des grâces de la Majesté Royale, le très vertueux grand-Visir, mon vénérable et fortuné

Ministre lieutenant-général, dont Dieu fasse perpétuer et triompher le pouvoir et la prospérité.

Et comme les expressions de cette lettre amicale font connaître le désir et l'empressement de Sa Majesté, à faire, comme par ci-devant, tous honneurs et ancienne amitié jusqu'à présent maintenus depuis un temps immémorial entre nos glorieux ancêtres (sur qui soit la lumière de Dieu) et les très magnifiques Empereurs de France; et que dans ladite lettre il est question, en considération de la sincère amitié et de l'attachement particulier que la France a toujours témoignés à notre maison impériale, de renouveler encore, pendant l'heureux temps de notre glorieux règne, et de fortifier et éclaircir, par l'addition de quelques articles, les capitulations impériales, déjà renouvelées l'an de l'Hégire 1084, sous le règne de feu Sultan Mehemed notre auguste aïeul, noble et généreux pendant sa vie, et bienheureux à sa mort; lesquelles capitulations avaient pour but *que les Ambassadeurs, Consuls, interprètes, négociants et autres sujets de la France, soient protégés et maintenus en tous repos et tranquillité*, et qu'enfin il est parvenu à notre connaissance impériale qu'il a été conféré sur ces points entre ledit Ambassadeur et les Ministres de notre Sublime Porte : les fondements de l'amitié qui, depuis un temps immémorial, subsiste avec solidité entre la Cour de France et notre Sublime Porte, et les preuves convaincantes que Sa Majesté en a données particulièrement du temps de notre glorieux règne, faisant espérer que les liens d'une pareille amitié ne peuvent que se resserrer et se fortifier de jour en jour ; ces motifs nous ont inspiré des sentiments conformes à ces désirs : et voulant procurer au commerce une activité, et aux allants et venants une sûreté, qui sont les fruits que doit produire l'amitié ; non-seulement, nous avons confirmé par ces présentes dans toute leur étendue, les capitulations anciennes et renouvelées, de même que les articles insérés lors de la susdite date; mais pour procurer encore plus de repos aux négociants, et de vigueur au commerce, nous leur avons accordé l'exemption du droit de *Mézéterie* qu'ils ont payé de tout temps, de même que plusieurs autres points concernant le commerce et la sûreté des allants et venants, lesquels ayant été discutés, traités et réglés en bonne et due forme dans les diverses conférences qui se sont tenues à ce sujet entre le susdit Ambassadeur, muni d'un pouvoir suffisant, et les personnes préposées de la part de notre Sublime Porte. Après l'entière conclusion de tout, mon suprême et absolu Grand-Visir en aurait rendu compte à notre Etrier Impérial, et notre volonté étant de témoigner spécialement en cette occasion le cas et l'estime que nous faisons de l'ancienne et constante amitié de l'Empereur de France, qui vient de nous donner des marques particulières de la sincérité de son cœur, nous avons accordé notre signe impérial pour l'exécution des articles nouvellement conclus ; et conséquemment les capitulations anciennes et renouvelées, ayant été transcrites et rapportées exactement, mot pour mot au commencement, et suivi des articles nouvellement réglés et accordés; ces présentes capitulations impériales auraient été remises et consignées dans l'ordre susdit, entre les mains dudit Ambassadeur ; et pour l'exécution d'icelles, le présent commandement impérial serait émané dans les termes suivants, savoir :

Titres donnés aux souverains de France et de Turquie.
— Dans le Traité de 1535, le roi de France est qualifié seulement très-excellent et très-puissant prince, par la grâce de Dieu, Roi de France très-chrétien ; mais, dès 1569, les Traités l'appellent : « Entre les grands princes de la religion de Jésus le plus grand et des plus grands princes chrétiens le majeur. » Dans le Traité de 1581, il est appelé : « Le plus glorieux Seigneur des grands princes de Jésus, le plus puissant des fidèles du Messie, le médiateur des différends de l'universelle génération des Nazaréens, distillateur des continuelles pluies de majesté et de gravité, possesseur des Marques et premier des grandeurs et gloires, Empereur de France. » Ces titres qui se reproduisent dans les divers traités jusqu'en 1740, ne se retrouvent plus dans le Traité de 1802. Toutefois, dans sa lettre de 1815, écrite au roi par le grand seigneur, le roi de France est qualifié de : « Le plus glorieux d'entre les princes chrétiens, le modèle des grands qui suivent la religion du Messie,

l'arbitre et le régulateur des intérêts des nations chrétiennes, revêtu des signes qui impriment le respect et la vénération, doué des marques d'honneur et de majesté, l'Empereur, notre très-respectable, très-grand, très-digne, très-ancien et très-parfait ami Louis XVIII. » Je ne rappellerai pas toutes les qualifications prises par les sultans dans les Capitulations, le préambule de la Capitulation de 1740 que nous venons de reproduire les fait connaître. Dans le Traité de 1838, le roi des Francais est qualifié de majesté, le sultan de hautesse. Tous les souverains représentés au Traité de 1856 sont qualifiés de majesté. Le sultan reçoit, de la part des diverses puissances, le titre d'Empereur, sublime Empereur, très-puissant Empereur, très-majestueux, très-puissant et très-magnifique Sultan, Sublime Porte, très-sérénissime et très-puissant prince, puissant autocrate des Ottomans, padischah ottoman, grand Sultan, grand seigneur ; il est traité de hautesse, altesse, majesté, majesté impériale, *maestà sultaneà*, majesté ottomane, puissant autocrate. Nous verrons dans les articles suivants, qu'en Turquie, les Capitulations assuraient aux ambassadeurs et consuls de France le pas sur les ambassadeurs et consuls des autres États.

Art. 1er. L'on n'inquiètera point les Français qui vont et viendront pour visiter Jérusalem, de même que les religieux qui sont dans l'Eglise du Saint-Sépulcre dite *Kamana*.

Conférence de l'article 1 du Traité de 1740 avec les articles correspondants dans les autres Traités passés entre la France et la Porte. — Traité de 1673, art. 2, voy. *infrà*, Traité de 1740, art. 33 et 34.

2. Les Empereurs de France n'ayant eu aucun procédé

qui pût porter atteinte à l'ancienne amitié qui les unit avec notre Sublime Porte, sous le règne de feu l'Empereur Sultan Selim, d'heureuse mémoire, il aurait été accordé aux Français un commandement impérial pour la levée ci-devant prohibée des cotons en laine, cotons filés et cordouans : maintenant, en considération de cette parfaite amitié, comme il a déjà été inséré dans les capitulations, que personne ne puisse les empêcher d'acheter des cires et des cuirs, dont la sortie était défendue du temps de nos magnifiques aïeux, ce privilége leur est confirmé comme par le passé.

Conférence. — Traité de 1604, art. 7. Traité de 1673, art. 3.

Extension de priviléges. — Les priviléges concédés par l'article 2 du Traité de 1740 ont été étendus par le Traité du 25 novembre 1839, dont les articles 2, 3 et 4 sont ainsi conçus :

Article 2. Les sujets de S. M. le roi des Français ou leurs ayant-cause, pourront acheter dans toutes les parties de l'empire ottoman, soit qu'ils veuillent en faire le commerce à l'intérieur, soit qu'ils se proposent de les exporter, tous les articles, sans exception, provenant du sol ou de l'industrie de ce pays. La Sublime Porte s'engage formellement à abolir tous les monopoles qui frappent les produits de l'agriculture et les autres productions quelconques de son territoire, comme aussi elle renonce à l'usage des *teskérés* demandés aux autorités locales pour l'achat des marchandises, ou pour les transporter d'un lieu à un autre, quand elles étaient achetées. Toute tentative qui sera faite par une autorité quelconque pour forcer les sujets français à se pourvoir de semblables permis ou *teskérès*, sera considérée comme une infraction aux Traités, et la Sublime Porte punira immédiatement avec sévérité tous vizirs ou autres fonctionnaires auxquels on aurait une pareille infraction à reprocher, et elle indemnisera les sujets français des pertes ou vexations dont ils pourront prouver qu'ils ont eu à souffrir.

Art. 3. Les marchands français ou leurs ayant-cause qui achèteront un objet quelconque, produit du sol ou de l'industrie de la Turquie, dans le but de le revendre pour la consommation dans l'intérieur de l'empire ottoman, payeront, lors de l'achat ou de la vente, les mêmes droits qui sont payés, dans les circonstances analogues par les sujets musulmans ou par les rayas les plus favorisés parmi ceux qui se livrent au commerce intérieur.

Art. 4. Tout article produit du sol ou de l'industrie de la Turquie acheté pour l'exportation, sera transporté, libre de toute espèce de charge ou de droits, à un lieu convenable d'embarquement, par les négociants français ou leurs ayant-cause. Arrivé là, il payera, à son entrée, un droit fixe de 9 pour cent de sa valeur, en remplacement des anciens droits de commerce intérieur supprimés par la présente convention. A sa sortie, il payera le droit de 3 pour cent anciennement établi et qui demeure subsistant. Il est toutefois bien entendu, que tout article acheté au lieu d'embarquement pour l'exportation et qui aura déjà payé, à son entrée, le droit intérieur, ne sera plus soumis qu'au seul droit primitif de 3 pour cent.

Voyez encore en ce qui concerne les droits de Douane, *infrà*, les articles 8, 9, 27, 37, 39, les explications qui suivent ces articles et notamment article 9, les dispositions suivantes du Traité de 1838.

Les dispositions des articles 2, 3 et 4 du Traité de 1838 que nous venons de rapporter se trouvent maintenues par l'article 32 du Traité de 1856.

3. Et comme par ci-devant, les marchands et autres Français n'ont point payé de droits sur les piastres qu'ils ont apportées de leur pays dans nos États, on n'en exigera pas non plus présentement ; et nos trésoriers et officiers de la monnaie ne les inquièteront point, sous prétexte de fabriquer des monnaies du pays avec leurs piastres.

Conférence. — Traité de 1604, art. 8 ; Traité de 1673, art. 4.

4. Si des marchands français étaient embarqués sur un bâtiment ennemi pour trafiquer (comme il serait contraire aux lois de vouloir les dépouiller et les faire esclaves parce qu'ils se seraient trouvés dans un navire ennemi) (1), l'on ne pourra, sous ce prétexte, confisquer leurs biens, ni faire esclaves leurs personnes, pourvu qu'ils ne soient point en acte d'hostilité sur un bâtiment corsaire, et qu'ils soient dans leur état de marchand.

Conférence. — Traité de 1604, art. 9 ; Traité de 1673, art. 5.

---

(1) Le mot turc traduit ici par *ennemi*, signifie littéralement *militaire*, ou *relatif à la guerre*, et s'applique particulièrement aux nations chrétiennes qui n'ont point de traités avec la Porte. (D'Hauterive et De Cussy, *Recueil des Traités de commerce*, 1re part. t. II, p. 489, note).

5. Si un Français, ayant chargé des provisions de bouche en pays ennemi, sur son propre vaisseau, pour les transporter en pays ennemi, était rencontré par des bâtiments musulmans, on ne pourra prendre le vaisseau, ni faire esclaves les personnes, sous prétexte qu'ils transportent des provisions à l'ennemi.

Conférence. — Traité de 1604, art. 10; Traité de 1673, art. 6 et 7.

6. Si quelqu'un de nos sujets emportait des provisions de bouche chargées dans les Etats musulmans, et qu'il fût pris en chemin, les Français qui se trouveraient à la solde dans le vaisseau, ne seront point faits esclaves.

Conférence. — Traité de 1604, art. 11.

7. Lorsque les Français auront acheté de plein gré des provisions de bouche des navires turcs, et qu'ils seront rencontrés par nos vaisseaux, tandis qu'ils s'en vont dans leur pays et non en pays ennemi, ces vaisseaux français ne pourront être confisqués, ni ceux qui seront dedans faits esclaves ; et s'il se trouve quelque Français pris de cette manière, il sera élargi et ses effets restitués.

Conférence. — Traité de 1604, art. 12; Traité de 1673, art. 8.

8. Les marchandises qui, sous le bon plaisir de l'Empereur de France, seront apportées de ses Etats dans les nôtres par leurs marchands, de même que celles qu'ils emporteront, seront estimées au même prix qu'elles l'ont

été anciennement pour l'exaction de douane, qui se percevra de la même façon, sans qu'il soit fait aucune augmentation sur l'estime desdites marchandises.

Conférence. — Traité de 1604, art. 12; Traité de 1673, art. 9; Traité de 1802, art. 7; Traité de 1838, art. 3, 4, 5, 6 et 7. Voy. *suprà*, art. 2, et *infrà*, art. 9.

9. On n'exigera la douane que des marchandises débarquées pour être vendues, et non de celles qu'on voudra transporter dans d'autres échelles, à quoi il ne sera mis aucun empêchement.

Conférence. — Traité de 1604, art. 12; Traité de 1673, art. 10; Traité de 1802, art. 7. Voy. *suprà*, art. 2.

Modifications. — Traité du 25 novembre 1838, art. 5. Tout article produit du sol ou de l'industrie de la France et de ses dépendances, et toutes marchandises, de quelque espèce qu'elles soient, embarquées sur des bâtiments français et étant la propriété de sujets français ou apportées par terre ou par mer, d'autres pays, par des sujets français, seront admis, comme antérieurement, dans toutes les parties de l'empire ottoman, sans aucune exception, moyennant un droit de 3 pour cent calculé sur la valeur de ces articles.

En remplacement de tous les droits de commerce intérieur qui se perçoivent aujourd'hui sur lesdites marchandises, le négociant français qui les importera, soit qu'il les vende au lieu d'arrivée, soit qu'il les expédie dans l'intérieur pour les y vendre, payera un droit additionnel de 2 pour cent. Si, ensuite, ces marchandises sont revendues à l'intérieur ou à l'extérieur, il ne sera plus exigé aucun droit, ni du vendeur, ni de l'acheteur, ni de celui qui, les ayant achetées, désirera les expédier au dehors.

Les marchandises qui auront payé l'ancien droit d'importation de 3 pour cent, dans un port, pourront être envoyées dans une autre port, franches de tout droit, et ce n'est que lorsqu'elles y seront vendues ou transportées de celui-ci dans l'intérieur du pays, que le droit additionnel de 2 pour cent devra être acquitté.

Il demeure entendu que le gouvernement de S. M. le roi des Français ne prétend pas, soit par cet article, soit par aucun autre du présent Traité, stipuler au-delà du sens naturel et précis des termes employés, ni priver, en aucune manière, le gouvernement de S. H. de l'exercice de ses droits d'administration intérieure, en tant toutefois, que ces droits ne porteront pas une atteinte manifeste aux stipulations des anciens Traités et aux priviléges accordés par la présente convention aux sujets français et à leurs propriétés.

Art. 6. Les sujets français ou leurs ayant-cause pourront librement trafiquer dans toutes les parties de l'empire ottoman, des marchandises apportées des pays étrangers; et si ces marchandises n'ont payé, à leur entrée, que le droit d'importation, le négociant français ou son ayant-cause, aura la facilité d'en trafiquer en payant le droit additionnel de 2 pour cent, auquel il serait soumis pour la vente des propres marchandises qu'il aurait lui-même importées, ou pour leur transmission faite dans l'intérieur avec l'intention de les y vendre. Ce payement une fois acquitté, ces marchandises seront libres de tous autres droits, quelle que soit la destination ultérieure qui sera donnée à ces marchandises.

Art. 7. Aucun droit quelconque ne sera prélevé sur les marchandises françaises, produit du sol ou de l'industrie de la France et de ses dépendances, ni sur les marchandises provenant du sol ou de l'industrie de tout autre pays étranger, quand ces deux sortes de marchandises, embarquées sur des bâtiments français, appartenant à des sujets français, passeront par les détroits des Dardanelles, du Bosphore, ou de la mer Noire, soit que ces marchandises traversent ces détroits sur les bâtiments qui les ont apportées, ou qu'elles soient transbordées sur d'autres bâtiments, ou que, devant être vendues ailleurs, elles soient, pour un temps limité, déposées à terre pour être mises à bord d'autres bâtiments et continuer leur voyage.

Toutes les marchandises importées en Turquie pour être transportées en d'autres pays pour y être vendues, ne payeront que le premier droit d'importation de 3 pour cent, sans que, sous aucun prétexte, on puisse les assujétir à d'autres droits.

Les dispositions qui précèdent se trouvent maintenues par l'article 32 du Traité de 1856.

10. On n'exigera d'eux ni le nouvel impôt de *kassabié* (1), ni *reft* (2), ni *bad* (3), ni *yassak kouly* (4), et pas plus de trois cents aspres (5) pour le droit de bon

---

(1) *Kassabié* ou *kassabiyè*, Miltitz, t. II, 2ᵉ part., p. 104, dit, d'après Hammer, que c'est le nom que l'on donne à l'impôt que le fisc perçoit sur la viande de boucherie.

(2) Droit d'exportation.

(3) *Badj* ou *badsch*, droit de transit; c'est en quelque sorte notre *passavant*.

(4) *Yassak kouly* se rapporte aux prétentions arbitraires prélevées par les employés, et notamment par des soldats et hommes de garde.

(5) L'*aspre* est une monnaie de billon d'une très-faible valeur. Balbi, dans son *Abrégé de géographie*, d'après les données fournies à M. Lœbmann par diverses maisons de Constantinople, évalue l'*aspre*, dont 120 faisaient la *piastre* de 1773, à 0 fr. 0133. Il n'y avait qu'une monnaie d'une valeur inférieure à l'*aspre*, c'était le *moenkir* ou *dje-*

voyage, dit *selâmetlik resmy* (1).

Conférence.—Traité de 1535, art. 17; Traité de 1604, art. 13 ; Traité de 1673, art. 11.

11. Quoique les corsaires d'Alger soient traités favorablement lorsqu'ils abordent dans les ports de France, où on leur donne de la poudre , du plomb , des voiles et autres agrès, néanmoins ils ne laissent pas de faire esclaves les Français qu'ils rencontrent, et de piller le bien des marchands , ce qui leur ayant été plusieurs fois défendu sous le règne de notre aïeul, de glorieuse mémoire, ils ne se seraient point amendés ; bien loin de donner mon consentement impérial à une pareille conduite, nous voulons que s'il se trouve quelque Français fait esclave de cette façon, il soit mis en liberté, et que ses effets lui soient entièrement restitués ; et si dans la suite ces corsaires persistent dans leur désobéissance, sur les informations par lettres qui nous en seront données par Sa Majesté, le Beglerbey (2) qui se trouvera en place sera dépossédé , et l'on fera dédommager les Français des

---

duki. On ne frappe plus de *moenkir*, et les *aspres* sont elles-mêmes devenues fort rares. (Miltitz, t. I, p. 523.

(1) C'est ce même droit de *selamet*, d'*heureuse arrivée* ou *ancrage*, qui est exigé dans le Traité de commerce entre le roi de Suède Frédéric 1er et Mahmoud Ier, du 10 janvier 1737, article 2, dont l'original en latin porte *Salvi conductus*. Ce droit, dans ce traité, est également fixé pour la Suède à 300 *aspres*.

(2) *Beglerbey* ou *Begler-bey*, pachas de second rang.

agrès qui auront été déprédés. Et comme, jusqu'à présent, ils ne se sont pas beaucoup souciés des défenses réitérées qui leur ont été faites à ce sujet, au cas que dorénavant ils n'agissent pas conformément à mon ordre impérial, l'Empereur de France ne les souffrira point sous ses forteresses, leur refusera l'entrée de ses ports, et les moyens qu'il prendra pour réprimer leurs brigandages ne donneront aucune atteinte à notre Traité, conformément au commandement impérial émané du temps de nos ancêtres, dont nous confirmons ici la teneur, promettant encore d'agréer les plaintes de même que les bons témoignages de Sa Majesté sur cette matière.

Conférence. — Traités de 1835, art. 10 et 11; Traité de 1569, art. 13; Traité de 1581, art. 18; Traité de 1604, art. 14; Traité de 1673, art. 12; Traité de 1802, art. 2. Voy. *infrà*, art. 24 et 81 du Traité de 1740.

Piraterie. — En ce qui concerne les pirates, l'article 2 du Traité de 1802, dans sa disposition finale, porte : « La Sublime Porte et le gouvernement de la République Française prendront, d'un commun accord, des mesures efficaces pour purger de toutes sortes de pirates, les mers qui servent à la navigation des bâtiments des deux États. »

12. Nos augustes aïeux, de glorieuse mémoire, ayant accordé aux Français des commandements pour pêcher du corail et du poisson dans le golfe d'Usturga, dépendant d'Alger et de Tunis, nous leur permettons pareillement de pêcher du corail et du poisson dans lesdits

endroits, suivant l'ancienne coutume, et on ne les laissera inquiéter par personne à ce sujet.

Conférence.— Traité de 1604, art. 15 ; Traité de 1673, art. 13.

13. Leurs interprètes, qui sont au service de leurs Ambassadeurs, seront exempts du tribut dit *karath* (1), du droit de *kassabié*, et des autres impôts arbitraires, dit *tékialif-urfié* (2).

Conférence.— Traité de 1604, art. 16 ; Traité de 1673, art. 14.

14. Les marchands français qui auront chargé des effets sur leurs bâtiments, et ceux de nos sujets qui trafiqueront avec leurs navires en pays ennemi, payeront exactement aux Ambassadeurs et aux Consuls le droit de consulat et leurs autres droits, sans opposition ni contravention quelconque.

---

(1) *Karatch, kharadsch, dschizié*; capitation qui frappe les Rayas et dont tous les Musulmans sont affranchis.

(2) Il y a dans l'empire ottoman deux sortes d'impôts : les uns établis en vertu de la loi religieuse, portent le nom d'impositions légales, *Houkouki* ou *Roussouen-scheriyié* ; les autres, établis pour suppléer à l'insuffisance des premières, se nomment arbitraires ou politiques, *Tékialif urfié* ou *Tékalifi-urfiyé*; Miltitz, t. II, p. 2, p. 962. Les perceptions faites en dehors des prescriptions des lois religieuses ou politiques, sont de véritables exactions que l'on désigne sous le nom général d'*awani*, nom qui a presque textuellement passé dans les langues de l'Europe et qu'il est inutile d'expliquer. D'Ohsson, en comptant trois espèces d'impositions légales, place dans cette catégorie les droits de douane que de Hammer range dans la classe des impôts arbitraires.

Conférence.—Traité de 1604, art. 17; Traité de 1673, art. 15.

15. S'il arrivait quelque meurtre ou quelque autre désordre entre les Français, leurs Ambassadeurs et leurs Consuls en décideront selon leurs us et coutumes, sans qu'aucun de nos officiers puisse les inquiéter à cet égard.

Conférence.— Traité de 1535, art. 5; Traité de 1569; art. 12; Traité de 1581, art. 17; Traité de 1604, art. 18; Traité de 1673, art. 16.

Importance de cet article au point de vue de notre juridiction criminelle dans le Levant. Dispositions antérieures. — C'est sur cette disposition qu'est fondé le pouvoir juridictionnel des consuls et juges français, en matière criminelle, dans le Levant. Cette immunité qui se trouve implicitement concédée, dès le Traité de 1535, est formellement écrite dans le Traité de 1569, dont l'article 12 porte : « Si lesdits Français ont débat ou différend l'un avec l'autre, leurs ambassadeurs et consuls, selon leur conscience, décideront lesdits différends sans que nul n'ait à les empêcher. » Cet article est textuellement reproduit par l'article 17 de l'acte de 1581. L'article 18 du Traité de 1604 est encore plus formel en ce sens qu'il s'applique plus spécialement aux matières criminelles ; il est ainsi conçu : « Que, survenant quelque meurtre ou inconvénient entre marchands français et négociants, les ambassadeurs et consuls d'icelle nation puissent, selon leurs lois et coutumes, en faire justice, sans qu'aucun de nos officiers en prenne aucune connaissance ni juridiction. » Copiée textuellement dans l'article 16 du Traité de 1673, cette disposition a été renouvelée par l'article 15 de notre Traité de 1740 et elle n'a point été abrogée depuis.

Les traités avec la Porte exigent que les différends naissent entre Français, pour que la compétence des juges français soit reconnue. Dans la pratique on est allé plus loin, comme nous aurons occasion de l'établir, en nous occupant de la loi de 1836 sur la répression des crimes commis par les Français dans le Levant.

Dans le Traité de Wampore, passé le 24 septembre 1844 entre la France et la Chine, il est stipulé que s'il s'élève une rixe entre des Français et des Chinois, à la suite de laquelle il y ait des hommes tués ou blessés, les Chinois seront arrêtés par les soins des autorités chinoises et jugés par leurs juges, et les Français arrêtés par les soins des consuls de France seront livrés à l'action régulière des lois françaises (art. 27).

Traités avec les puissances autres que la France. — Dans les traités avec les autres puissances, le plus souvent on n'a pas prévu le cas spécial où il serait commis un crime entre sujets de la puissance contractante, on s'est borné à réserver à la connaissance des consuls les différends qui pourraient naître entre nationaux, ce qui évidemment comprend tous différends civils ou criminels. Quelquefois la compétence criminelle des consuls a fait l'objet d'une disposition expresse, comme dans l'article 9 du Traité de juillet 1612, passé entre la Porte et les Pays-Bas, ou dans les articles 63 et 72 du Traité du 10 juin 1783 entre la Porte et la Russie. Certains traités sont conçus de telle manière qu'on pourrait en conclure qu'une réserve a été stipulée en faveur des consuls, pour leur conférer le droit de punir tous les crimes et délits commis par leurs nationaux, quelque fussent les nations auxquelles appartinssent les victimes, et alors même qu'elles appartiendraient aux Turcs sujets de la Porte. Voyez dans ce sens les Traités du 10 janvier 1737 avec la

Suède, art. 8 ; du 3 août 1838, art. 8, avec la Belgique ; du 7 mai 1838, art. 4, avec les Etats-Unis d'Amérique.

16. En cas que quelque personne intente un procès aux Consuls établis pour les affaires de leurs marchands, ils ne pourront être mis en prison, ni leur maison scellée, et leur cause sera écoutée à notre Porte de félicité ; et si l'on produisait des commandements, antérieurs ou postérieurs, contraires à ces articles, ils seront de nulle valeur, et il sera fait en conformité des capitulations impériales.

Conférence.— Traité de 1604, art. 19; Traité de 1673, art. 17 et 18.

17. Et en outre, que la famille des Empereurs de France est en possession des rênes de l'autorité souveraine avant les Rois et les Princes les plus renommés parmi les nations chrétiennes, comme depuis le temps de nos augustes pères et de nos glorieux aïeux, elle a conservé avec notre Sublime Porte une amitié plus constante et plus sincère que tous les autres Rois, sans que depuis lors il soit rien survenu entre nous de contraire à la foi des Traités, et qu'elle a témoigné à cet égard toute la constance et la fermeté possibles, Nous voulons que, lorsque les Ambassadeurs de France, résidant à notre Porte de félicité, viendront à notre Suprême Divan (1),

(1) *Divan,* réunion des hauts dignitaires de l'Etat composant le ministère ottoman et le Conseil d'Etat.

et qu'ils iront chez nos Visirs (1) et nos très-honorés Conseillers, ils aient, suivant l'ancienne coutume, le pas et la préséance sur les Ambassadeurs d'Espagne et des autres Rois.

Conférence. — Traité de 1581, art. 2; Traité de 1604, art. 20; Traité de 1673, art. 19.

Nous avons déjà indiqué, à la suite du préambule du Traité de 1740, quels sont les titres et qualités donnés réciproquement aux souverains de la France et de la Turquie dans les rapports officiels.

18. On n'exigera d'eux ni douane ni droit de *badj* sur ce qu'ils feront venir, à leurs dépens, pour leurs présents et habillements et pour leurs besoins et provisions de boire et de manger; et les Consuls de France qui sont dans les villes de commerce, auront pareillement la préséance sur les Consuls d'Espagne et des autres Rois, ainsi qu'il se pratique à notre Porte de félicité.

Conférence. — Traité de 1604; art. 21 et 22; Traité de 1673, art. 20, 21 et 22.

19. Comme les Français, qui commercent en tout temps avec leurs biens, effets et navires, dans les échelles et dans les ports de nos Etats, y vont et viennent sur la bonne foi et sur l'assurance de la paix, lorsque leurs

---

(1) *Visir, Vezir*, coadjuteur. Ce titre est conféré à plusieurs des grands dignitaires de l'Etat. Le premier ministre a longtemps porté le titre de Grand Visir; ces titres ont été, à diverses reprises, supprimés et rétablis.

bâtiments seront exposés aux accidents de la mer et qu'ils auront besoin de secours, Nous ordonnons que nos vaisseaux de guerre et autres qui se trouveront à portée, aient à leur donner toute l'assistance nécessaire, et que les commandants, chefs, capitaines ou lieutenants, ne manquent pas envers eux aux moindres égards, donnant tous leurs soins et leur attention à leur faire fournir pour leur argent, les provisions dont ils auront besoin : et si par la violence du vent, la mer jetait à terre leurs bâtiments, les gouverneurs, juges et autres les secourront, et tous les effets et marchandises sauvés du naufrage leur seront restitués sans difficultés.

Conférence.— Traité de 1569, art. 1 ; Traité de 1581, art. 5 et 6 ; Traité de 1604, art. 23 et 24 ; Traité de 1673, art. 23 et 34.

20. Nous voulons que les Français, marchands, drogmans (1) et autres, pourvu qu'ils soient dans les bornes de leur état, aillent et viennent librement par mer et par terre, pour vendre, acheter et commercer dans nos États, et qu'après avoir payé les droits d'usage et de consulat, selon qu'il s'est toujours pratiqué, ils ne puissent être inquiétés ni molestés, en allant et venant, par nos Amiraux, capitaines de nos bâtiments et autres, non plus par nos troupes.

(1) *Drogman*, interprète, truchement, en italien *drogomano*, en grec δραγουμανος, en arabe *terdjument*.

Conférence. — Traité de 1535, art. 2 ; Traité de 1569, art. 3 ; Traité de 1581, art. 2, 4 et 7 ; Traité de 1604, art. 3 et 25 ; Traité de 1673, art. 2 et 25.

Navigation de la mer Noire. — *Passage du Bosphore et des Dardanelles.* — La navigation de la mer Noire n'avait pas fait l'objet de dispositions spéciales dans les anciennes capitulations qui se bornaient, comme le porte notre article 10, à donner toute liberté aux Français d'aller et venir par mer et par terre pour commercer dans la Turquie. Dans le 19me siècle, plusieurs articles des traités internationaux ont réglé spécialement la navigation de la mer Noire.

Le Traité de 1802 porte : Art. 2.... La Sublime Porte consent à ce que les bâtiments français aient, à l'avenir, le droit incontestable d'entrer dans la mer Noire et d'y naviguer librement. En outre, la Sublime Porte accorde, que lesdits bâtiments français seront, tant à l'entrée dans cette mer qu'à la sortie, et en tout ce qui pourra favoriser la libre navigation, assimilés entièrement aux bâtiments marchands des nations qui trafiquent sur la mer Noire.

Art. 2. La République française jouira, dans les pays ottomans qui touchent à la mer Noire ou qui l'avoisinent, tant pour son commerce, que pour les agents et commissaires du commerce qui pourraient être établis dans les lieux où le commerce français exige leur établissement, des mêmes priviléges et libertés, dont avant la guerre, la France, en vertu des anciennes capitulations, était en possession dans d'autres parties des États de la Sublime Porte.

Par le Traité d'Andrinople conclu entre la Porte et la Russie, la Sublime Porte s'engage à veiller soigneusement à ce que le commerce et la navigation de la mer Noire en particulier ne puissent éprouver aucune entrave de quelque nature que ce soit. A cet effet, elle reconnaît et déclare le passage du canal de Constantinople et du détroit des Dardanelles entièrement libre et ouvert aux bâtiments russes, sous pavillon marchand, chargés ou sur lest, soit qu'ils viennent de la mer Noire pour entrer dans la Méditerranée, soit que venant de la Méditerranée, ils veuillent entrer dans la mer Noire. Ces navires, pourvu qu'ils soient des bâtiments marchands, de quelque grandeur et de quelque portée qu'ils puissent être, ne seront exposés à aucun empêchement ou vexation quelconque, ainsi qu'il a été réglé ci-dessus. Les deux cours s'entendront sur les moyens les plus propres à prévenir tout retard dans la délivrance des expéditions nécessaires. En vertu du même principe, le passage du canal de Constantinople et du détroit des Dardanelles est déclaré libre et ouvert à tous les bâtiments marchands des puissances qui se trouvent en état de paix avec la Sublime Porte, soit qu'ils aillent dans les ports russes de la mer Noire, ou qu'ils en viennent, chargés ou sur lest, aux mêmes conditions qui sont stipulées pour les navires sous pavillon russe.

Traité du 25 novembre 1838, art. 7. *Rapporté ci-dessus à la suite de l'article 9 du Traité de* 1740.

Art. 8. Les firmans exigés des bâtiments français, à leur passage dans les Dardanelles et dans le Bosphore, leur seront délivrés de manière à leur occasionner le moins de retard possible.

Convention du 18 juillet 1841 entre la France, l'Autriche, l'Angleterre, la Prusse et la Russie, d'une part, et la Porte, de l'autre.

Art. 1. S. H. le sultan, d'une part, déclare qu'il a la ferme résolution de maintenir, à l'avenir, le principe invariablement établi comme ancienne règle de son empire, et en vertu duquel il a été, de tout temps, défendu aux bâtiments de guerre des Puissances étrangères d'entrer dans les détroits des Dardanelles et du Bosphore ; et que, tant que la Porte se trouve en paix, S. H. n'admettra aucun bâtiment de guerre étranger dans lesdits détroits ; et LL. MM. le roi des Français, l'empereur d'Autriche, roi de Hongrie et de Bohême, la reine du royaume uni de la Grande-Bretagne et d'Irlande, le roi de Prusse et l'empereur de toutes les Russies, de l'autre part, s'engagent à respecter cette détermination du sultan et à se conformer au principe ci-dessus énoncé.

Art. 2. Il est entendu qu'en constatant l'inviolabilité de l'ancienne règle de l'empire ottoman mentionnée dans l'article précédent, le sultan se réserve, comme par le passé, de délivrer des firmans de passage aux bâtiments légers, sous pavillon de guerre, lesquels seront employés, comme il est d'usage, au service des légations des puissances amies.

L'ancienne règle reconnue par le traité qui précède a été quelquefois violée ; ainsi le 26 juillet 1770, l'amiral russe Elphinstone força le passage des détroits ; l'amiral anglais Duckworth en fit autant le 19 février 1807 ; et le Traité secret d'Unkiar-Skélessi avait, il paraît, conféré le libre passage des détroits aux Russes. C'est ce Traité qui a toujours donné lieu aux réclamations des puissances et qui n'a jamais été admis dans le droit public de l'Europe que la convention qui précède a eu pour objet d'annuler.

Depuis, la convention du 13 juillet 1841 a été revisée. Voici à ce sujet les dispositions nouvelles du Traité de 1856, qui proclame aussi la neutralisation de la mer Noire.

Art. 10. La convention du 13 juillet 1841 qui maintient l'antique règle de l'empire ottoman relative à la clôture des détroits du Bosphore et des Dardanelles, a été revisée d'un commun accord.

L'acte conclu à cet effet, et conformément à ce principe, entre les hautes parties contractantes, est et demeure annexé au présent Traité et aura même force et valeur que s'il en faisait partie intégrante.

Art. 11. La mer Noire est neutralisée : ouverts à la marine marchande de toutes les nations, ses ports et eaux sont, formellement et à perpétuité, interdits aux pavillons de guerre, soit des puissances riveraines, soit de toute autre puissance, sauf les exceptions mentionnées aux articles 14 et 19 du présent Traité.

Art. 12. Libre de toute entrave, le commerce, dans les ports et dans les eaux de la mer Noire, ne sera assujetti qu'à des règlements de santé, de douane, de police, conçus dans un esprit favorable au développement des transactions commerciales.

Pour donner aux intérêts commerciaux et maritimes de toutes les nations la sécurité désirable, la Russie et la Sublime Porte admettront des consuls dans leurs ports situés sur le littoral de la mer Noire, conformément aux principes du droit national.

Art. 13. La mer Noire étant neutralisée, aux termes de l'article 11, le maintien ou l'établissement sur son littoral d'arsenaux militaires maritimes devient sans nécessité comme sans objet. En conséquence, S. M. l'empereur de toutes les Russies et S. M. I. le sultan s'engagent à n'élever et à ne conserver, sur ce littoral, aucun arsenal militaire maritime.

Art. 14. LL. MM. l'empereur de toutes les Russies et le sultan, ayant conclu une convention à l'effet de déterminer la force et le nombre des bâtiments légers nécessaires au service de leurs côtes, qu'elles se réservent d'entretenir dans la mer Noire, cette convention est annexée au présent Traité, et aura même force et valeur que si elle en faisait partie intégrante. Elle ne pourra être ni annulée ni modifiée sans l'assentiment des puissances signataires du présent Traité.

..... Art. 19. Afin d'assurer l'exécution des règlements qui auront été arrêtés d'un commun accord, d'après les principes ci-dessus énoncés (liberté de la navigation du Danube), chacune des puissances contractantes aura le droit de faire stationner, par tout temps, deux bâtiments légers aux embouchures du Danube.

Première annexe. Art. 1. S. M. le sultan, d'une part, déclare qu'il a la ferme résolution de maintenir, à l'avenir, le principe invariablement établi comme ancienne règle de son empire, et en vertu duquel il a été de tout temps défendu, aux bâtiments de guerre des puissances étrangères, d'entrer dans les détroits des Dardanelles et du Bosphore, et que, tant que la Porte se trouve en paix, S. M. n'admettra aucun bâtiment de guerre étranger dans lesdits détroits;

Et LL. MM. l'empereur des Français, l'empereur d'Autriche, la reine du royaume uni de la Grande-Bretagne et d'Irlande, le roi de Prusse, l'empereur de toutes les Russies et le roi de Sardaigne, de l'autre part, s'engagent à respecter cette détermination du sultan et à se conformer au principe ci-dessus énoncé.

Art. 2. Le sultan se réserve, comme par le passé, de délivrer des firmans de passage aux bâtiments légers, sous pavillon de guerre, lesquels seront employés, comme il est d'usage, au service des légations des puissances amies.

Art. 3. La même exception s'applique aux bâtiments légers, sous pavillon de guerre, que chacune des puissances contractantes est autorisée à faire stationner aux embouchures du Danube, pour assurer l'exécution des règlements relatifs à la liberté du fleuve, et dont le nombre ne devra pas excéder deux pour chaque puissance.

Deuxième annexe. Neutralisation de la mer Noire.—
Art. 1. Les hautes parties contractantes s'engagent mutuellement à n'avoir, dans la mer Noire, d'autres bâtiments de guerre que ceux dont le nombre, la force et les dimensions sont stipulées ci-après.

Art. 2. Les hautes parties contractantes se réservent d'entretenir chacune, dans cette mer, six bâtiments à vapeur de cinquante mètres de longueur à la flottaison, d'un tonnage de huit cents tonneaux au maximum, et quatre bâtiments légers à vapeur ou à voile, d'un tonnage qui ne dépassera pas deux cents tonneaux chacun.

21. On ne pourra forcer les marchands français à prendre, contre leur gré, certaines marchandises, et ils ne seront point inquiétés à cet égard.

Conférence.— Traité de 1604, art. 26; Traité de 1673, art. 26.

22. Si quelque Français se trouve endetté, on attaquera le débiteur, et l'on ne pourra rechercher ni prendre à partie aucun autre, à moins qu'il ne soit sa caution.

Si un Français vient à mourir, ses biens et effets, sans que personne puisse s'y ingérer, seront remis à ses exécuteurs testamentaires ; et s'il meurt sans testament, ses biens seront donnés à ses compatriotes par l'entremise de leur Consul, sans que les officiers du fisc et du droit d'aubaine, comme *Beitulmaldgy* (1) et *Cassam* (2), puissent les inquiéter.

Conférence. — En ce qui concerne la première partie : Traité de 1535, art. 7 ; Traité de 1569, art. 4 ; Traité de 1581, art. 8 et 12 ; Traité de 1604, art. 27 ; Traité de 1673, art. 27. Voyez encore, *infrà,* art. 23 du Traité de 1740, et en ce qui concerne la seconde partie, Traité de 1535, art. 9 ; de 1569, art. 5 ; de 1581, art. 9 ; de 1604, art. 28 ; de 1673; art. 28.

23. Les marchands, les drogmans et les Consuls français, dans leurs achats, ventes, commerce, cautionnement et autres affaires de justice, se rendront chez le Cadi (3), où ils feront dresser un acte de leurs accords, et le feront enregistrer, afin que si dans la suite il survenait quelque différend, on ait recours à l'acte et aux registres, et qu'on juge en conformité. Et si sans s'être muni de l'une ou de l'autre de ces formalités, l'on veut intenter quelque procès contre les règles de la justice,

(1) Fermier des droits de succession, procureur du fisc d'après d'Ohsson.

(2) Officier de justice chargé du partage des successions. Dans les tribunaux d'un certain ordre, il y a toujours une Chambre dont les membres sont chargés du partage des successions. Voyez d'Ohsson, de Hammer et Miltitz.

(3) Signifie juge en arabe, *el-cadi*, d'où vient sans doute le mot espagnol *Alcade*. Le *Cadi* réunit diverses des attributions dont sont investis chez nous à la fois les commissaires de police, les notaires, les juges de paix, les juges des tribunaux civils et criminels.

en ne produisant que des faux témoins, on ne permettra point de pareilles supercheries, et leur demande, contraire à la justice, ne sera point écoutée. Et si par pure avidité, quelqu'un accusait un Français de lui avoir dit des injures, on empêchera que le Français ne soit inquiété contre les lois de la justice. Et si un Français venait à s'absenter pour cause de dette ou de quelque faute, on ne pourra saisir ni inquiéter à ce sujet aucun autre Français qui serait innocent et qui n'aurait point été sa caution.

Conférence. — Traités de 1535, art. 4; de 1569, art. 6 et 7; de 1581, art. 10 et 11; de 1604, art. 29, 30 et 31; de 1673, art. 29, 30, 31 et 32.

24. S'il se trouve dans nos Etats quelque esclave dépendant de la France, et qu'il soit réclamé comme Français par leurs Ambassadeurs ou leurs Consuls, il sera amené avec son maître ou son procureur à ma Porte de félicité pour que l'affaire y soit décidée. On n'exigera point de *kharatch* ou tributs des Français établis dans mes Etats.

Conférence. — Traités de 1569, art. 8; de 1581, art. 13; de 1604, art. 32; de 1673, art. 33.

25. Lorsqu'ils enverront de leurs gens capables pour remplacer les Consuls établis à Alexandrie, à Tripoli de Syrie et dans les autres échelles, personne ne s'y oppo-

sera, et ils seront exempts des impôts arbitraires dits *tekialif-urfié*.

Conférence.— Traités de 1535, art. 3 ; de 1569, art. 10 ; de 1581, art. 15 ; de 1604, art. 33 ; de 1673, art. 35 et 1er § de l'art. 36 ; il y a probablement dans le texte des articles 35 et 36 ainsi rapporté, une transposition, et ce § 1er de l'article 36 doit être considéré comme faisant partie de l'article 35. Quant au rang assigné aux consuls de France, voyez *infrà*, art. 44 du Traité de 1740.

26. Si quelqu'un avait un différend avec un marchand français, et qu'ils se portassent chez le Cadi, ce juge n'écoutera point leur procès, si le drogman français ne se trouve présent ; et si cet interprète est occupé pour lors à quelque affaire pressante, on différera jusqu'à ce qu'il vienne ; mais aussi les Français s'empresseront de le représenter, sans abuser du prétexte de l'absence de leur drogman. Et s'il arrive quelque contestation entre les Français, les Ambassadeurs et les Consuls en prendront connaissance, et en décideront, selon leurs us et coutumes, sans que personne puisse s'y opposer.

Conférence. — En ce qui concerne la première partie de cet article, Traités de 1535, art. 4 ; de 1569, art. 11 ; de 1581, art. 16 ; de 1604, art. 34 ; de 1673, art. 26 ; et pour la seconde partie, Traités de 1535, art. 3 ; de 1569, art. 12 ; de 1581, art. 17 ; de 1604, art. 35 ; de 1673, art. 37. Voyez *suprà*, art. 15 du Traité de 1740.

Attribution aux juges français des contestations naissant entre Français dans le Levant.— Nous aurons occasion, en étudiant l'édit de 1778 sur la juridiction civile des consuls, de déterminer les limites de cette juridiction reconnue dans les échelles du Levant par l'article que nous rapportons. Notre article 26 n'est que la reproduction presque textuelle des capitulations précédentes, qui toutes ont attribué aux juges français le droit de connaître des différends qui naissaient entre Français en Turquie. L'article 3 du Traité de 1535 dans la disposition finale porte : Non que les Cadis ou autres officiers du Grand-Seigneur puissent juger aucun différend desdits marchands et sujets du roi, encore que lesdits le requissent, et si d'aventure lesdits Cadis jugeassent que leur sentence soit de nul effet. Art. 12 du Traité de 1569 : Si lesdits Français ont débat ou différend l'un avec l'autre, leurs ambassadeurs et consuls, selon leur conscience, décideront lesdits différends sans que nul n'ait à les empêcher. Cet article est textuellement reproduit sous le numéro 17 du Traité de 1581. L'article 35 du Traité de 1604 porte : S'il naît quelque contestation et différend entre deux Français, que l'ambassadeur ou consul, aient à le terminer, sans que nos juges et officiers les en empêchent et en prennent aucune connaissance. L'article 37 du Traité de 1673 n'est que la reproduction textuelle, quant à ce, de celui de 1604. Les mêmes priviléges ont été stipulés dans le Traité de Wampoa du 24 septembre 1844 entre la France et la Chine, dans le Traité du 17 novembre 1844 entre la France et l'iman de Mascate; il est dit de plus, dans ces Traités, que si un différend survient entre un Français et un étranger, les autorités territoriales n'ont pas à intervenir; l'affaire devra être portée devant le juge du défendeur.

Traités entre la Porte et les puissances autres que la France. — Dans la plupart des traités entre la Porte et les autres nations, il est formellementt stipulé qu'en cas de différends de la compétence des tribunaux du pays, les juges ottomans ne pourront écouter la demande que si le défendeur est assisté par le consul ou au moins par le drogman du consulat. Voyez notamment les Traités avec l'Autriche du 27 juillet 1718, art. 5 ; la Belgique, du 3 août 1838, art. 8 ; Danemark, 14 octobre 1756, art. 10 ; Deux-Siciles, 7 avril 1740, art. 5 ; Espagne, 14 septembre 1782, art. 5; États-Unis, 7 mai 1830, art. 4 ; Grande-Bretagne, septembre 1675, art. 15, 24 et 54 ; Pays-Bas, juillet 1612, art, 28 ; Prusse, 22 mars 1761, art. 5 ; Russie, 10 juin 1783, art. 63 ; Sardaigne, 25 octobre 1823, art. 8 ; Suède, 10 janvier 1737, art. 6 ; Toscane, 12 février 1833, art. 6 ; Venise, 21 juillet 1718, art. 18.

Ces traités réservent aussi aux consuls des diverses puissances le droit de juger les différends qui s'élèvent entre leurs nationaux ou protégés. Voyez notamment Autriche, 27 juillet 1718, art. 5, Belgique, 3 août 1838 ; Danemarck, 14 octobre 1756, art. 10 ; Deux-Siciles, 7 avril 1740, art. 5 ; Espagne, 14 septembre 1782, art. 5 ; Etats-Unis, 7 mai 1838 ; Grande-Bretagne, septembre 1675, art. 16 ; Pays-Bas, juillet 1612, art. 9 ; Prusse, 22 mars 1761, art. 5 ; Russie, 10 juin 1783, art. 6 ; Sardaigne, 25 octobre 1823, art. 8 ; Suède, 10 janvier 1737, art. 6 ; Toscane, 12 février 1833, art. 6 ; Venise, 21 juillet 1718, art. 18.

27. Il était d'un usage ancien que les bâtiments français qui partaient de Constantinople, après y avoir été visités, l'étaient encore aux châteaux des Dardanelles, après quoi on leur permettait de partir : on a introduit depuis, contre l'ancienne coutume, une autre visite à Gal-

lipoli. Dorénavant, conformément à l'ancien usage, ils poursuivront leur route après qu'on les aura visités aux Dardanelles.

Conférence.— Traités de 1569, art. 14; de 1581, art. 19; de 1604, art. 36; de 1673, art. 38.

28. Quand nos vaisseaux, nos galères et nos armées navales se rencontreront en mer avec les vaisseaux français, ils ne se feront aucun mal ni dommage; mais au contraire ils se donneront réciproquement toutes sortes de témoignages d'amitié; et si de leur plein gré ils ne font aucun présent, on ne les inquiètera point, et on ne leur prendra par force ni agrès, ni hardes, ni jeunes garçons, ni aucune autre chose qui leur appartienne.

Conférence.—Traités de 1535, art. 12 et 13; de 1604, art. 37; de 1673, art. 39.

29. Nous confirmons aussi pour les Français tout ce qui est contenu dans les capitulations impériales accordées aux Vénitiens (1); et défendons à toutes sortes de personnes de s'opposer par aucun empêchement, contestation ni chicane, au cours de la justice, et à l'exécution de mes capitulations impériales.

Conférence.— Traités de 1569, art. 16; de 1581, art. 20; de 1684, art. 38; de 1673, art. 40; 1802, art. 9; 1838, art. 1; 1856, art. 32.

(1) Les capitulations entre Venise et la Porte se trouvent rappelées avec les additions qui ont accompagné leur renouvellement dans le Traité de Passarowitz, du 21 juillet 1718, entre la Porte et Venise.

Application à la France des priviléges accordés aux autres nations. — Dans les divers traités passés avec la Turquie, il est ordinairement stipulé, comme le porte notre article, que les Français jouiront des concessions qui avaient été faites aux Vénitiens qui avaient été un moment les plus favorisés par les sultans. Dans les derniers traités, cette concession est généralisée et il est formellement déclaré que les Français seront placés dans l'état de la puissance la plus favorisée. Le traité de 1802 porte, art. 9 : Il est expressément entendu qu'elles (la France et la Porte) s'accordent de part et d'autre dans les deux États, tous les avantages déjà accordés ou à accorder encore à d'autres puissances, comme si lesdits avantages étaient stipulés mot à mot dans le présent Traité. — On lit encore dans l'article 1 du Traité de 1838 : .... Il est expressément entendu que tous les droits, priviléges et immunités que la Sublime Porte accorde aujourd'hui, ou pourrait accorder à l'avenir, aux bâtiments et aux sujets de toute autre puissance étrangère, seront également accordés aux sujets et aux bâtiments français qui en auront, de droit, l'exercice et la jouissance. Enfin l'article 32 du Traité de 1856 porte *in fine*..... Et leurs sujets (des puissances belligérantes), en toute autre matière, seront traités sur le pied de la nation la plus favorisée.

Il résulte formellement de ces conventions que, en ce qui concerne la juridiction notamment les Français ont le droit de se prévaloir des concessions faites aux autres nations. Qu'on me permette d'ajouter que, vis-à-vis de nous, cela est de toute justice, nous sommes bien fondés à jouir des immunités et priviléges concédés par la Porte aux autres nations; car nous n'avons jamais cherché à obtenir, dans le Levant, des faveurs au détriment de ces nations, et lorsque nous avons réclamé ou obtenu des concessions, avec cette loyauté et cette générosité qui caractérisent la nation française, tous nos efforts ont tendu à en faire profiter les autres peuples. Dès 1535, en traitant avec la Porte, nous réservions pour S. S. le Pape et pour le roi d'Angleterre le droit de participer aux avantages qui nous étaient faits par le traité que nous obtenions. Depuis il n'est pas de traité qui ne mentionne des concessions faites aux peuples commerçants de l'Europe sur notre demande. Notre pavillon, nos ambassadeurs et nos consuls, pendant plusieurs siècles, les ont toujours généreusement et noblement protégés, notamment dans les Échelles du Levant. Et en 1838 encore, après avoir obtenu pour nos nationaux des garanties nouvelles dans l'empire ottoman, nous faisions écrire dans le traité qui était alors signé entre la France et la Porte : La Sublime Porte déclare aussi ne point s'opposer à ce que les autres puissances étrangères cherchent à faire jouir leur commerce des stipulations contenues dans la présente convention.

30. Nous voulons que les navires et autres bâtiments français, qui viendront dans nos États, y soient bien gardés et soutenus, et qu'ils puissent s'en retourner en toute sûreté ; et si l'on pillait quelque chose de leurs hardes et de leurs effets, non-seulement on se donnera toutes sortes de mouvements pour le recouvrement, tant des biens que des hommes, mais même on punira rigoureusement les malfaiteurs quels qu'ils puissent être.

Conférence.— Traités de 1569, art. 17 ; de 1581, art. 21 ; de 1604, art. 39. En ce qui concerne la navigation de la mer Noire, voyez *suprà* les explications qui accompagnent l'article 20 du Traité de 1740.

31. Commandons à nos Gouverneurs, Amiraux, Vice-Rois, Cadis, Douaniers, Capitaines de nos navires, et généralement tous autres habitants de nos États, d'exécuter ponctuellement tout ce qui est contenu dans cette capitulation impériale, symbole de la justice, sans y apporter la moindre contravention; de sorte que si quelqu'un ose s'opposer et s'opiniâtrer contre l'exécution de mon commandement impérial, nous voulons qu'il soit regardé comme criminel et rebelle, et que comme tel il soit châtié sans aucune rémission ni délai, pour servir d'exemple aux autres. Enfin, notre volonté est qu'on ne permette jamais rien de contraire à la bonne foi et aux accords conclus par les capitulations accordées sous les augustes règnes de nos magnifiques aïeux de glorieuse mémoire.

Conférence. — Traités de 1569, art. 18; de 1581, art. 22; de 1604, art. 40 et 41; de 1673, art. 41 et 42.

32. Comme les nations ennemies qui n'ont point d'Ambassadeurs décidés à ma Porte de félicité, allaient et venaient ci-devant dans nos États, sous la bannière de l'Empereur de France, soit pour commerce, soit pour pèlerinage, suivant la permission impériale qu'ils en avaient eue sous le règne de nos aïeux de glorieuse mémoire, de même qu'il est aussi porté par les anciennes

capitulations accordées aux Français, et comme ensuite, pour certaines raisons, l'entrée de nos Etats avait été absolument prohibée à ces mêmes nations et qu'elles avaient même été retranchées desdites capitulations, néanmoins, l'Empereur de France ayant témoigné par une lettre qu'il a envoyée à notre Porte de félicité, qu'il désirait que les nations ennemies, auxquelles il était défendu de commercer dans nos Etats, eussent la liberté d'aller et venir à Jérusalem, de même qu'elles avaient coutume d'y aller et venir, sans être aucunement inquiétées ; et que si par la suite il leur était permis d'aller et venir trafiquer dans nos Etats, ce fût encore sous la bannière de France, comme par ci-devant, la demande de l'Empereur de France aurait été agréée en considération de l'ancienne amitié qui depuis mes glorieux ancêtres subsiste de père en fils entre Sa Majesté et ma Sublime Porte, et il serait émané un commandement impérial dont suit la teneur, savoir : que les nations chrétiennes et ennemies, qui sont en paix avec l'Empereur de France, et qui désireront de visiter Jérusalem, puissent y aller et venir, dans les bornes de leur état en la manière accoutumée, en toute liberté et sûreté, sans que personne leur cause aucun trouble ni empêchement ; et si dans la suite il convient d'accorder auxdites nations la liberté de commercer dans nos Etats, elles iront et viendront pour lors sous la bannière de l'Empereur de France comme auparavant, sans qu'il leur soit permis d'aller et de venir sous aucune autre bannière.

Les anciennes capitulations Impériales qui sont entre les mains des Français depuis les règnes de mes magnifiques aïeux jusques aujourd'hui, et qui viennent d'être rapportées en détail ci-dessus, ayant été maintenant renouvelées avec un addition de quelques nouveaux articles, conformément au commandement Impérial, émané en vertu de mon *Hatthi-cherif* (1), le premier de ces articles porte que les évêques dépendants de la France, et les autres religieux qui professent la religion franque, de quelque nation ou espèce qu'ils soient, lorsqu'ils se tiendront dans les bornes de leur état, ne seront point troublés dans l'exercice de leurs fonctions, dans les endroits de notre Empire où ils sont depuis long-temps.

Conférence.— Traités de 1535, art. 18 ; de 1581, art. 1 ; de 1604, art. 4, 5, 6 et 7 ; de 1673, art. 43. Voyez encore *suprà* les explications qui accompagnent l'article 29 du Traité de 1740, et *infrà* l'article 38 de ce même Traité.

33. Les religieux francs qui, suivant l'ancienne cou-

(1) *Khatthif-Chérif*, *Khathy-Schérif*, écrit par excellence, de la main de l'Empereur, écrit autographe ou ordre émané du sultan qui s'il n'est pas écrit en entier de sa main, porte dans une de ses parties quelques mots de son écriture indiquant son ordre ou sa volonté.

tume, sont établis dedans et dehors la ville de Jérusalem, dans l'Eglise du Saint-Sépulcre, appellée *kamama*, ne seront point inquiétés pour les lieux de visitation qu'ils habitent, et qui sont entre leurs mains; lesquels resteront encore entre leurs mains comme par ci-devant, sans qu'ils puissent être inquiétés à cet égard, non plus que par des prétentions d'imposition ; et s'il leur survenait quelque procès qui ne pût être décidé sur les lieux, il sera renvoyé à ma Sublime Porte.

Conférence.—Traités de 1604, art. 4, *in fine*, et 1673, articles nouveaux, n° 1. Ces garanties données aux Chrétiens de Jérusalem et dépendances ne sont que la reproduction d'anciens priviléges et capitulations accordés par Mahomet et par Omar, second successeur de Mahomet, aux Chrétiens. Miltitz a reproduit la première de ces pièces, t. 2, appendice, n° 1. D'après Ricaut, *Histoire de l'état présent de l'empire ottoman*, liv. 2, chap. 2, pag. 346-359, et la seconde, n° 2, d'après le *Journal des Voyages*, t. XI, pag. 259.

34. Les Français ou ceux qui dépendent d'eux, de quelque nation ou qualité qu'ils soient, qui iront à Jérusalem, ne seront point inquiétés en allant et venant.

Conférence.— Traité de 1673, art. nouv., n° 2, et les explications qui accompagnent l'article 33 du Traité de 1740.

35. Les deux Ordres de Religieux Français qui sont à Galata, savoir les Jésuites et les Capucins, y ayant deux

Églises, qu'ils ont entre leurs mains *ab antiquo*, resteront encore entre leurs mains, et ils en auront la possession et jouissance : et comme l'une de ces églises a été brûlée, elle sera rebâtie avec permission de la justice, et elle restera comme par ci-devant entre les mains des capucins, sans qu'ils puissent être inquiétés à cet égard. On n'inquitera pas non plus les églises que la nation Française a à Smyrne, à Seyde, à Alexandrie, et dans les autres échelles ; et l'on n'exigera d'eux aucun argent sous ce prétexte.

Conférence.— Traité de 1673, art. nouv., n° 3, et les explications qui accompagnent l'article 33 du Traité de 1740.

36. On n'inquiétera pas les Français quand dans les bornes de leur état, ils liront l'Évangile dans leur hôpital de Galata.

Conférence.— Traité de 1673, art. nouv., n° 4, et les explications qui accompagnent l'article 33 du Traité de 1740.

37. Quoique les marchands français aient, de tout temps, payé cinq pour cent de douane sur les marchandises qu'ils apportaient dans nos États et qu'ils en emportaient ; comme ils ont prié de réduire ce droit à trois pour cent, en considération de l'ancienne amitié qu'ils ont avec notre Sublime Porte, et de le faire insérer dans ces nouvelles capitulations, nous aurions agréé leur de-

mande, et nous ordonnons qu'en conformité, on ne puisse exiger d'eux plus de trois pour cent ; et l'orsqu'ils paieront leur douane, on la recevra en monnaie courante dans nos États, pour la même valeur qu'elle est reçue au trésor inépuisable, sans pouvoir être inquiétés sur la plus ou la moins-value d'icelle.

Conférence. — Traités de 1673, art. nouv., n° 5 ; de 1802, art. 7 ; de 1838, art. 5, 6 et 7 ; de 1856, art. 32, *suprà* art. 9, et les explications qui l'accompagnent.

38. Les Portugais, Siciliens, Catalans, Messinois, Anconois et autres nations ennemies, qui n'ont ni Ambassadeurs, ni Consuls, ni agens à ma Sublime Porte, et qui de leur plein gré, comme ils faisaient anciennement, viendront dans nos États sous la bannière de l'Empereur de France, paieront la douane comme les Français, sans que personne puisse les inquiéter, pourvu qu'ils se tiennent dans les bornes de leur état, et qu'ils ne commettent rien de contraire à la paix et à la bonne intelligence.

Conférence.— Traité de 1673, art. nouv., n° 6. Voyez encore les renvois qui accompagnent l'article 32 du Traité de 1740, et les explications qui suivent l'article 29 de ce même Traité.

39. Les Français paieront le droit de *mézéterie* (1)

---

(1) *Mastariya*, droit de douane exceptionnel, que l'on ne percevait qu'à Constantinople, et qui était supérieur aux droits ordinaires.

sur le pied que le paient les marchands anglais ; et les receveurs de ce droit qui seront à Constantinople et à Galata, ne pourront les molester pour en exiger davantage. Et si les receveurs de la douane, pour augmenter leurs droits, veulent estimer les marchandises à plus haut prix, ils ne pourront refuser de la même marchandise au lieu d'argent ; et quand ils auront été payés de la douane sur les soies et les indiennes, ils ne pourront l'exiger une seconde fois ; et lorsque les douaniers auront reçu leur douane, ils en donneront l'acquit, et n'empêcheront point les Français de porter leurs marchandises dans une autre échelle, où l'on ne pourra non plus les inquiéter par la prétention d'une seconde douane.

Conférence. — Traités de 1673, art. nouv., n°s 7, 8, 9 et 10 ; de 1802, art. 7 ; de 1838, art. 10 ; de 1856, art. 32.

Fixation de la valeur des objets pour la perception des droits. — Traité de 1838, art. 18. Suivant la coutume établie entre la France et la Sublime Porte, et afin de prévenir toute difficulté et tout retard dans l'estimation de la valeur des articles importés en Turquie ou exportés des États ottomans par les sujets français, des commissaires versés dans la connaissance du commerce des deux pays ont été nommés, tous les quatorze ans, pour fixer, par un tarif, la somme d'argent en monnaie du grand seigneur qui devra être payée sur chaque article. Or, le terme de quatorze ans, pendant lequel le dernier tarif devait rester en vigueur, étant expiré, les hautes parties contractantes sont convenues de nommer conjointement de nouveaux commissaires, pour fixer et déterminer le montant en argent qui doit être payé par les sujets français, comme droit de trois pour cent, sur la valeur de tous les articles de commerce importés et exportés par eux. Lesdits commissaires s'occuperont de régler avec équité le mode de payement des nouveaux droits auxquels la présente convention soumet les produits turcs destinés à l'exportation, et détermineront les lieux d'embarquement dans lesquels l'acquittement de ces droits sera plus facile.

Le nouveau tarif établi restera en vigueur pendant sept années, à dater de sa fixation. Après ce terme, chacune des hautes parties contractantes aura droit d'en demander la révision. Mais si, pendant les six mois qui suivront l'expiration des sept premières années, ni l'une ni l'autre n'use de cette faculté, le tarif continuera d'avoir force de loi pour sept autres années, à dater du jour où les premières seront expirées, et il en sera de même à la fin de chaque période successive des sept années.

40. Les Consuls de France et ceux qui en dépendent, comme religieux, marchands et interprètes, pourront faire faire du vin dans leurs maisons et en faire venir de dehors pour leur provision ordinaire, sans qu'on puisse les inquiéter à ce sujet.

Conférence.— Traité de 1673, art. nouv., n° 11.

41. Les procès excédant quatre mille aspres seront écoutés à mon Divan impérial, et non ailleurs.

Conférence.—Traité de 1673, art. nouv., n° 12. Voyez *infrà* art. 69 du Traité de 1740.

Traités entre la Porte et les puissances autres que la France. — Les traités réservent tous au Divan la connaissance des différends qui dépassent une certaine somme. Dans les traités les plus anciens, cette somme est fixée à 3,000 aspres; elle est ensuite plus généralement fixée à 4,000 aspres; enfin, dans les traités les plus récents elle est portée à 500 piastres. 1er juillet 1615, art. 10, juin 1617, art. 6, avec l'Autriche; septembre 1675, art. 24 et 69, avec la Grande-Bretagne; 27 juillet 1718, art. 5, avec l'Autriche; 10 janvier 1737, art. 6, avec la Suède; 7 avril 1740, art. 5, avec les Deux-Siciles; 14 octobre 1756, art. 10, avec le Danemark; 22 mars 1761, art. 5, avec la Prusse; 14 septembre 1782, art. 5, avec l'Espagne; 10 juin 1783, art. 64 et 66, avec la Russie; 25 octobre 1823, art. 8, avec la Sardaigne; 12 février 1833, art. 6, avec la Toscane; 7 mai 1838, art. 4, avec les États-Unis; 3 août 1838, art. 8, avec la Belgique.

42. S'il arrivait quelque meurtre dans les endroits où il y a des Français, tant qu'il ne sera point donné des preuves contre eux, on ne pourra désormais les inquiéter ni leur imposer aucune amende, dite *dgérimé* (1).

Conférence. — Traité de 1673, art. nouv., n° 13.

43. Les priviléges et immunités accordés aux Français auront aussi lieu pour les interprètes qui sont au service de leurs Ambassadeurs.

Non-seulement j'accepte et confirme les présentes capitulations, anciennes et renouvelées, ainsi qu'il a été

(1) Amende applicable aux contraventions.

rapporté ci-dessus, sous le règne de mon auguste aïeul, de glorieuse mémoire, mais encore les articles demandés et nouvellement réglés et accordés ont été joints à ces anciennes capitulations dans la forme et teneur ci-après, savoir :

Conférence.— Traité de 1673, art. nouv., n°ˢ 14 et 15.

44. Outre le pas et la préséance portés par le sens des précédents articles, en faveur des Ambassadeurs et des Consuls du Très-Magnifique Empereur de France, comme le titre d'Empereur a été attribué, *ab antiquo*, par ma Sublime Porte à Sadite Majesté, ses Ambassadeurs et ses Consuls seront aussi traités et considérés par ma Porte de félicité avec les honneurs convenables à ce titre.

45. Les Ambassadeurs du Très-Magnifique Empereur de France, de même que ses Consuls, se serviront de tels drogmans qu'ils voudront, et emploieront tels janissaires qu'il leur plaira, sans que personne puisse les obliger de se servir de ceux qui ne leur conviendraient pas.

46. Les drogmans véritablement français, étant les représentants des Ambassadeurs et des Consuls, lorsqu'ils interpréteront au juste leur commission et qu'ils s'acquitteront de leurs fonctions, ils ne pourront être ni réprimandés, ni emprisonnés ; et s'ils viennent à manquer en quelque chose, ils seront corrigés par leurs Ambassadeurs ou leurs Consuls, sans que personne autre puisse les molester.

8

47. Des domestiques, rayas (1) ou sujets de ma Sublime Porte, qui sont au service de l'Ambassadeur dans son Palais, quinze seulement seront exempts des impositions, et ne seront point inquiétés à ce sujet.

48. Ceux qui sont sous la domination de ma Sublime Porte, musulmans ou rayas, tels qu'ils soient, ne pourront forcer les Consuls de France, véritablement Français, à comparaître personnellement en justice, lorsqu'ils auront des drogmans ; et en cas de besoin, ces musulmans ou rayas plaideront avec les drogmans qui auront été commis à cet effet par leurs Consuls.

49. Les Pachas (2), Cadis et autres Commandants, ne pourront empêcher les Consuls ni leurs substituts par commandement d'arborer leurs pavillons, suivant l'étiquette, dans les endroits où ils ont coutume d'habiter depuis longtemps.

50. Il sera permis d'employer pour la sûreté des maisons des Consuls, tels janissaires qu'ils demanderont, et ces sortes de janissaires seront protégés par les *Oda-Bachis* (3) et par les autres officiers, sans que pour cela

---

(1) Les individus non musulmans, placés sous la domination du Sultan, sont compris sous la dénomination générique de *Rayas*.

(2) L'on désigne sous le nom générique de *Pacha* ou *Bacha*, les hauts fonctionnaires turcs ; il y en a de premier et de second rang.

(3) Chefs de chambrées, ou détachements de soldats. On appelait ainsi les capitaines des janissaires.

on puisse exiger desdits janissaires aucun droit ni reconnaissance.

51. Lorsque les Consuls, les drogmans et les autres dépendants de la France, feront venir du raisin pour leur usage dans les maisons où ils habitent, pour en faire du vin, ou qu'il leur viendra du vin pour leur provision, Nous voulons que, tant à l'entrée que lors du transport, les janissaires, *Aga* (1), *Bostandgy-bachi* (2), *Toptchy-bachi* (3), *Vaïvodes* (4) et autres officiers ne puissent demander aucun droit ni donative, et qu'on se conforme à cet égard au contenu des commandements qui ont été donnés à ce sujet par les Empereurs nos prédécesseurs, et qu'on a été dans l'usage de donner jusqu'à présent.

52. S'il arrive que les Consuls et les négociants français aient quelques contestations avec les Consuls et les négociants d'une autre nation chrétienne, il leur sera permis, du consentement et à la réquisition des parties,

---

(1) *Aga* ou *Agha*, seigneur, titre généralement appliqué à ceux qui remplissent des fonctions militaires, aux commandants de troupe, et spécialement au chef des janissaires.

(2) Le corps des *Bostandji* (jardiniers), aujourd'hui supprimé, était plus particulièrement chargé de la garde du sérail ou palais impérial, il avait à sa tête un chef appelé *Bostandji-Bachi*, qui avait la police intérieure du sérail et juridiction sur les villages des deux côtés du Bosphore.

(3) Chef des canonniers; il avait certaines attributions de police.

(4) Vaïvode, titre donné à des fonctionnaires chargés de la police dans certains quartiers de Constantinople.

de se pourvoir par-devant leurs Ambassadeurs qui résident à ma Sublime Porte ; et tant que le demandeur et le défendeur ne consentiront pas à porter ces sortes de procès par-devant les pachas, cadis, officiers ou douaniers, ceux-ci ne pourront pas les y forcer, ni prétendre en prendre connaissance.

53. Lorsque quelque marchand français, ou dépendant de la France, fera une banqueroute avérée et manifeste, ses créanciers seront payés sur ce qui restera de ses effets ; et à moins qu'ils ne soient munis de quelque titre valable de cautionnement, soit de l'Ambassadeur, des Consuls, des drogmans ou de quelque autre Français, on ne pourra rechercher à ce sujet lesdits Ambassadeurs, Consuls, drogmans, ni autres Français, et l'on ne pourra les arrêter en prétendant de les rendre responsables.

54. Lorsque les corsaires et autres ennemis de ma Sublime Porte auront commis quelque déprédation sur les côtes de notre Empire, les Consuls et les négociants français ne seront point inquiétés ni molestés, conformément au contenu des commandements ci-devant accordés : et comme pour la sûreté réciproque, il est nécessaire de reconnaître les scélérats appelés forbans, afin qu'ils soient tous connus dorénavant, lorsque des bâtiments barbaresques ou autres corsaires viendront dans

les échelles de notre Empire, nos commandants et autres officiers examineront leurs passeports avec attention, et les commandements ci-devant accordés à ce sujet, seront exécutés comme par le passé ; à condition néanmoins que les Consuls français examineront avec soin, et feront savoir si les bâtiments qui viendront dans nos ports avec le pavillon de France, sont véritablement français ; et après les perquisitions dûment faites de la manière ci-dessus spécifiée, tant nos officiers que les Consuls de France, s'en donneront réciproquement des avis de bouche et même par écrit, si le cas le requiert, pour la sûreté réciproque des parties.

55. La Cour de France étant depuis un temps immémorial en amitié et bonne intelligence avec ma Sublime Porte, et le Très-Magnifique Empereur de France, de même que sa Cour, ayant particulièrement donné ses soins dans les traités de paix qui sont survenus depuis peu, il a paru que quelque faveur dans certaines affaires de convenance était un moyen de fortifier l'amitié, et un sujet d'en multiplier de plus les témoignages ; c'est pourquoi Nous voulons que dorénavant les marchandises qui seront embarquées dans les ports de France, et qui viendront à notre capitale chargées sur des bâtiments véritablement français, avec manifeste et pavillon de France, de même que celles qui seront chargées dans notre

capitale sur des bâtiments véritablement français pour être portées en France, après qu'elles auront payé le droit de douane et celui de bon voyage, dit sélamitlik-resmy, conformément aux capitulations antérieures, lorsque les Français négocieront ces sortes de marchandises avec quelqu'un, on ne puisse exiger d'eux, sous quelque prétexte que ce soit, le droit de mézéterie, dont l'exemption leur est pleinement accordée pour l'article de la mézéterie tant seulement.

56. Comme il a été accordé aux marchands français et aux dépendants de la France, de ne payer que trois pour cent de douane sur les marchandises qu'ils apporteront de leur propre pays dans les Etats de notre domination, non plus que sur celles qu'ils emportent d'ici dans leur pays, quoique dans les précédentes capitulations on n'ait compris que les cotons en laine, cotons filés, maroquins, cires, cuirs et soieries, Nous voulons qu'indépendamment de ces marchandises, ils puissent, en payant la douane suivant les capitulations impériales, charger sans opposition toutes celles qu'ils ont coutume de charger pour leur pays, et qui, pour cet effet, sont spécifiées dans le tarif bullé du douanier, à l'exception toutefois de celles qui sont prohibées.

Conférence.— Traités de 1802, art. 7; de 1838, art. 3, 4, 5, 6 et 7; 1856, art. 32. Voyez encore les articles 2,

8, 9, 37, 39, 56 et 57 du Traité de 1740, et les articles suivants de ce même Traité.

57. Les marchands français, après avoir payé la douane aux douaniers, à raison de trois pour cent, conformément aux capitulations, et après en avoir pris, suivant l'usage, l'acquit dit *Ekateskeressy*, lorsqu'ils le produiront, il y sera fait honneur, et l'on ne pourra leur demander une seconde douane. Et attendu qu'il Nous aurait été représenté que certains douaniers, portés par leur esprit d'avidité, n'exigent en apparence que trois pour cent, tandis qu'ils en perçoivent réellement davantage, et que par la différence qui existe dans l'appréciation des marchandises, il se trouve que sur les diverses qualités de draps, insérées dans le tarif de la douane de Constantinople, de même que dans les tarifs de quelques échelles, et notamment dans celle d'Alep, la douane excède les trois pour cent ; pour faire cesser toute discussion à cet égard, il sera permis de redresser les tarifs, de façon que la douane des draps que l'on apportera à l'avenir ne puisse excéder les trois pour cent, conformément aux capitulations impériales; et lorsqu'ils voudront vendre les marchandises qu'ils auront apportées à tel de nos sujets et marchands de notre Empire qu'ils jugeront à propos, personne autre ne pourra les inquiéter ni quereller, sous prétexte de vouloir les acheter de préférence.

Conférence.— Voyez les renvois placés après l'article 56.

58. Lorsque les *Fes* ou bonnets que les négociants français apportent de France ou de Tunis, arrivent à Smyrne, le douanier de la douane des fruits de Smyrne forme toujours des contestations à ce sujet, prétendant que c'est lui qui est l'exacteur de la douane des fes. Etant donc nécessaire de mettre cet article dans une bonne forme, Nous voulons qu'à l'avenir ledit douanier ne puisse exiger la douane des fes que les négociants français apportent, lorsqu'ils ne se vendront pas à Smyrne; et en cas qu'ils s'y vendissent, le droit de douane sur les bonnets sera, selon l'usage, exigé par ledit douanier; et s'ils viennnent à Constantinople, le droit de douane en sera payé, selon l'usage, au grand douanier.

Conférence.— Voyez les renvois placés après l'article 56.

59. Si les marchands français veulent porter en temps de paix des marchandises non prohibées, des Etats de mon Empire, par terre ou par mer, de même que par les rivières du Danube et du Tanaïs, dans les Etats de Moscovie, Russie et autres pays, et en apporter dans mes Etats; dès qu'ils auront payé la douane et les autres droits, quels qu'ils soient, comme le payent les autres nations franques, lorsqu'ils feront ce commerce, il ne leur sera fait sans raison aucune opposition.

Conférence.— Voyez les renvois placés après l'article 56.

60. Ayant été représenté que certains envieux et vindicatifs, voulant molester les négociants français contre les capitulations, et ne pouvant pas exécuter leurs desseins, ils attaquent de temps en temps sans raison, et inquiètent leurs censaux, pour troubler le commerce desdits négociants, Nous voulons qu'à l'avenir les censaux qui vont et viennent parmi les marchands pour les affaires desdits négociants, ne soient inquiétés en aucune façon, et que de quelque nation que soient les censaux dont ils se servent, on ne puisse leur faire violence ni les empêcher de servir. Si certains de la nation juive et autres, prétendent hériter de l'emploi de censal, les marchands français se serviront de telles personnes qu'ils voudront; et lorsque ceux qui se trouveront à leur service seront chassés ou viendront à mourir, on ne pourra rien exiger ni prétendre de ceux qui leur succèderont, sous prétexte d'un droit de retenue nommé *Ghédik*, ou d'une portion dans les censeries, et l'on châtiera ceux qui agiront contre la teneur de cette disposition.

61. Bien qu'il soit expressément porté par les articles précédents que les droits de consulat et de baillage seront payés aux Ambassadeurs et aux Consuls de France sur les marchandises qui seront chargées sur les bâtiments français ; cependant comme il a été représenté que ce point rencontre des difficultés de la part des marchands

et des rayas sujets de notre Empire, Nous ordonnons que, lorsque les marchands et rayas sujets de notre Sublime Porte, chargeront sur des bâtiments français des marchandises sujettes à la douane, il soit donné des ordres rigoureux pour que les marchandises dont le droit de consulat n'aura pas été compris dans le nolis lors du nolissement, ne soient point retirées de la douane, à moins qu'au préalable ledit droit de consulat n'ait été payé, conformément aux capitulations.

62. Comme l'Empire Ottoman abonde en fruits, il pourra venir de France, une fois l'année, dans les années d'abondance des fruits secs, deux ou trois bâtimens, pour acheter et charger de ces fruits, comme figues, raisins secs, noisettes et autres fruits semblables quelconques ; et après que la douane en aura été payée, conformément aux capitulations impériales, on ne mettra aucune opposition au chargement ni à l'exportation de cette marchandise.

Il sera aussi permis aux bâtimens français d'acheter et de charger du sel dans l'île de Chypre et dans les autres échelles de notre Empire, de la même manière que les Musulmans y en prennent, sans que nos commandans, gouverneurs, cadis et autres officiers, puissent les en empêcher, voulant qu'ils soient protégés, conformément à mes anciennes capitulations, à présent renouvelées.

63. Les marchands français et autres dépendans de la France pourront voyager avec les passeports qu'ils auront pris sur les attestations des Ambassadeurs ou des Consuls de France; et pour leur sûreté et commodité, ils pourront s'habiller suivant l'usage du pays, et faire leurs affaires dans mes Etats, sans que ces sortes de voyageurs, se tenant dans les bornes de leur devoir, puissent être inquiétés pour le tribut nommé *Karatch* ni pour aucun autre impôt; et lorsque, conformément aux capitulations impériales, ils auront des effets sujets à la douane, après en avoir payé le droit, suivant l'usage, les Pachas, Cadis et autres officiers, ne s'opposeront point à leur passage; et de la façon ci-dessus mentionnée, il leur sera fourni des passeports en conformité des attestations dont ils seront munis, leur accordant toute l'assistance possible par rapport à leur sûreté.

Conférence. — Traité de 1535, art. 7. Voyez *suprà* art. 20 du Traité de 1740.

64. Les négocians français et les protégés de France ne paieront ni droit ni douane sur les monnaies d'or et d'argent qu'ils apporteront dans nos États, de même que pour celles qu'ils emporteront et on ne les forcera point de convertir leurs monnaies en monnaie de mon Empire.

65. Si un Français ou un protégé de France commettait quelque meurtre ou quelque autre crime, et qu'on voulût que la justice en prît connaissance, les juges de mon Empire et les officiers ne pourront y procéder qu'en présence de l'Ambassadeur et des Consuls ou de leurs substituts, dans les endroits où ils se trouveront ; et afin qu'il ne se fasse rien de contraire à la noble justice ni aux capitulations impériales, il sera procédé de part et d'autre avec attention aux perquisitions et recherches nécessaires.

66. Lorsque notre *Miry* (1) ou quelqu'un de nos sujets, marchand ou autre, sera porteur de lettres de change sur les Français, si ceux sur qui elles sont tirées ou les personnes qui en dépendent, ne les acceptent pas, on ne pourra sans cause légitime les contraindre au paiement de ces lettres, et l'on en exigera seulement une lettre de refus, pour agir en conséquence contre le tireur, et l'Ambassadeur de même que les Consuls se donneront tous les mouvemens possibles pour en procurer le remboursement.

67. Les Français qui sont établis dans mes Etats, soit mariés, soit non mariés, quels qu'ils soient, ne seront point inquiétés par la demande du tribut nommé *Kharatch*.

(1) Fisc, trésor public.

Conférence. — Traités de 1535, art. 17 ; de 1569, art. 9 ; de 1581, art. 14 ; de 1573, art. 34.

68. Si un Français, marchand, artisan, officier ou matelot, embrasse la religion musulmane, et qu'il soit vérifié et prouvé qu'outre ses propres marchandises, il a entre ses mains des effets appartenant à des dépendans des Français, ces sortes d'effets seront consignés à l'Ambassadeur et aux Consuls, dans les endroits où il y en aura, pour être ensuite remis aux propriétaires ; et dans les endroits où il n'y aura ni Consuls ni Ambassadeurs, ces effets seront consignés à personnes qu'ils enverront de leur part avec des pièces justificatives.

69. Si un marchand français, voulant partir pour quelque endroit, l'Ambassadeur ou les Consuls se rendent sa caution, on ne pourra retarder son voyage, sous prétexte de lui faire payer ses dettes ; et les procès qui les concernent, excédant quatre mille aspres, seront renvoyés à ma Sublime Porte, selon l'usage, et conformément aux capitulations impériales.

70. Les gens de justice et les officiers de ma Sublime Porte, de même que les gens d'épée, ne pourront, sans nécessité, entrer par la force dans une maison habitée par un Français ; et lorsque le cas requerra d'y entrer, on en avertira l'Ambassadeur ou le Consul, dans les endroits où il y en aura, et l'on se transportera dans

l'endroit en question, avec les personnes qui auront été commises de leur part; et si quelqu'un contrevient à cette disposition, il sera châtié.

71. Comme il aurait été représenté que les pachas, cadis, et autres officiers, voulaient quelquefois revoir et juger de nouveau des affaires survenues entre les négocians français et d'autres personnes, quoique ces affaires eussent déjà été jugées et terminées juridiquement et par hudjet, (1) et même que le cas était souvent arrivé; de sorte que non-seulement il n'y avait point pour eux de sûreté dans un procès déjà décidé, mais même qu'il intervenait dans un même lieu des jugemens contradictoires à des sentences déjà rendues; Nous voulons que, dans le cas spécifié ci-dessus, les procès qui surviendront entre des Français et d'autres personnes, ayant été une fois vus et terminés juridiquement et par *hudjet*, ils ne puissent plus être revus; et que si l'on requiert une révision de ces procès, on ne puisse donner de commandement pour faire comparaître les parties, ni expédier commissaire ou huissier, qu'au préalable il n'en ait été donné connaissance à l'Ambassadeur de France, et qu'il ne soit venu de la part du Consul et du défendeur une réponse avec des informations exactes sur le fait, et il sera permis d'accorder un temps suffi-

---

(1) *Hudjet, Hodjet,* sentence, acte de la sentence.

sant pour faire venir des informations sur ces sortes d'affaires; enfin, s'il émane quelque commandement pour revoir un procès de cette nature, on aura soin qu'il soit vu, décidé et terminé à ma Sublime Porte; et dans ce cas, il sera libre à ceux qui sont dépendans de la France, de comparaître en personne, ou de constituer à leur place un procureur juridiquement autorisé, et l'orsque les dépendans de ma Sublime Porte voudront intenter procès à quelque Français, si le demandeur n'est muni de titres juridiques ou de billets, leur procès ne sera point écouté.

72. On nous aurait aussi représenté que dans les procès qui surviennent, les dépenses qui se font pour faire comparaître les parties, et pour les épices ordinaires, étant supportées par celui qui a le bon droit, et les avanistes qui intentent injustement des procès, n'étant soumis à aucuns frais, ils sont invités par là à faire toujours de nouvelles avanies, sur quoi Nous voulons qu'à l'avenir il soit permis de faire supporter les susdits dépens et frais par ceux qui oseront intenter, contre la justice, un procès dans lequel ils n'auront aucun droit; mais lorsque les Français ou les dépendans de la France poursuivront juridiquement des sujets ou des dépendans de ma Sublime Porte, en recouvrement de quelque somme due, on n'exigera d'eux pour droit de justice ou

mahkémé, de commissaire ou *mubachirié*, d'assignations ou *djarié*, que deux pour cent sur le montant de la somme recouvrée par sentence, conformément aux anciennes capitulations, et on ne les molestera point par des prétentions plus considérables.

73. Les bâtimens français qui, selon l'usage, aborderont dans les ports de mon Empire, seront traités amicalement; ils y acheteront avec leur argent leur simple nécessaire pour leur boire et leur manger, et l'on n'empêchera ni l'achat, ni la vente, ni le transport desdites provisions, tant de bouche que pour la cuisine, sur lesquelles on n'exigera ni droits ni donatives.

74. Dans toutes les échelles, ports et côtes de mon Empire, lorsque les capitaines et patrons des bâtimens français auront besoin de faire calfater, donner le suif et radouber leur bâtimens, les commandans n'empêcheront point qu'il leur soit fourni pour leur argent, la quantité de suif, goudron, poix et ouvriers qui leur seront nécessaires, et s'il arrive que, par quelque malheur, un bâtiment français vienne à manquer d'agrès, il sera permis, seulement pour ce bâtiment, d'acheter mâts, ancres, voiles et matériaux pour les mâts, sans que pour ces articles il soit exigé aucune donative; et lorsque les bâtimens français se trouveront dans quelque échelle, les fermiers, *musselem*, et autres officiers, de

même que les *kharatchi*, ne pourront les retenir sous prétexte de vouloir exiger le *Kharatch* de leurs passagers, qu'il leur sera libre de conduire à leur destination ; et s'il se trouve dans le bâtiment des rayas sujets au *kharatch*, ils le paieront audit lieu, ainsi qu'il est de droit, afin qu'à cette occasion il ne soit point fait de tort au fisc.

75. Lorsque les musulmans ou rayas, sujets de ma Sublime Porte, chargeront des marchandises sur des bâtimens français, pour les transporter d'une échelle de mon Empire à une autre, il n'y sera porté aucun empêchement ; et comme il Nous a été représenté que les sujets de notre Sublime Porte, qui nolisent de ces bâtimens, les quittent quelquefois pendant la route, et font dificulté de payer le nolis dont ils sont convenus, si sans aucune raison légitime ces sortes de nolisataires viennent à quitter en route les bâtimens nolisés, il sera ordonné et prescrit au cadi et autres commandans de faire payer en entier le nolis desdits bâtimens, ainsi qu'il en aura été convenu par le *temessuk* ou contrat, comme faisant un loyer formel.

76. Les gouverneurs, commandeurs, cadis, douaniers, *Vaivodes*, *Mutesselim* (1), officiers, gens notables du pays, gens d'affaires et autres, ne contrevien-

(1) Fonctionnaire placé sous le pacha administrant un district ou gouvernement.

dront en aucune façon aux capitulations impériales ; et si, de part et d'autre, on y contrevient en molestant quelqu'un, soit par paroles, soit par voies de fait, de même que les Français seront châtiés par leur Consul ou supérieur, conformément aux capitulations, il sera aussi donné des ordres, suivant l'exigence des cas, pour punir les sujets de notre Sublime Porte des vexations qu'ils auraient commises, sur les représentations qui en seraient faites par l'Ambassadeur et les Consuls, après que le fait aura été bien avéré.

77. Si par malheur quelques bâtimens français venaient à échouer sur les côtes de notre Empire, il leur sera donné toute sorte de secours pour le recouvrement de leurs effets ; et si le bâtiment naufragé peut être réparé, ou que la marchandise sauvée soit chargée sur un autre bâtiment, pour être transportée au lieu de sa destination, pourvu que ces marchandises ne soient pas négociées sur les lieux, on ne pourra exiger sur lesdites marchandises ni douane ni aucun droit.

Conférence. — Traités de 1535, art. 15 ; de 1569, art. 1 et 2 ; de 1581, art. 6. Voyez *suprà* art. 19 du Traité de 1740.

78. Outre que le capitan-pacha, les capitaines de nos vaisseaux de guerre, les beys de galères, les commandans de galiotes et les autres bâtimens de notre Sublime Porte, et notamment ceux qui font le commerce

d'Alexandrie, ne pourront détenir ni inquiéter les bâtiments français contre la teneur des capitulations impériales, ni en exiger par force des présents sous quelque prétexte que ce soit ; lorsqu'ils rencontreront en mer des bâtiments français, soit de guerre, soit marchands, ils se donneront réciproquement, suivant l'ancien usage, des marques d'amitié.

Conférence.— Traité de 1569, art. 15.

79. Lorsque les bâtiments marchands français voient nos vaisseaux de guerre, galères, sultanes et autres bâtiments du Sultan, il arrive que, quoiqu'ils soient dans l'intention de leur faire les politesses usitées depuis longtemps, ils sont cependant inquiétés pour n'être pas venus sur-le-champ à leur bord, par l'impossibilité où ils sont quelquefois de mettre avec promptitude leur chaloupe à la mer ; ainsi, pourvu qu'on voie qu'ils se mettent en état de remplir les usages pratiqués, on ne pourra les molester, sous prétexte qu'ils auront tardé de venir à bord.

Les bâtiments français ne pourront être détenus sans raison dans nos ports, et on ne leur prendra par force ni leur chaloupe ni leurs matelots ; et la détention surtout des bâtiments chargés de marchandises, occasionant un préjudice considérable, il ne sera plus permis à l'avenir de rien commettre de semblable. Lorsque les commandants des bâtiments de guerre susdits iront dans des échelles où il y a des Français établis, pour empêcher leurs Levantis et leurs gens de faire aucun tort aux Français et de les inquiéter, ils ne les laisseront aller à terre qu'avec un nombre suffisant d'officiers, et ils établiront une garde pour la sûreté des Français et de leur commerce ; et lorsque les Français iront à terre, les commandants des places ou des échelles, et les autres officiers de terre ne les molesteront en aucune façon contre la justice et les usages ; de sorte que si l'on se plaint qu'à ces égards il ait été commis quelque action contraire aux capitulations impériales, ceux qui seront en faute seront sévèrement punis, après la vérification des faits ; et pareillement de la part des Français, il ne sera nullement permis aucune démarche peu modérée contraire à l'amitié.

Conférence.— Traité de 1535 ; art. 8.

80. Lorsque, pour cause de nécessité, on sera dans un cas urgent de noliser quelque bâtiment français de la part du *miry*, les commandants ou autres officiers qui seront chargés de cette commission, en avertiront l'Ambassadeur ou les Consuls, dans les endroits où il y en aura, et ceux-ci destineront les bâtiments qu'ils trouveront convenables ; et dans les endroits où il n'y aura ni Ambassadeur ni Consuls, ces bâtiments seront nolisés de leur bon gré ; et l'on ne pourra, sous ce prétexte,

détenir les bâtiments français ; et ceux qui seront chargés ne seront ni molestés ni forcés de décharger leurs marchandises.

Conférence.— Traité de 1535, art. 8.

84. Comme il a été représenté que malgré l'assistance souvent accordée aux Français, conséquemment à l'exacte observation des articles des précédentes capitulations concernant les corsaires de Barbarie, ceux-ci, non contents de molester les bâtiments français qu'ils rencontrent en mer, insultent et vexent encore les Consuls et les négociants français qui se trouvent dans les échelles où ils abordent ; lorsqu'à l'avenir il arrivera des procédés irréguliers de cette nature, les pachas, commandants et autres officiers de notre Empire protègeront et défendront les Consuls et les marchands français, et sur les témoignages que rendront les Ambassadeurs et les Consuls, que les navires qui viendront sous les forteresses et dans les échelles de nos Etats sont véritablement Français, on empêchera de toutes manières que ces corsaires ne les prennent, et l'on ne prendra aucun bâtiment sous le canon ; et si les corsaires causent quelque dommage aux Français dans les endroits de notre Empire où il y aura des pachas et des commandants, il sera permis, pour intimider, de donner des ordres rigoureux pour leur faire supporter les pertes et les dommages qui seront survenus.

82. Lorsque les endroits dont les religieux dépendants de la France ont la possession et jouissance à Jérusalem, ainsi qu'il en est fait mention dans les articles précédemment accordés, et actuellement renouvelés, auront besoin d'être réparés, pour prévenir la ruine à laquelle ils seraient exposés par la suite des temps, il sera permis d'accorder, à la réquisition de l'Ambassadeur de France résidant à ma Porte de félicité, des commandements pour que ces réparations soient faites d'une façon conforme aux tolérances de la justice ; et les cadis, commandants et autres officiers ne pourront mettre aucune sorte d'empêchement aux choses accordées par commandement. Et comme il est arrivé que nos officiers, sous prétexte que l'on avait fait des réparations secrètes dans lesdits lieux, y faisaient plusieurs visites dans l'année, et rançonnaient les religieux, nous voulons que de la part des pachas, cadis, commandants et autres officiers qui s'y trouvent, il ne soit fait qu'une visite par an dans l'église de l'endroit qu'ils nomment le *Sépulcre de Jésus*, de même que dans les autres églises et lieux de visitation. Les évêques et religieux dépendants de l'Empereur de France, qui se trouvent dans mon Empire, seront protégés tant qu'ils se tiendront dans les bornes de leur état, et personne ne pourra les empêcher d'exercer leur rit suivant leur usage, dans les églises qui sont entre leurs mains, de même que

dans les autres lieux où ils habitent. Et lorsque nos sujets tributaires et les Français iront et viendront les uns chez les autres, pour ventes, achats et autres affaires, on ne pourra les molester contre les lois sacrées, pour cause de cette fréquentation : et comme il est porté par les articles précédemment stipulés, qu'ils pourront lire l'Evangile dans les bornes de leur devoir, dans leur hôpital de Galata, cependant, cela n'ayant pas été exécuté, Nous voulons que dans tel endroit où cet hôpital pourra se trouver à l'avenir, dans une forme juridique, ils puissent, conformément aux anciennes capitulations, y lire l'Evangile dans les bornes du devoir, sans être inquiétés à ce sujet.

83. Comme l'amitié de la Cour de France avec ma Sublime Porte, est plus ancienne que celle des autres Cours, Nous ordonnons, pour qu'il soit traité avec Elle de la manière la plus digne, que les priviléges et les honneurs pratiqués envers les autres nations franques aient aussi lieu à l'égard des sujets de l'Empereur de France.

84. L'Ambassadeur, les Consuls et les drogmans de France, ainsi que les négociants et artisans qui en dépendent ; plus, les capitaines des bâtiments français et leurs gens de mer, enfin leurs religieux et leurs évêques, tant qu'ils seront dans les bornes de leur état, et qu'ils s'abstiendront de toutes démarches qui pourraient porter at-

teinte aux devoirs de l'amitié et aux droits de la sincérité, jouiront dorénavant de ces anciens et nouveaux articles ci-présentement stipulés, lesquels seront exécutés en faveur des quatre états ci-dessus mentionnés ; et si l'on venait à produire même quelque commandement d'une date antérieure ou postérieure, contraire à la teneur de ces articles, il restera sans exécution, et sera supprimé et biffé, conformément aux capitulations impériales.

85. Ma généreuse et Sublime Porte ayant à présent renouvelé la paix ci-devant conclue avec les Français, et pour donner de plus en plus des témoignages d'une sincère amitié, et y ayant à cet effet ajouté et fortifié certains articles convenables et nécessaires, il sera expédié des commandements rigoureux à tous les commandants et officiers des principales Echelles et autres endroits où besoin sera, aux fins qu'à l'avenir il soit fait honneur aux articles de ma capitulation impériale, et qu'on ait à s'abstenir de toute démarche contraire à son contenu, et il sera permis d'en faire l'enregistrement dans les *mahkémé* ou tribunaux publics. Conséquemment, tant que de la part de Sa Majesté le très-magnifique Empereur de France et de ses successeurs, il sera constamment donné des témoignages de sincérité et de bonne amitié envers notre glorieux Empire, le siége du Califat ; pareillement de la part de notre Majesté Impériale, je m'engage sous notre

auguste serment le plus sacré et le plus inviolable, soit pour notre sacrée personne Impériale, soit pour nos augustes successeurs, de même que pour nos suprêmes Visirs, nos honorés Pachas, et généralement tous nos illustres serviteurs qui ont l'honneur et le bonheur d'être dans notre esclavage, que jamais il ne sera rien permis de contraire aux présents articles ; et afin que de part et d'autre on soit toujours attentif à fortifier et cimenter les fondements de la sincère amitié et la bonne correspondance réciproque, Nous voulons que ces grâcieuses capitulations impériales soient exécutées selon leur noble teneur.

Écrit le 4 de la lune de rebiul-ewel, l'an de l'hégire 1153.

Dans la résidence impériale de Constantinople la bien gardée.

§ 2. — Traités entre la France et la Régence de Tripoli.

1685. 29 juin. Traité signé par le maréchal d'Estrées.

1693. 27 mai. Traité signé par Denis Dussault, gouverneur du bastion de France et Barbarie et places en dépendantes, envoyé vers les républiques des royaumes d'Alger et de Tripoli de Louis XIV.

1720. 4 juillet. Traité pour le renouvellement des capitulations et articles de paix et confirmation d'icelles accordées et arrêtées par Denis Dussault, envoyé extraordinaire et plénipotentiaire de Louis XV.

1729. 9 juin. Traité de paix de cent ans, par l'entremise de M. de Gouyon.

1752. 30 mai. Article supplémentaire.

1774. 12 décembre. Traité portant confirmation des traités antérieurs avec articles additionnels.

1781. 12 février. Articles additionnels.

1793. 30 juin. Confirmation des traités précédents.

1801. 19 juin (30 prairial an IX). Traité de paix entre la République Française et le pacha de Tripoli.

1830. 11 août. Traité de paix, signé par le contre-amiral baron de Rosamel, à bord du vaisseau le *Trident*.

Le Traité de 1801, en confirmant les traités précédemment conclus entre la France et Tripoli et les additions dont ces traités avaient été successivement l'objet, a reproduit presque toutes les dispositions de ces traités, et c'est cet acte que nous ferons connaître comme le code le plus complet de la matière. Le Traité du 11 août 1830 signé après l'expédition dirigée contre Tripoli porte, à son début, l'obligation pour le pacha de Tripoli d'adresser à S. M. l'empereur de France ses humbles excuses sur les circonstances qui avaient forcé le consul général à quitter son poste. Ce Traité qui contient des dispositions relatives à la course en temps de guerre, à l'esclavage des Chrétiens, à l'assistance des naufragés, à l'établissement des consuls et à la liberté du commerce, est très-remarquable en ce qu'il présente la consécration de la plupart des grands principes de droit international que les nations européennes et surtout la France s'efforcent de faire triompher. Par ce Traité (je copie l'article 6), la France ne réclame pour elle-même aucun nouvel avantage de commerce ; seulement le Dey s'engage à la faire participer à tous les avantages, faveurs, facilités et priviléges quelconques qui sont ou qui seront accordés, à quelque titre que ce soit, à une nation étrangère. Dans l'article 8, il est dit que les capitulations faites entre la France et la Porte, de même que les anciens traités et conventions passés entre la régence de Tripoli, sont confirmés et continueront d'être observés dans toutes leurs dispositions. C'est donc aux traités avec la Porte et aux anciens traités avec la régence de Tripoli, et notamment à celui de 1801, qu'il faut recourir pour connaître les règles qui doivent présider à nos rapports avec ce pays.

TRAITÉ DE 1801 ENTRE LA FRANCE ET TRIPOLI.

Son Excellence Youssouf Pacha, Bey et Dey, et le citoyen Naudi, Chancelier et chargé des affaires du commissariat général des relations commerciales de la République Française, muni des pleins pouvoirs du Premier Consul pour traiter la paix avec cette Régence, sont convenus de ce qui suit :

Les relations politiques et commerciales de la République Française et de la Régence de Tripoli de Barbarie sont rétablies telles qu'elles existaient avant la rupture. En conséquence :

Art. 1er. Les capitulations faites et accordées entre les ci-devant Empereurs de France et le Grand-Seigneur, leurs prédécesseurs, ou celles qui seront accordées de nouveau par l'Ambassadeur de France, envoyé exprès à la Porte, seront exactement et sincèrement gardées et observées, sans que, de part ni d'autre, il y soit directement ou indirectement contrevenu.

Conférence.—Traités de 1685 et 1693, art. 2; de 1720, art. 1; de 1729, art. 2.

2. A l'avenir, il y aura paix entre la République Française et Son Excellence le Très-Illustre Pacha, Bey, Dey, Divan et Milice du Royaume de Tripoli en Barbarie, et leurs citoyens et sujets, et ils pourront réciproquement faire leur commerce dans les deux Etats, et y naviguer en toute sûreté, sans en pouvoir être empêchés par quelque cause ou sous quelque prétexte que ce soit.

Conférence.—Traités de 1685 et 1693, art. 4; de 1720, art. 2; de 1529, art. 3.

3. Le présent Traité de paix étant le même que celui

conclu en 1729, avec l'augmentation de quelques articles et la diminution d'autres, la République Française et Son Excellence les Pacha, Bey, Dey, Divan et Milice du Royaume de Tripoli, déclarent qu'en tous cas l'ancien traité doit avoir la même force et vigueur comme s'il avait été ratifié en tous ses articles, et comme s'il avait été signé par Son Excellence Youssouf Pacha, Bey et Dey du Royaume de Tripoli et ses Divan et Milice, et par le citoyen Xaxier Naudi, pour la République Française.

4. Les vaisseaux armés en guerre à Tripoli et dans les autres ports du Royaume, rencontrant en mer les vaisseaux et bâtiments naviguant sous l'étendard de la République, ou munis de son passeport, conforme à la copie qui sera transcrite à la fin du Traité, les laisseront en liberté continuer leur voyage, sans les arrêter ni donner aucun empêchement, mais leur donneront tout le secours et l'assistance dont ils pourront avoir besoin, observant d'envoyer seulement deux personnes dans la chaloupe, outre le nombre de matelots nécessaires pour la conduire, et de donner ordre qu'il n'entre aucun autre que lesdites deux personnes dans lesdits vaisseaux sans la permission expresse du commandant ; et réciproquement les vaisseaux français en useront de même à l'égard de ceux appartenant aux armateurs particuliers de ladite ville et Royaume de Tripoli qui seront porteurs des

certificats du Commissaire général des relations commerciales de la République Française établi en ladite ville, desquels certificats la copie sera pareillement jointe à la fin du présent Traité.

Conférence.—Traités de 1685 et 1693, art. 6 ; de 1720, art. 4 ; de 1729, art. 9.

5. Les bâtiments marchands de la dépendance de Tripoli doivent, pour leur sûreté, être munis de la commission du Pacha et des certificats du Commissaire des relations commerciales de la République Française établi en ladite ville, sous peine d'être arrêtés et traités comme forbans.

Conférence.— Traité de 1729, art. 10.

6. Les vaisseaux de guerre et marchands, tant de la République que de la Régence de Tripoli, seront reçus réciproquement dans les ports et rades des deux Etats, et il leur sera donné toute sorte de secours pour les navires et pour les équipages ; comme aussi il leur sera fourni des vivres, agrès, et généralement tout ce dont ils auront besoin, aux prix ordinaires et accoutumés dans les lieux où ils auront relâché.

Conférence.—Traités de 1685 et 1693, art. 7 ; de 1720, art. 5 ; de 1729, art. 11.

7. S'il arrive que quelque bâtiment soit attaqué dans les ports de cette Régence par des vaisseaux de guerre ennemis sous le canon des forteresses, les châteaux se-

ront tenus de les défendre et protéger, et les Commandants obligeront lesdits vaisseaux ennemis de donner aux bâtiments français un temps suffisant, au moins de deux jours, pour sortir ou s'éloigner desdits ports et rades, pendant lequel temps les vaisseaux ennemis seront retenus sans qu'il leur soit permis de les poursuivre. Et la même chose s'exécutera dans les ports de la République, à condition toutefois que les vaisseaux armés en guerre à Tripoli et dans les autres ports dudit Royaume, ne pourront faire de prise dans l'étendue de dix lieues des côtes de France ; et en cas que lesdits vaisseaux et autres bâtiments corsaires fussent trouvés en contravention par les vaisseaux de la République, ils seront arrêtés et confisqués comme pirates ; et s'il arrivait que les corsaires de Tunis, Alger et Salé étant en guerre avec la France, prissent des bâtiments français marchands qui seraient mouillés à Zouarre, Mesurat et autres endroits de la côte, seront tenus lesdits Pacha, Bey, Dey, Divan et Milice du Royaume de Tripoli de les faire relâcher avec tous les équipages et effets.

Conférence.—Traités de 1685 et 1693, art. 8 ; de 1720, art. 6 ; de 1729, art. 12.

8. Tous les Français pris par les ennemis de la République, qui seront conduits à Tripoli et autres ports dudit Royaume, seront mis aussitôt en liberté, sans pouvoir

être retenus esclaves ; et en cas que les vaisseaux de Tunis, Alger et Salé, ou autres, qui pourront être en guerre avec la République, missent à terre des esclaves français en quelque endroit que ce puisse être de leur Royaume, ils seront mis en liberté, ainsi que ceux qui se trouveraient à la suite des caravanes, ou qui seraient conduits par terre, pour être vendus ou donnés, et généralement tous les Français seront libres, lorsqu'ils entreront dans les terres de Tripoli, tout de même que s'ils entraient dans celles de France.

Conférence.—Traités de 1685 et 1693, art. 9, 10, 11 et 12 ; de 1720, art. 7 et 8 ; de 1729, art. 13.

9. Les étrangers passagers trouvés sur les vaisseaux français, ni pareillement les Français pris sur les vaisseaux étrangers, ne pourront être faits esclaves sous quelque prétexte que ce puisse être, quand même les vaisseaux sur lesquels ils auraient été pris se seraient défendus, ni leurs effets et marchandises retenus ; ce qui aura pareillement lieu à l'égard des étrangers passagers trouvés sur les vaisseaux de ladite ville et Royaume de Tripoli, et des sujets dudit Royaume trouvés sur les vaisseaux étrangers.

Conférence.—Traités de 1685 et 1693, art. 13; de 1720, art. 9 ; de 1729, art. 14.

10. Si quelque vaisseau se perdait sur les côtes de la dépendance dudit Royaume de Tripoli, soit qu'il fût

poursuivi par les ennemis ou forcé par le mauvais temps, il sera secouru de ce dont il aura besoin pour être remis en mer, et pour recouvrer les marchandises de son chargement, en payant les journées de ceux qui y auront été employés, sans qu'il puisse exiger aucun droit ni tribut pour les marchandises qui seront mises à terre, à moins qu'elles ne soient vendues dans les ports dudit Royaume.

Conférence.—Traités de 1685 et 1693, art. 14; de 1720, art. 20; de 1729, art. 15.

11. Les vaisseaux marchands français, polacres, barques, tartanes, portant pavillon français, arrivant au port de Tripoli pour charger et décharger les marchandises, payeront le droit d'ancrage de cinq sequins du Caire, seulement pour les grands voyages, et le droit de demi-ancrage, de deux sequins et demi du Caire, pour les voyages de la côte, c'est-à-dire du Ponent jusqu'à Souze, et du Levant jusqu'à Bengasse, compris Malte et Gerbe. Les bâtiments venant et sortant à vide sont exempts du payement de toute sorte de droits. Le lest est aussi établi à demi-sequin du Caire par chaloupe, sans que les officiers de cette Régence puissent jamais, pour quelque cause que ce soit, prétendre davantage. Le Raïs de la marine sera obligé d'envoyer la chaloupe de garde à l'entrée du port, lorsque les bâtiments français y entreront, sans qu'il puisse exiger aucun droit, à moins que

les bâtiments n'aient fait quelque signal pour demander un pilote.

Conférence.—Traités de 1685 et 1693, art. 15; de 1720, art. 11; de 1729, art. 16.

12. Tous les marchands français qui aborderont aux côtes ou ports du Royaume de Tripoli, pourront mettre à terre leurs marchandises, vendre et acheter librement du sené, et en général toutes sortes de marchandises et denrées, sans payer que trois pour cent, tant d'entrée dudit Royaume que de sortie, même pour le vin et l'eau-de-vie, qui seront sur le même pied que les autres marchandises; et ne pouvant lesdits capitaines français, marchands ou patrons, portant pavillon français, vendre et débiter leurs marchandises, vin et eau-de-vie audit Royaume de Tripoli, ils les pourront charger sur quel bâtiment ils trouveront à propos, pour les transporter hors du Royaume, sans qu'on puisse les obliger à en payer aucuns droits. Il en sera usé de la même manière dans les ports de la République; et ne pourront lesdits capitaines et patrons portant pavillon français être obligés, sous aucun prétexte, de mettre à terre ni leurs voiles ni leurs gouvernails.

Conférence.— Traité de 1729, art. 17.

13. Les vaisseaux français ne pourront, sous aucun prétexte, être détenus plus de huit jours dans le port de Tripoli, à l'occasion de la sortie des vaisseaux du Gou-

vernement, et l'ordre de détention sera remis au Consul, qui prendra soin de le faire exécuter : ce qui n'aura pas lieu pour la sortie des bâtiments à rames du Royaume.

Conférence.— Traité de 1729, art. 18.

14. Il ne sera donné aucun secours ni protection, contre les Français, aux vaisseaux barbaresques, qui seront en guerre avec eux, ni de ceux qui auront armé sous leur commission : et feront lesdits Pacha, Bey, Dey, Divan et Milice de ladite ville et Royaume de Tripoli, défense à tous leurs sujets d'armer sous commission d'aucun Prince ou Etat ennemi de la République, comme aussi ils empêcheront que ceux contre qui elle est ou sera en guerre puissent armer dans leurs ports pour courir sur les bâtiments français.

Conférence.—Traités de 1685 et 1693, art. 16; de 1720, art. 12; de 1729, art. 19.

15. Les Français ne pourront être contraints, pour quelque cause et sous quelque prétexte que ce soit, à charger sur leurs vaisseaux aucune chose contre leur volonté, ni faire aucuns voyages aux lieux où ils n'auraient pas dessein d'aller.

Conférence.—Traités de 1685 et 1693, art. 17; de 1720, art. 13; de 1729, art. 20.

16. Tous les capitaines et patrons des bâtiments français qui viendront à Tripoli, iront chez le Commissaire

des relations commerciales de la République avant d'aller voir le Pacha, ni aucune autre autorité, ainsi qu'il se pratique à Constantinople, Alger, Tunis, et dans toutes les échelles du Levant.

Conférence.— Traités de 1720, art. 14; de 1729, art. 21.

17. Lorsque les corsaires du pays voudront donner carène à leurs bâtiments, ils ne seront point en droit, sous quelque prétexte que ce soit, de prendre de force aucun bâtiment français pour les aider, à moins que le capitaine n'y consente volontairement, soit en payant, soit autrement.

Conférence.— Traité de 1729, art. 22.

18. La République française pourra continuer l'établissement d'un Commissaire général des relations commerciales à Tripoli, pour assister les marchands français dans tous leurs besoins, et pourra ledit Commissaire, exercer en liberté, dans sa maison, la religion chrétienne, tant pour lui que pour les chrétiens qui voudront y assister; comme aussi pourront les Turcs de ladite ville et Royaume de Tripoli qui viendront en France, faire dans leurs maisons l'exercice de leur religion, et aura ledit Commissaire la prééminence sur tous les autres Consuls, et aura pouvoir et juridiction dans les différends qui pourront naître entre les Français, sans que les juges de

ladite ville de Tripoli en puissent prendre aucune connaissance ; et pourra ledit Commissaire arborer le pavillon de la République sur sa maison et à sa chaloupe tant qu'il lui plaira. La même chose se doit entendre pour Derne et Bengasse, où la République pourra établir des Vice-Commissaires.

Conférence.—Traités de 1685 et 1693, art. 18; de 1720, art. 15; de 1729, art. 23. Ces articles sont tous la reproduction littérale les uns des autres.

19. S'il arrive des différends entre un Français et un Turc ou Maure, ils ne pourront pas être jugés par les juges ordinaires, mais bien par le Conseil du Pacha, Bey, Dey, Divan et Milice de ladite ville et Royaume, devant le Commissaire, ou par le Commandant dans les ports où les différends arriveront.

Conférence.—Traités de 1685 et 1693, art. 20; de 1720, art. 17; de 1729, art. 25.

20. Ledit Commissaire français ne sera tenu de payer aucune dette pour les marchands français, s'il n'y est obligé en son nom par écrit ; et seront les effets des Français qui mourront audit pays remis en main dudit Commissaire pour en disposer au profit des Français ou autres auxquels ils appartiendront ; et la même chose sera observée à l'égard des Turcs qui viendront s'établir en France. Et lorsque les marchands ou autres feront des avances à des matelots français ou de quelque autre na-

tion qu'ils soient, qui navigueront sous le pavillon de la République, ou qui seront sous sa protection, et qui contracteront des dettes avec eux aux tavernes ou ailleurs, sans le consentement de leurs capitaines, lesdits marchands, cabaretiers ou autres, ne pourront arrêter, inquiéter lesdits matelots, et les Commissaires, capitaines ou bâtiments ne pourront être responsables.

Conférence.—Traités de 1685 et 1693, art. 21; de 1720, art. 18; de 1729, art. 26.

21. Le Commissaire français jouira de l'exemption de visites de douane et du payement de tous les droits pour les provisions, vivres et marchandises nécessaires à sa maison. Ladite exemption est commune aux officiers du commissariat et à l'aubergiste des Français.

Conférence.—Traités de 1685 et 1693, art. 22; de 1720, art. 19; de 1729, art. 27.

22. Tous les nouveaux droits et autres qui ne sont pas compris dans ces Traités, sont abolis, et celui de carénage ne sera payé que lorsqu'on donnera le feu aux bâtiments, ainsi qu'on le pratiquait autrefois; et il sera défendu d'en établir de nouveaux, ni d'en exiger aucun autre des capitaines et patrons français, lorsqu'ils achèteront et embarqueront les vivres, pain et biscuit.

Conférence.— Traité de 1729, art. 28.

23. Tout Français qui aura frappé un Turc ou un Maure, ne pourra être puni qu'après avoir fait appeler

le Commissaire pour défendre sa cause, et en cas que le Français se sauve, ne pourra ledit Commissaire en être responsable. Si un Français voulait se faire Turc, il ne pourrait être reçu qu'au préalable, il n'eût persisté trois fois vingt-quatre heures dans son dessein, et cependant, il serait remis comme en dépôt, entre les mains dudit Commissaire.

Conférence.—Traités de 1685 et 1693, art. 23; de 1720, art. 20; de 1729, art. 29.

24. Et pour faciliter l'établissement du commerce, et le rendre ferme et stable, les Très Illustres Pacha, Bey, Dey, Divan et Milice de Tripoli, enverront, quand ils le jugeront à propos, une personne de qualité entre eux, résider à Marseille, pour entendre sur le lieu les plaintes qui pourront arriver sur les contraventions au présent Traité, et à laquelle il sera fait toutes sortes de bons traitements.

Conférence.—Traités de 1685 et 1693, art. 25; de 1720, art. 22; de 1729, art. 30.

25. S'il arrive quelque contravention au présent Traité, il ne sera fait aucun acte d'hostilité, qu'après un déni formel de justice.

Conférence.—Traités de 1685 et 1693, art. 24; de 1720, art. 21; de 1729, art. 31.

26. Si quelque corsaire français ou tripolitain fait tort aux bâtiments tripolitains ou français qu'il trouvera en

mer, il en sera puni, et les armateurs responsables.

Conférence.—Traités de 1685 et 1693, art. 26; de 1720, art. 23; de 1729, art. 32.

27. Toutes les fois qu'un vaisseau de guerre de la République viendra mouiller dans la rade de Tripoli, aussitôt que le Commissaire aura averti le Gouverneur, le vaisseau de guerre sera salué à proportion de la marque de commandement qu'il portera, par les châteaux et forts de la ville; et il rendra coup pour coup ; bien entendu que la même chose se pratiquera dans la rencontre desdits vaisseaux en mer.

Conférence.—Traités de 1685 et 1693, art. 28; de 1720, art. 24; de 1729, art. 33.

28. Si le présent traité de paix conclu entre le citoyen Xavier Naudi pour la République Française, et le Très Illustre Pacha, Bey, Dey, Divan, Milice et Royaume de Tripoli, venait à être rompu de part ou d'autre (ce qu'à Dieu ne plaise!), le Commissaire et tous les Français qui seront dans l'étendue dudit Royaume, pourront se retirer avec leurs effets où bon leur semblera, sans qu'ils puissent être arrêtés pendant le temps de six mois.

Conférence.—Traités de 1685 et 1693, art. 29; de 1720, art. 25; de 1729, art. 34.

29. Les pères capucins et autres religieux missionnaires à Tripoli, de quelque nation qu'ils puissent être, seront désormais traités et tenus comme appartenant à

la République Française qui les prend sous sa protection, et en cette qualité, ne pourront être inquiétés ni en leurs personnes, ni en leurs chapelles, mais considérés et maintenus par le Commissaire français comme appartenant à la République.

Conférence.—Traités de 1720, art. 26; de 1729, art. 35.

30. Il sera défendu aux officiers des forts et châteaux dépendant dudit Royaume de Tripoli, d'exiger aucune chose des officiers des vaisseaux marchands français; et même lorsque des bâtiments toucheront à Derne, Zouave, et autres ports dudit Royaume, pour y prendre des rafraîchissements, ils ne payeront aucun droit d'ancrage.

Conférence.—Traités de 1720, art. 27; de 1729, art. 36.

31. La nation française continuera à jouir des mêmes privilèges et exemptions dont elle a joui jusqu'à présent, et qui seront plus grands que ceux des autres nations, ainsi qu'il est porté par les Traités, et il ne sera accordé aucun privilège à d'autres nations qui ne soit aussi commun à la nation française, quoiqu'il ne soit pas spécifié dans le présent traité.

Conférence.— Traité de 1729, art. 37.

32. S'il arrivait qu'un forban de quelque nation qu'il fût, vînt se réfugier à Tripoli après avoir fait du pillage à la mer, quand même l'équipage se ferait mahométan, le bâtiment avec l'argent et les effets qui y seraient trou-

vés, seront retenus par le Pacha, un an et un jour, pour donner le temps au Commissaire français de réclamer ce que ledit forban aurait pu piller sur lesdits bâtiments français, et s'il est prouvé dans ledit an et jour, que le forban ait enlevé quelque chose à un ou plusieurs bâtiments français, les choses enlevées ou leur valeur seront rendues au Commissaire français, et les Français qui pourraient se trouver par force ou par surprise sur ledit forban, seront mis en liberté.

Conférence.— Traité de 1729, art. 38.

33. Les corsaires tripolitains qui rencontrant des bâtimens français, exigeront des capitaines ou patrons, des vivres, agrès, provisions, rafraîchissemens, ou autre chose ; qui troubleront leur navigation, soit en la retardant, soit en les mettant dans le cas de faire quarantaine, lorsqu'ils n'y seraient pas, ou autrement, ou qui insulteront le pavillon français de quelque manière que ce puisse être, seront punis avec la dernière sévérité, et même avec la peine de mort, s'ils font d'autres mauvais traitemens aux capitaines et patrons des bâtimens français et leurs équipages.

Conférence.— Articles additionnels au Traité de 1729.

34. Le Commissaire français aux fêtes du Beyram, aura la préséance sur tous les autres Consuls, ainsi qu'il est stipulé dans les capitulations primitives.

Conférence.— Articles additionnels de 1774, art. 1.

35. Le Commissaire français portera devant le Pacha, toutes les plaintes ou difficultés qui pourront lui survenir ; et le Pacha promet de les terminer amicalement, comme il a fait par le passé.

Conférence.— Articles additionnels de 1774, art. 2.

36. Les Très Illustres Pacha, Bey, Dey, Divan et Milice de Tripoli, à présent et pour l'avenir, promettent de protéger les Français et ceux qui sont sous la protection de la République, de toute insulte et avanie.

Conférence.— Articles additionnels de 1774, art. 3.

37. Dorénavant, s'il arrive dans ce port, des corsaires de quelque nation qu'ils soient, ennemis des Français, les bâtimens marchands pourront mettre à la voile, promettant, le Pacha, de retenir les corsaires pendant quarante-huit heures après leur départ.

Conférence.— Articles additionnels de 1774, art. 4.

38. Il sera permis au Commissaire français, de choisir son drogman et son courtier, et de changer l'un et l'autre, lorsqu'il le jugera à propos. Le citoyen Abraham Seruzi Senza, de la nation, muni d'un brevet du Premier Consul, sera exempt de toute contribution quelconque, et il paiera seulement pour droit d'entrée et de sortie des marchandises le trois pour cent comme tous les Français, laquelle prérogative sera pour toute sa famille.

Le Commissaire français pourra aller à bord des vaisseaux qui seront en rade, toutes les fois et quand il lui plaira.

39. Les communications par terre, entre les villes de la Régence de Tripoli et celles de l'Egypte, seront réciproquement libres et facilitées, soit pour le transport par caravanes ou autrement, des productions des deux États, soit pour les voyageurs des deux nations.

40. La caravane des pèlerins allant à la Mecque, sera spécialement protégée à son arrivée au Caire, et escortée jusqu'à Suez; il en sera de même au retour de là, même en Égypte.

41. Les effets de France qui se débarqueront à Tripoli, Bengasse ou Derne, pourront passer en Égypte par des caravanes, et ceux qui arriveront d'Égypte par la même voie, pourront être embarqués pour les ports de France, soit qu'ils appartiennent au Gouvernement ou à des particuliers.

42. Les créances du Gouvernement et des Français sur la Régence et sur les divers individus du pays, seront acquittées immédiatement après la signature du présent Traité.

43. Les Français ne pourront en aucun temps, être détenus à Tripoli comme esclaves ou prisonniers, sous quelque prétexte que ce soit.

44. Les bâtimens de guerre de la République qui en-

trent dans les ports de cette Régence de Tripoli, sont exempts de payer les droits de salut, qu'on a exigés jusqu'ici.

45. Le jour de la signature de la paix, le gouvernement français ne doit rien payer pour l'arboration du pavillon.

46. Venant un nouveau Commissaire, les présens d'usage seront remis au Pacha, pour faire la distribution comme bon lui semblera.

47. Les bâtimens français allant à Bengasse ou à Derne, soit vides ou chargés, ne seront pas obligés de payer l'ancrage, et les négocians ou capitaines français, ou protégés de la France, pourront vendre et acheter la laine et toutes sortes de marchandises, sans payer autre droit que celui de 3 p. 0|0. Le Pacha sera responsable de tout autre droit que les Beys de ces endroits auront obligé de payer les Français, ou protégés de la France.

48. Tous les capitaines français seront les maîtres à Derne et Bengasse, de charger leurs bâtimens pour leur compte, à des négocians de ces endroits, sans que les Beys puissent les empêcher, ni prétendre aucun droit d'ancrage ou pilotage, ainsi qu'aucun droit d'extraction pour quelque marchandise que ce soit qu'ils voudront acheter, à l'exception du trois pour cent de douane pratiqué à Tripoli. Son excellence le Pacha est responsable de l'exécution du présent article.

49. Les janissaires de la maison du Commissaire français, ainsi que son marmiton et le boulanger, doivent être exempts de tout service auquel le Pacha voudrait les forcer.

50. Pour éviter toute contestation entre les capitaines français venant chargés dans le port de Tripoli, et leurs nolisateurs, ceux-ci devront, du moment de l'arrivée du bâtiment, envoyer à bord une personne de leur confiance, et où elle devra rester jusqu'au débarquement total des marchandises ; les capitaines n'étant pas responsables de ce qui pourrait y avoir à leur bord, à moins qu'ils n'aient signé le connaissement ainsi qu'il est pratiqué en Europe, et non pas en Barbarie : en cas de vol constaté, l'affaire sera jugée en présence du Commissaire général ; et tous les bâtiments français qui pourraient se trouver nolisés dans le port de Tripoli à tant par mois, le port venant à être fermé pour quelque cause quelconque, pendant tout le temps qu'ils seront retenus, leurs salaires devront courir à la charge des nolisateurs.

51. La République Française, et Son Excellence le Pacha de Tripoli, s'engagent et promettent de ne se mêler en aucun temps, dans les différends qui pourraient survenir entre l'un d'eux et les Puissances étrangères.

52. Au moyen du présent Traité, qui sera ferme et stable pendant l'espace de cent ans, et plus religieuse-

ment observé que par le passé, de la part de la Régence, toutes prétentions anciennes et nouvelles de part et d'autre demeurent nulles.

53. Le présent Traité sera publié et affiché partout où besoin sera.

Conclu et convenu à Tripoli en Barbarie, le 30 prairial an IX de la République Française une et indivisible, le 7 de la lune de Sepher, l'an 1216 de l'Hégire.

(Suivent les signatures et cachets).

§ 2. — Traités entre la France et Tunis.

1604. Mémoires et articles pour bien rétablir et assurer la paix entre les sujets du roi et les vice-roi, généraux et capitaines des janissaires et galères du royaume de Tunis.

Ce Traité n'est que la mise en vigueur des capitulations ottomanes, car il porte, dans son préambule, ordre de suivre et garder, à l'avenir, les capitulations et traités d'amitié et alliance faits entre les rois de France et les grands seigneurs empereurs des Turcs, lesquels ont été par eux renouvelés et confirmés de règne en règne, depuis l'année 1535 jusqu'alors.

1665. 25 novembre. Traité entre la France et Tunis signé à la Goulette, par François de Vendosme, duc de Beaufort, prince de Martigues, sous Louis XIV.

1672. 28 juin. Traité entre la France et Tunis fait à la Goulette, par le marquis de Martel, sous Louis XIV.

1685. 30 août. Traité pour cent ans renouvelant des capitulations et articles de paix entre la France et Tunis, sous Louis XIV, par l'entremise du maréchal d'Estrées.

1698. 10 juin et 1699. 28 juin. Renouvellement et confirmation du précédent sur la demande du sieur Ogier Sorhainde, consul et agent de France.

1710. 16 décembre. Renouvellement et confirmation des anciennes capitulations arrêté par Guillaume de l'Aigle et les puissances et milice de Tunis, sous Louis XIV.

1720. 20 février. Autre confirmation et renvouvellement, sous Louis XIV; Denis Dussault, envoyé extraordinaire et plénipotentiaire.

1729. 1er juillet. Articles et conditions de pays entre la France et Tunis, renouvelant le Traité du 20 février 1720.

1742. 9 novembre. Renouvellement et confirmation des capitulations et articles de paix, sous Louis XV; François Fort, écuyer de la ville de Marseille, commissaire du roi.

1742. 13 novembre. Traité du Cap Nègre, qui réintègre la compagnie d'Afrique dans la possession du Cap Nègre.

1743. 24 février. Supplément au Traité du 9 novembre 1742.

1765. 21 mai. Traité signé à Tunis.

1770. 13 septembre. Supplément aux traités déjà existants, conclu au palais du *Bardo*, et précédée d'une convention préliminaire, signée le 25 août 1770, à bord de la *Provence*, dans la baie de Tunis.

1774. 3 juin. Déclaration du bey Aly pacha, portant renouvellement des capitulations et articles de paix, a l'occasion de l'avènement au trône de Louis XVI; le chevalier de Saizieu, consul, chargé d'affaires.

1791. 25 mai (6 prairial an III). Supplément aux traités

déjà existants, signé au palais du *Bardo*, sous la Convention nationale.

1800. (fructidor an VIII). Armistice conclu à Tunis.

1802. 23 février. Traité de paix, signé à Tunis, sous le Consulat, par les soins de Jacques Devoize, commissaire général des relations commerciales de la République Française. Ce Traité met fin à la rupture des relations qui avaient eu lieu en 1799.

1824. 15 novembre. Signé à Paris, le 31 juillet 1825. Renouvellement des anciennes capitulations, sous le roi Charles X ; Hyacinthe Constantin Guys, consul général et chargé d'affaires, son commissaire spécial.

1830. 8 août. Nouveau Traité conclu après la conquête d'Alger et motivé sur cet évènement. Ce Traité a été signé au *Bardo*, par le chevalier Mathieu de Lesseps, consul général et chargé d'affaires.

Il contient, à la même date, un article secret additionnel. Cet article secret porte cession à perpétuité au roi de France, d'un emplacement dans le Maalka, pour ériger un monument religieux en l'honneur de Louis IX, à l'endroit où ce prince est mort.

1832. 24 octobre. Traité pour la pêche du corail.

Le Traité du 9 novembre 1742 est celui qui nous paraît présenter l'ensemble le plus complet des articles de paix concédés par Tunis ; c'est aussi celui dont nous allons reproduire le texte, sauf à faire suivre chaque article d'explications, et de relater, lorsqu'il sera nécessaire, les actes postérieurs à 1742 qui ont modifié les dispositions de ce Traité. D'ailleurs, sauf quelques modifications, l'acte de 1742 se trouve formellement maintenu par les renouvellements du 3 juin 1774 ; 23 février 1802, art. 2 ; 15 novembre 1824, art. 1 et 2 ; 8 avril 1830, art. 7.

TRAITÉ DU 9 NOVEMBRE 1742 ENTRE LA FRANCE ET TUNIS, ET ARTICLES SUPPLÉMENTAIRES DU 24 FÉVRIER 1743.

Art. 1ᵉʳ. Que le présent Traité se fera savoir à tous les sujets des deux Royaumes, afin qu'il soit exécuté selon sa forme et teneur.

2. Les vaisseaux armés en guerre à Tunis et dans les autres ports du Royaume, rencontrant en mer les vaisseaux et bâtiments naviguant sous le pavillon de France et les passeports de l'Amiral de France, conformes à la copie qui sera transcrite à la fin de ce Mémoire, les laisseront en toute liberté continuer leur voyage sans les arrêter, ni donner aucun empêchement; au contraire, leur donneront tous les secours et assistance dont ils pourront avoir besoin, observant d'envoyer seulement deux personnes sans armes dans les chaloupes, outre le nombre de matelots nécessaires pour les conduire, et de donner ordre qu'il n'entre aucune autre que lesdites deux personnes dans lesdits vaisseaux, sans permission expresse du commandant; et réciproquement les vaisseaux français en useront de même à l'égard des vaisseaux appartenant aux armateurs particuliers de la ville et Royaume de Tunis, qui seront porteurs des certificats du Consul français établi en ladite ville, desquels certificats la copie sera pareillement jointe à la fin dudit Mémoire

Conférence.— Acte de 1604; Traités de 1665 et 1672, art. 3 et 4; de 1685 et 1698, art. 5; de 1710, art. 2.

3. Les vaisseaux de guerre et marchands, tant de France que de Tunis, seront reçus réciproquement dans les ports et rades des deux Royaumes, et il leur sera donné toutes sortes de secours pour les navires et pour les équipages, en cas de besoin ; comme aussi il leur sera fourni des vivres, agrès, et généralement toutes autres choses nécessaires, en les payant aux prix ordinaires et accoutumés dans les lieux où ils auront relâché, sans qu'ils soient obligés de payer pour raison de ce aucun droit ni ancrage.

Conférence.— Acte de 1604 ; Traités de 1667 et 1672, art. 9; de 1685 et 1698, art. 6 ; de 1710, art. 3. Voyez *infrà* art. 7 et 10 du Traité de 1742.

4. S'il arrivait que quelque vaisseau marchand français, étant à la rade de Tunis ou en quelqu'un des autres ports du Royaume, fût attaqué par les vaisseaux ennemis d'Alger, Tripoli, Salé ou autres, sous le canon des forteresses, ils seront défendus et protégés par lesdits châteaux, et le commandant obligera lesdits vaisseaux ennemis de donner un temps suffisant pour sortir, qui sera du moins de deux jours, et s'éloigner desdits ports et rades, pendant lequel temps seront retenus lesdits vaisseaux ennemis ou autres bâtiments de guerre, sans

qu'il leur soit permis de les poursuivre ; et la même chose s'exécutera de la part de l'Empereur de France.

Conférence. — Acte de 1604 ; Traités de 1665, 1672, 1685, 1698, art. 7 ; de 1710, art. 4.

5. Tous les Français pris par les ennemis de l'Empereur de France, qui seront conduits à Tunis ou autres ports dudit Royaume, seront mis aussitôt en liberté, sans pouvoir être retenus esclaves ; et si les vaisseaux de Tripoli, Alger et autres, qui pourront être également en guerre avec l'Empereur de France, mettaient à terre des esclaves français, ils ne pourront être vendus dans l'étendue de ce Royaume, si ce n'est que le Consul de France voulût les acheter. En ce cas, les Puissances de Tunis seront tenues à s'employer pour les lui faire avoir au meilleur marché qu'il se pourra, et pareille chose se pratiquera en France à l'égard des habitants dudit Royaume de Tunis.

Conférence. — Les divers articles des traités à conférer avec l'article 5 du Traité de 1742 et les autres dispositions dans lesquels il est question des esclaves, de leur libération, rachats, etc, sont les articles 2, 12, 13, 14, 25 du Traité de 1665 ; 2, 12, 13, 14, 27 de 1672 ; 8, 9, 10 de 1685 et 1698 ; 5 de 1710 ; 8 de 1802 et 2 de 1830.

Abolition de l'esclavage. — Je me borne à rapporter l'article 2 du Traité de 1830, qui abolit entièrement l'esclavage dans la régence ; il est ainsi conçu : Le Bey abolit à jamais, dans ses états, l'esclavage des Chrétiens. Tous les esclaves chrétiens qui peuvent y exister seront mis en liberté, et le Bey se chargera d'en indemniser les propriétaires. Si, à l'avenir, le Bey avait la guerre avec un autre Etat, les soldats, négociants, passagers et tous sujets quelconques de cet Etat, qui tomberaient en son pouvoir, seront traités comme prisonniers de guerre et d'après les usages des nations européennes.

6. Les étrangers passagers sur les vaisseaux français, ni pareillement les Français pris sur les vaisseaux étrangers, ne pourront être faits esclaves, sous quelque prétexte que ce puisse être, quand même le vaisseau sur lequel ils auraient été pris se serait défendu, ni moins leurs effets et marchandises retenus, lorsqu'il apparaîtra qu'ils leur appartiennent, et que les passagers seront munis d'un passeport et de leurs polices de chargement ; la même chose se pratiquera en France pour les habitants du Royaume de Tunis. Et il a encore été convenu que les vaisseaux ou bâtiments français devront avoir au-dessus des deux tiers de leurs équipages français.

Conférence.—Traités de 1685 et 1698, art. 11; de 1710, art. 6 ; et les notes qui accompagnent l'article précédent.

7. Si quelques vaisseaux ou autres bâtiments français se perdaient sur les côtes de la dépendance du Royaume de Tunis, soit qu'ils fussent poursuivis par les vaisseaux ennemis, ou forcés par le mauvais temps, ils seront secourus de tout ce qu'ils auront besoin pour être remis en mer, et pour recouvrer les marchandises de leurs

chargements, en payant le travail des journées de ceux qui y auront été employés, sans qu'il puisse être exigé aucun droit ni tribut pour les marchandises qui seront mises à terre, à moins qu'elles ne soient vendues dans les ports dudit Royaume ; et la même chose s'observera en France pour les sujets de cette République.

Conférence. — Traités de 1665 et 1672, art. 10 et 26; de 1685 et 1698, art. 12; de 1710, art. 7; de 1770, art. 2; de 1830, art. 3.

Secours à porter aux naufragés.— Les Traités antérieurs à 1742 obligent, à charge de réciprocité, les vaisseaux turcs qui trouveraient des Français naufragés sur une île ou côte déserte, à les recueillir et à les ramener avec leurs marchandises, qu'ils consigneraient ès-mains du consul français de Tunis, sans qu'on pût les porter ou vendre ailleurs.

L'article 3 du Traité de 1830 porte, d'une manière générale : Tout bâtiment étranger qui viendrait à échouer sur les côtes de la Régence recevra, autant que possible, l'assistance, les secours et les vivres dont il pourra avoir besoin. Le Bey prendra les mesures les plus promptes et les plus sévères pour assurer le salut des passagers et des équipages de ces bâtimens et le respect des propriétés qu'il portera.

Si des meurtres prouvés étaient commis sur les passagers ou équipages, ceux qui s'en seraient rendus coupables seraient poursuivis et punis, comme assassins, par la justice du pays, et le Bey payerait en outre, au consul de la nation à laquelle la personne qui en aurait été victime aurait appartenu, une somme égale à la cargaison du navire. S'il y avait plusieurs assassinats prouvés, commis, le Bey payerait une somme égale à deux fois la valeur de la cargaison, et dans le cas où ces meurtres auraient été commis sur des individus de différentes nations, le Bey répartirait, entre les consuls de chaque nation, et en proportion des personnes assassinées, la somme qu'il aurait à payer, de manière à ce que cette somme pût être directement transmise aux familles de ceux qui auraient péri.

Si les propriétés et les marchandises portées sur les bâtiments naufragés venaient à être pillées, après le fait constaté, le Bey en restituerait le prix au consul de la nation à laquelle le bâtiment appartiendrait, indépendamment de ce qu'il devrait payer pour les meurtres qui auraient été commis sur les équipages ou passagers dudit bâtiment.

8. Les vaisseaux marchands français, polacres, barques et tartanes portant pavillon de France, arrivant aux rades de Tunis et autres endroits du Royaume pour charger et décharger des marchandises, ne payeront au plus que vingt-cinq piastres de chaque bâtiment de droit d'ancrage pour entrée et sortie, et cinq piastres pour les chiaoux et janissaires, pourvu qu'ils servent actuellement, et pour toutes choses généralement quelconques de cette nature.

Conférence.—Traités de 1665, art. 8; de 1685 et 1698, art. 13 ; de 1710, art. 8 ; de 1824, art. 15. Voyez *infrà* article 10 du Traité de 1742.

Droits d'ancrage. — L'article 15 du Traité de 1824 porte : Les bâtiments français devront, à l'avenir, être traités pour les droits d'ancrage et de port, comme la nation la plus favorisée.

9. Il sera défendu aux officiers des forts et châteaux dépendant du Royaume de Tunis, d'exiger aucune chose des officiers des vaisseaux marchands français, et même lorsque des bâtiments toucheront à la Goulette et autres ports dudit Royaume pour y prendre des rafraîchissements, ils ne payeront aucun droit d'ancrage; et les Tunisiens jouiront en France de la même faveur.

Conférence. — Traités de 1685 et 1698, art. 14; de 1710, art. 9.

10. Tous les marchands français qui aborderont aux côtes ou ports dudit Royaume de Tunis pourront mettre à terre leurs marchandises, vendre et acheter librement toutes choses, sans payer que trois pour cent, tant d'entrée que de sortie; et ne pouvant lesdits marchands français, capitaines ou patrons, portant pavillon de France, vendre et acheter leurs marchandises audit Royaume de Tunis, ils les pourront charger sur quels bâtiments ils jugeront à propos pour les transporter hors du Royaume, sans qu'ils soient tenus de payer aucun droit pour icelles. Il en sera usé de la même manière dans les ports de la domination de l'Empereur de France. En cas que lesdits marchands ne missent leurs marchandises à terre que par entrepôt, ils pourront les embarquer sans payer aucun droit, et ne pourront être obligés de mettre leurs voiles et leur gouvernail à terre ; ne pourront les-

dits capitaines ou patrons débarquer ni embarquer les marchandises qui se trouveront de contrebande et prohibées de part et d'autre, hormis que lesdits capitaines ou patrons aient une permission expresse. Les bâtiments qui auront chargé des marchandises dans le pays des ennemis du Royaume de Tunis, et qui voudront les débarquer dans un des ports dudit Royaume, seront obligés de payer dix pour cent, ainsi que cela s'est toujours, pratiqué.

Conférence.— Traités de 1665 et 1672, articles 1, 5, 6 et 8 ; de 1685 et 1698, art. 15 ; Bref de juin 1698 ; Traités de 1710, art. 10 ; de 1802, art. 2, 3, 5, 6 et 7 ; de 1824, art. 3, 4, 5, 6, 7, 8, 9, 10, 11 et 13 ; de 1830, art. 5 et 6 ; de 1832. Nous avons résumé ici toutes les dispositions des traités conférant aux Français le droit d'aborder, vendre, trafiquer, etc, dans la régence de Tunis.

Compagnie d'Afrique. — Plusieurs dispositions des traités avec Tunis contiennent des dispositions en faveur de la Compagnie d'Afrique relativement à l'établissement du Cap Nègre, situé sur la côte de Barbarie entre *Bizerte* et le *Bastion de France*. C'est ainsi que, par notre Traité du 9 novembre 1742, art. 25, les puissances de Tunis promettent leur protection à tous les Français de la place du Cap Nègre. Le 13 novembre 1742, par un Traité qui porte le nom de Traité du Cap Nègre, ordre fut donné par le gouvernement tunisien de remettre aux négociants français le Cap Nègre, avec pouvoir de rebâtir la place, et faculté, à la Compagnie d'Afrique, de jouir de son commerce, suivant les anciens traités, avec toute liberté et protection, sous réserve du payement de certains droits limités. Le Traité de 1770, par son article 2, rétablit encore la Compagnie royale d'Afrique et la maintient dans tous les droits du privilége qui lui a été accordé. Bien que ces détails n'aient plus aujourd'hui qu'un intérêt historique, je crois devoir les compléter par l'indication de quelques dates. Deux négociants marseillais s'étant associés dans le XVme siècle pour la pêche du corail, dans le golfe de Stora, sur les côtes de Barbarie, aux confins des régences d'Alger et de Tunis, obtinrent au commencement du XVIme siècle de la Porte des concessions qui furent acceptées par les princes du pays, moyennant l'obligation de leur payer des redevances désignées sous le nom de *Lismes*. Pour protéger ces établissements, qui prirent le nom de *Concessions d'Afrique*, fut bâti le *Bastion de France*. Bien que ce premier essai n'eût pas été heureux, d'autres Marseillais, vers le milieu du XVIme siècle et au commencement du XVIIme, demandèrent la confirmation des concessions faites à leurs devanciers. Vers 1630, la Compagnie d'Afrique avait pris de grands développements et la colonie présentait une véritable importance. Mais ces jours de prospérité ne furent pas longs et les efforts tentés depuis pour les ramener sont restés impuissants. En 1673, une nouvelle compagnie se forme et elle obtient, en 1679 et 1684, du dey d'Alger, le privilége exclusif de la pêche du corail et du commerce des côtes. En 1712, formation d'une nouvelle compagnie. 1719, fusion de la Compagnie du Bastion de France avec celle des Indes. 1730, établissement d'une nouvelle compagnie du Bastion de France, ayant à sa tête un négociant marseillais. 1740, renouvellement des priviléges de cette compagnie qui prend le nom de Compagnie d'Afrique et qui subsiste jusqu'à sa suppression par les lois des 21 et 29 juillet 1791, qui proclamèrent la liberté du commerce dans le Levant et en Barbarie. Un arrêté des consuls du 17 janvier 1801 (27 nivôse an IX) et un décret du 7 mai 1802 (17 floréal an X) rétablirent la Compagnie d'Afrique. Depuis, la pêche du corail, sur les côtes, n'a pas été sans présenter de l'importance, à certaines époques. Enfin en 1827, les postes établis par la France, sur les côtes de Barbarie, et qui n'étaient plus qu'au nombre de deux, le poste du Moulin et la Calle, furent détruits par le Dey.

Modifications et additions apportées à l'article 10 *par les derniers traités.* — Traité de 1802, article 2. La nation française sera maintenue dans la jouissance des priviléges et exemptions dont elle jouissait avant la guerre et comme étant la plus distinguée et la plus utile des autres nations établies à Tunis, elle sera aussi la plus favorisée.

Art. 3. Lorsqu'il relâchera quelque bâtiment de guerre français à la Goulette, le commissaire de la République pourra se rendre ou envoyer tout autre à sa place, à bord, sans être empêché.

Art. 5. Les marchands venant de France sur bâtiment français, soit à Tunis ou autre port de sa dépendance, continueront à ne payer, comme ci-devant, que trois pour cent de douane, et le douanier ne pourra exiger ses droits en marchandises, mais seulement en espèces ayant cours sur le pays; les sujets tunisiens jouiront en France du même privilége.

Art. 6. Toute marchandise provenant des pays ennemis de la Régence et que les Français importeront à Tunis, continuera à payer trois pour cent de douane ; et en cas de guerre entre la République française et une autre puissance, les marchandises appartenant à des Français, chargées en France pour compte de Français et sous des pavillons neutres amis de la Régence, ne payeront que trois pour cent jusqu'à la cessation des hostilités; la réciprocité sera exercée en France envers les Tunisiens.

Art. 7. Les censaux juifs et autres étrangers résidant à Tunis, au service des négociants et autres Français, seront sous la protection de la République; mais s'ils importent des marchandises dans le Royaume, ils payeront les droits de douane à l'instar des puissances dont ils seront les sujets....

Traité de 1824, article 3. Les Français établis dans le royaume de Tunis continueront à jouir des anciens priviléges et exemptions qui leur ont été accordés, et à être traités comme appartenant à la nation la plus favorisée; et il ne sera accordé, suivant les mêmes capitulations et traités, aucun privilége ni aucun avantage à d'autres nations, qui ne soient également communs à la nation française, quand bien même ils n'auraient pas été spécifiés dans lesdites capitulations et traités.

Art. 4. Les marchandises qui viendront de France et d'autres pays, sous quelque pavillon que ce soit, quand bien même ce serait de pays ennemis, pourvu qu'elles soient à la consignation d'un négociant ou de tout autre Francais, ne payeront que trois pour cent de douane sans autre contribution quelconque; laquelle douane sera acquittée suivant l'usage ordinaire, jusqu'à l'établissement du nouveau tarif. Et si des marchandises appartenant à quelqu'un d'une autre nation étaient envoyées à un Français, la douane serait payée suivant l'usage de la nation à laquelle cet individu appartiendrait.

Art. 5. Il ne sera perçu sur l'introduction faite par les

Français du riz, des grains, de toute sorte de légumes secs, que le droit d'une piastre et quart par *Caffis*, payable au chef de la *Rahaba*, sans aucune douane.

Art. 6. Il a été accordé à la demande du chargé d'affaires de S. M. l'Empereur de France, par les articles préliminaires, qu'il serait formé un tarif d'évaluation des marchandises pour le payement de la douane. Aussitôt que ce tarif aura été définitivement statué et adopté réciproquement par les parties intéressées, il sera joint au présent Traité.

Art. 7. Suivant les anciens traités toutes les marchandises que les négociants français apporteront et qu'ils ne pourront pas vendre, ne payeront aucun droit, ni douane, dans le cas où elles seraient réexportées.

Art. 8. Les Français pourront transporter d'un bâtiment à un autre les marchandises sans les mettre à terre, et les porter autre part, et ils ne seront tenus pour cela à payer aucun droit.

Art. 9. Les marchandises qui auront acquitté le droit de douane pourront être expédiées dans un autre port des Etats de la Régence, sans être soumises à aucun droit d'entrée ni de sortie dans l'endroit où elles seront débarquées.

Art. 10. La boulangerie française établie dans le *Foudouek*, aura la faculté, comme anciennement, de fournir de la galette ou biscuits aux bâtiments français et non à d'autres; et, pour jouir de ce droit, elle payera deux piastres par quintal au fermier du biscuit sans aucune autre redevance.

Art. 11. Les censaux juifs ou autres du pays, qui sont au service des Français, soit à Tunis, soit dans les ports de la Régence, continueront à jouir de la même protection et aussi des mêmes avantages qui leur sont accordés par les traités précédents pour les affaires de commerce.

Art. 13. Dans le cas de guerre entre la France et une autre puissance, les négociants français, qui expédieront ou recevront des marchandises sous des noms étrangers et simulés, jouiront nonobstant des mêmes faveurs et priviléges qui leur sont accordés, mais ils devront en faire la déclaration assermentée pardevant le Consul général de France, à laquelle déclaration il sera ajouté foi.

Traité de 1830, article 6. Les sujets étrangers pourront trafiquer librement avec les sujets tunisiens, en acquittant les droits établis. Ils pourront en acheter et leur vendre, sans empêchement, les marchandises provenant des pays respectifs, sans que le gouvernement tunisien puisse les accaparer pour son propre compte ou en faire le monopole. La France ne réclame pour elle-même aucun nouvel avantage de commerce, mais le Bey s'engage, pour le présent et pour l'avenir, à la faire participer à tous les avantages, faveurs, facilités et priviléges quelconques, qui sont ou qui seront accordés, à quelque titre que ce soit, à une nation étrangère; ces avantages seront acquis à la France par la simple réclamation de son Consul.

Pêche du corail.— Dans divers traités le droit de pêche du corail est réservé aux Français ; cette réserve est l'objet d'une disposition formelle dans l'article 11 du Traité de 1729, par lequel la Régence de Tunis s'obligeait à rembourser à la France les pertes causées à cet égard l'année précédente par les armateurs de Tunis.

Par l'article 5 du traité de 1830, le Bey de Tunis restituait à la France le droit de pêcher exclusivement le corail depuis la limite des possessions françaises jusqu'au cap Nègre.

Ce privilége fut renouvelé par le Traité de 1832 qui réglait les conditions de son exercice. Voyez *suprà*, *Compagnie d'Afrique.*

11. Il ne sera donné aucun secours ni protection contre les Français aux vaisseaux de Barbarie qui seront en guerre avec eux, ni à ceux qui auront armé sous leur commission : et feront lesdits Pacha, Bey, Dey et Divan, défense à tous leurs sujets d'armer sous commission d'aucun Prince ou État ennemi de la couronne de France, comme aussi empêcheront que tous ceux contre lesquels l'Empereur de France est ou sera en guerre, puissent armer dans leurs ports pour courir sur ses sujets ; et la même chose se pratiquera en France à l'égard des Tunisiens ; et en cas que les Puissances de Tunis vinssent à avoir la guerre avec quelque nation que ce fût, et qu'il leur fût pris sur les bâtimens français quelques-uns de leurs sujets, l'Empereur de France les réclamera avec leurs effets ; et la même chose sera exécutée à l'égard des Français et de leurs effets, de la part des Puissances de Tunis.

Conférence. — Traités de 1685 et 1698, art. 16 ; de 1710, art. 11 : du 21 mai 1765. Ce traité porte cet article unique : Les corsaires de Maroc qui relâcheront dans les ports du Royaume de Tunis, seront tenus d'en partir dans les vingt-quatre heures, et ils ne pourront point vendre dans lesdits ports, en aucun temps et sous aucuns prétextes, les bâtiments, marchandises et effets pris sur les Français.

12. Les Français ne pourront être contraints, pour quelque cause et sous quelque prétexte que ce puisse

être, à charger sur leurs vaisseaux aucune chose contre leur volonté, ni faire aucun voyage dans les lieux où ils n'auront pas dessein d'aller.

Conférence. — Traités de 1685 et 1698, art. 17 ; de 1710, art. 12.

13. Pourra ledit Empereur de France continuer l'établissement d'un Consul à Tunis, pour assister les marchands français dans tous leurs besoins ; et pourra ledit Consul exercer en liberté, dans sa maison, la religion chrétienne, tant pour lui que pour les chrétiens qui y voudront assister ; comme aussi pourront les Turcs de ladite ville et Royaume de Tunis qui viendront en France, faire dans leurs maisons l'exercice de leur religion. Et aura ledit Consul la prééminence sur les autres Consuls, et tout pouvoir et juridiction dans les différends qui pourront naître entre les Français, sans que les juges de ladite ville de Tunis en puissent prendre connaissance.

Conférence. — Traités de 1665, art. 15 et 23 ; de 1672, art. 15, 16 et 23 ; de 1685 et 1698, art. 18 ; de 1710, art. 13 ; de 1824, art. 17 ; de 1830, art. 4. La plupart de ces dispositions sont textuellement les mêmes que celles du traité de 1742 ; je rappellerai toutefois la disposition de l'article 23 du plus ancien de ces traités, celui de 1665 ; elle est très-explicite : Que pour ce qui regardera les différends que les sujets de Sa Majesté très-chrétienne auront entre eux en leur particulier, ou avec ceux de toute autre nation qui négociera sous la protection du Consul des Français, ils ne seront tenus de les décider pardevant autre que ledit Consul, auquel seul en appartiendra la connaissance.

L'article 17 du Traité de 1824 porte : Tous les Français indistinctement, résidant dans le Royaume de Tunis, seront sous la juridiction du Consul général de France.

Par l'article 4 du traité de 1830, les puissances étrangères sont autorisées à établir des Consuls et agents commerciaux sur tous les points de la Régence où elles le désireront, sans avoir à faire aucun présent ou don, ni payer aucune redevance.

14. Les pères capucins et autres religieux missionnaires à Tunis, de quelque nation qu'ils soient, seront désormais traités et tenus comme propres sujets de l'Empereur de France, qui les prend sous sa protection; et en cette qualité ne pourront être inquiétés ni en leurs personnes, ni en leurs biens, ni en leurs chapelles, mais maintenus par le Consul français comme propres et véritables sujets de l'Empereur de France.

Conférence. — Traités de 1685 et 1698, art. 19 ; de 1710, art. 14.

15. Il sera permis audit Consul de choisir son drogman et son courtier, et les changer toutes les fois qu'il voudra, sans être obligé à l'avenir d'en recevoir un du Bey, Dey et Divan de ladite ville et Royaume ; comme aussi pourra faire arborer le pavillon blanc sur sa maison, et le porter à sa chaloupe à la mer, allant aux vaisseaux qui seront en rade, où il pourra aller toutes les fois qu'il lui plaira.

Conférence. — Traités de 1665 et 1672, art. 16; de 1685 et 1698, art. 20; de 1710, art. 15; de 1802, art. 4; de 1824, art. 12. Les Traités de 1665 et 1672 obligeaient le Consul à rapporter le consentement du Bey pour changer de drogman; cette condition ne se retrouve pas dans les traités postérieurs. Les traités de 1665 et 1672, art. 17, imposaient à tous les étrangers faisant le commerce dans la Régence, à l'éxception des Anglais et des Flamands, à reconnaître le Consul français et lui payer les droits accoutumés du consulat. Cette disposition a disparu dans le Traité de 1742. Les Traités de 1802, art. 2, et 1824, art. 12, autorisent formellement le Consul général chargé d'affaires de France, de choisir et de changer à son gré les drogmans, janissaires, censaux ou écrivains à son service, sans aucune opposition ou restriction quelconques.

16. S'il arrive quelque différend entre un Français et un Turc ou un Maure, il ne pourra être jugé par les juges ordinaires, mais bien par le conseil desdits Bey, Dey et Divan, et en présence dudit Consul.

Conférence. — Traités de 1665 et 1672, art. 22; de 1685 et 1698, art. 21; de 1710, art. 16; de 1802, art. 7; de 1824, art. 14. Voyez *suprà* l'article 13, et *infrà* l'article 19 du Traité de 1742.

Différends entre Français et Maures. —Traité de 1802, article 7. Les censaux juifs et autres étrangers résidant à Tunis au service des négociants et autres Français........ s'ils ont quelques différends avec les Maures, ou chrétiens du pays, ils se rendront avec leur partie adverse pardevant le Commissaire de la République Française, où ils choisiront à leur gré deux négociants français et deux négociants maures parmi les plus notables pour décider de leurs contestations.

Traité de 1824, article 14 : En cas de contestation entre un Français et un sujet Tunisien, pour affaire de commerce, il sera nommé par le Consul général de France des négociants français, et un nombre égal des négociants du pays, qui seront choisis par l'*Anim*, ou toute autre autorité désignée par Son Excellence le Dey. Si le demandeur est sujet Tunisien, il aura droit de demander au consul général d'être juge de cette manière, et si la commission ne peut terminer la contestation pour cause de dissidence ou de partage dans les opinions, l'affaire sera portée devant Son Excellence le Dey, pour être prononcé par lui, d'accord avec le consul général de France, conformément à la justice.

17. Ne sera tenu ledit Consul de payer aucune dette pour les marchands français, s'il n'y est obligé en son nom et par écrit ; et seront les effets des Français qui mourront audit pays remis entre les mains dudit Consul, pour en disposer au profit des Français ou autres auxquels ils appartiendront ; et même chose s'observera à l'égard des Turcs du Royaume de Tunis qui voudront s'établir en France.

Conférence.—Traités de 1665, art. 20 et 24 ; de 1672, art. 11, 20 et 24 ; de 1685 et 1698, art. 22 ; de 1710, art. 17.

18. Le Consul jouira de l'exemption de tous droits pour les provisions, vivres et marchandises nécessaires à

sa maison: il ne lui sera cependant permis, à lui et à tous ceux de sa nation, de faire entrer du vin et de l'eau-de-vie qu'autant qu'il leur en faudra pour leur nécessaire, sans qu'ils puissent en vendre, sous peine de confiscation, ainsi qu'il sera pratiqué avec tous les autres Consuls et leurs nationaux, sans une permission expresse.

Conférence. — Traités de 1665 et 1672, art. 18; de 1685 et 1698, art. 23; de 1710, art. 18.

19. Tout Français qui aura frappé un Turc ou Maure ne pourra être puni qu'après avoir fait appeler le Consul pour défendre la cause dudit Français; et en cas que le Français se sauve, le Consul ne pourra pas en être responsable, non plus que des esclaves qui se sauveront sur des vaisseaux de guerre français; mais s'il venait à s'en sauver sur les bâtimens marchands, le commandant de Tunis pourra les y faire chercher, en quoi le Consul sera obligé de l'aider.

Conférence. — Traités de 1665 et 1672, art. 21; de 1685 et 1698, art. 24; de 1710, art. 19. Voyez *suprà* art. 13 et 16 du Traité de 1742.

20. S'il arrive quelque contravention au présent Traité, il ne sera fait aucun acte d'hostilité, qu'après un déni formel de justice.

Conférence. — Traités de 1665, art. 28; de 1672, art. 30; de 1685 et 1698, art. 25; de 1710, art. 20.

21. Si quelque corsaire de France ou dudit Royaume

de Tunis fait tort à des vaisseaux français ou à des corsaires de ladite ville qu'il trouvera en mer, il en sera puni très sévèrement, et les armateurs en seront responsables.

Conférence.— Traités de 1685 et 1698, art. 4 et 26; de 1710, art. 21.

22. Si le présent Traité conclu par le sieur Fort, pour l'Empereur de France, et les Pacha, Bey, Dey, Divan, Aga dits Janissaires et Milice de la ville et Royaume de Tunis, venait à être rompu (ce qu'à Dieu ne plaise!), le Consul et tous les marchands français qui seront dans l'étendue dudit Royaume, pourront se retirer où bon leur semblera, sans qu'ils puissent être arrêtés pendant le temps de trois mois.

Conférence.— Traités de 1665, art. 29; de 1672, art. 31; de 1685 et 1698, art. 27; de 1710, art. 22; de 1802, art. 9; de 1824, art. 16; de 1830, art. 1.

Représailles sur les particuliers.— *Droit de course.*— Jusqu'au Traité de 1802 inclusivement, on s'est borné à reproduire les dispositions de notre article. L'article 16 du Traité de 1824 est plus large; il dispose que, en cas de discussions entre les deux gouvernements, les deux puissances renoncent expressément à toutes représailles sur les particuliers qui, dans aucun cas, ne sauraient être responsables du fait de leur gouvernement. L'article 1er du Traité de 1830 est ainsi conçu : Le bey de Tunis renonce entièrement et à jamais, pour lui et pour ses successeurs, au droit de faire ou d'autoriser la course en temps de guerre contre les bâtiments des puissances qui jugeront convenable de renoncer à l'exercice du même droit envers les bâtiments de commerce tunisiens. Quand la Régence sera en guerre avec une puissance qui lui aura fait connaître que telle est son intention, les bâtiments de commerce des deux nations pourront naviguer librement, sans être inquiétés par les bâtiments de guere ennemis, à moins qu'ils ne veuillent pénétrer dans un port bloqué, ou qu'ils ne portent des soldats ou des objets de contrebande de guerre ; dans ces deux cas, ils seraient saisis : mais leur confiscation ne pourrait être prononcée que par un jugement légal. Tout bâtiment tunisien qui, hors ces cas exceptionnels, arrêterait un bâtiment de commerce, devant être censé, pour ce fait seul, se soustraire aux ordres et à l'autorité du Bey, pourra être traité comme pirate par toute autre puissance quelconque, sans que la bonne intelligence en soit troublée entre cette puissance et la régence de Tunis.

23. Toutes les fois qu'un vaisseau de guerre viendra mouiller à la rade de la Goulette, aussitôt que le Consul en aura donné avis au commandant, ledit vaisseau sera salué, à proportion de la marque de l'officier qui le commandera, par les châteaux et forts, et d'un plus grand nombre de coups de canon que ceux de toutes les autres nations, et il rendra coup pour coup ; bien entendu que la même chose se pratiquera dans la rencontre des vaisseaux de guerre à la mer.

Conférence. — Traités de 1685 et 1698, art. 28 ; de 1710, art. 23.

24. Et afin qu'il ne puisse arriver de surprise dans

l'explication du présent Traité, il en sera affiché une copie française dans la douane de Tunis, certifiée du Consul et des Puissances dudit Royaume.

Conférence. — Traités de 1685 et 1698, art. 29; de 1710, art. 24.

25. Les articles ci-dessus et celui-ci font la conclusion de la paix faite, par le sieur Fort, entre l'Empereur et les Pacha, Bey, Dey, Divan et autres Puissances et Milice de la ville et Royaume de Tunis, pour être observés par leurs sujets. Lesdites Puissances de Tunis, pour donner des marques sincères de la bonne union qu'elles veulent entretenir à la postérité avec l'Empereur de France, rendront tous les Français et les passagers avec passeports, qu'elles ont pris tant en mer qu'en terre pendant le cours de la guerre, et rendront encore tous les bâtiments qui se trouvent avoir été détenus dans les ports, ainsi que ceux pris en mer, en l'état où ils se trouvent; et le sieur Fort, au nom de l'Empereur de France, promet que tous les esclaves du Royaume de Tunis qui se trouvent sur ses galères, sans exception de temps jusqu'aujourd'hui, seront également rendus : et lesdites puissances de Tunis promettent encore leur protection au Consul français, à tous les Français qui commerceront dans leur Royaume, et même à ceux de la place de Cap-Nègre qui seront également regardés com-

me enfants du pays ; et pour définir totalement et entretenir la bonne union promise de part et d'autre, le sieur Fort, au nom de l'Empereur de France, a quitté toutes les autres prétentions que Sa Majesté pourrait avoir eues du passé jusqu'aujourd'hui contre les Tunisiens. Les articles ci-dessus seront ratifiés et confirmés par l'Empereur de France et les Pacha, Bey, Dey, Divan, autres Puissances et Milice de ladite ville et Royaume de Tunis, pour être observés par leurs sujets ; et afin que personne n'en prétende cause d'ignorance, seront publiés et affichés partout où besoin sera.

En ce qui concerne la *Compagnie d'Afrique*, voyez *suprà* article 10 du Traité de 1742.

Fait et arrêté entre ledit sieur Fort, pour l'Empereur de France, d'une part ; et les Pacha, Bey, Dey, Divan et Milice de la ville et Royaume de Tunis, le 9 novembre 1742.

Signé : Fort.

SUPPLÉMENT AU TRAITÉ DE 1742.

Art. 1er. Que les capitulations faites et accordées entre l'Empereur de France et le Grand-Seigneur ou ses prédécesseurs, ou celles qui seront accordées de nouveau par l'Ambassadeur de France à la Porte, pour la paix et repos desdits Etats, seront exactement gardées et observées, sans que, de part et d'autre, il y soit contrevenu directement ou indirectement.

2. Quoiqu'il soit mentionné dans l'article 6 dudit Traité (celui de 1742), que les vaisseaux ou bâtiments devront avoir au-dessus des deux tiers de leurs équipages français, nous consentons néanmoins, pour marquer notre bonne amitié et intelligence avec l'Empereur de France, que la moitié desdits équipages soient Français.

3. Les vaisseaux tunisiens ou bâtiments armés en guerre ne pourront faire la course ni aucune prise sur les côtes de l'Auguste Empereur de France; et si quelqu'un est pris en faute, il sera arrêté pour être conduit en notre Royaume, où il sera sévèrement puni; mais si, par le poursuite de quelque ennemi ou par un temps contraire, quelqu'un desdits bâtiments se trouve forcé de se retirer dans lesdits ports, on lui donnera tous les secours dont il aura besoin.

En ce qui concerne le *Droit de course*, voyez *suprà* les annotations qui accompagnent l'article 22 du Traité de 1742.

Fait à Tunis, le 24 février 1742.

Signé : Fort.

De Fiennes, fils.

§ 4. — Traités entre la France et le Maroc.

1630. 3 septembre. Traité entre Louis XIII et l'Empereur du Maroc Abd-el-Melek, par l'entremise de l'amiral de Rasilly et du vice-amiral du Chalart.

1631. 17 septembre. Traités entre les mêmes puissances par l'entremise des mêmes.

1631. 24 septembre. Traité entre les mêmes puissances par l'entremise des mêmes.

1635. juillet ou septembre. Traité entre Louis XIII et Muley-el-Valid, Empereur du Maroc, par l'entremise de du Chalart.

1682. 29 janvier. Traité entre Louis XIV et Muley-Ismaël, Empereur du Maroc, fait à Saint-Germain-en-Laye.

1751. 20 septembre. Diplôme de Méhémed, prince héréditaire du Maroc, en faveur des négocians marseillais, leur promettant toute sûreté pour eux et leurs biens et toutes facilités pour leur commerce.

1767. 20 mai. Traité entre Sidi-Muley Mahomet, Empereur du Maroc, et Louis XV ; M. le comte de Breugnon, ambassadeur.

1824. 17 mai. Traité entre Muley-Abderaman, empereur du Maroc, et Louis XVIII; M. Sourdeau, consul général.

1825. 28 et 30 mai. Articles additionnels.

1844. 10 septembre. Traité entre la France et le Maroc; M. de Nion, consul général, chargé d'affaires, et le comte Decazes, duc de Glücksberg, également chargé d'affaires.

1845. 18 mars. Traité entre la France et le Maroc ; M. le maréchal de camp de la Rue, commissaire plénipotentiaire. Cet acte est un traité de délimitation.

De ces divers documents celui du 28 mai 1767 est le plus complet et c'est celui que nous croyons devoir reproduire pour établir les résolutions qui servent de base à nos rapports avec le Maroc. Nous nous bornerons à rapporter le texte de ce Traité, en ne faisant suivre de courtes observations que les articles concernant des concessions de juridiction.

Le Traité de 1767 se trouve sanctionné par les divers traités qui ont été signés depuis. Nous lisons dans les articles additionnels conclus le 17 mai 1824 : Le consul Sourdeau, après avoir remis à Notre Majesté une lettre du roi Louis XVIII et nous avoir présenté le Traité de paix qu'il a dit avoir été fait entre nos illustres aïeux (que Dieu sanctifie leurs cendres) et la nation française, nous ayant demandé de marcher sur les traces de ces mêmes ancêtres auxquels nous avons succédé, nous en confirmons les vingt articles ci-contre dont le premier commence par ces mots : *Le présent Traité a pour base*, et le dernier ceux-ci : *Si le présent Traité vient à être rompu*.....

Les articles additionnels des 28 et 31 mai 1825 portent encore renouvellement des précédents traités ; ils commencent ainsi : Ce rescrit respectable de Notre Majesté est pour faire connaître clairement que sur l'envoi que Sa Majesté le roi Louis fît à Notre Majesté d'un Ambassadeur français pour renouveler le Traité passé entre nos aïeux (que Dieu leur soit propice) et ses ancêtres, et confirmer les articles de la paix et de la bonne union qui existent entre les deux empires, nous avons rempli ses désirs et satisfait à ses demandes par l'article additionnel scellé de notre sceau impérial, inscrit à la page ci-après et placé au dos du premier article du Traité.....

Cet acte ayant été signé le 28 mai 1825, deux jours après il y fut fait l'addition suivante : Et enfin nous ferons pour la nation française ce que nous ferons pour celle des nations chrétiennes la mieux accueillie et la plus favorisée de notre Cour.

Le Traité du 10 septembre 1844 destiné à régler et terminer les différends entre la France et le Maroc, à la suite de la part prise par le Maroc, dans les attaques dirigées par Abd-el-Kader contre notre domination en Algérie, porte : Article 7. Les hautes parties contractantes s'engagent à procéder de bon accord, et le plus promptement possible, à la conclusion d'un nouveau Traité qui, basé sur les Traités actuellement en vigueur, aura pour but de les consolider et de les compléter, dans l'intérêt des relations politiques et commerciales des deux empires.

En attendant, les anciens Traités seront scrupuleusement respectés et observés dans toutes leurs clauses, et la France jouira, en toute chose et en toute occasion, du traitement de la nation la plus favorisée.

C'est donc au Traité de 1767 qu'il faut en revenir jusqu'à ce que de nouveaux Traités l'aient remplacé ou que des évènements imprévus l'aient fait disparaître.

TRAITÉ DE 1767 ENTRE LA FRANCE ET LE MAROC.

Traité de paix et d'amitié conclu le dernier jour de la lune de leza alharam, dernier mois de l'an 1180 (qui est le 27 du mois de mai de l'an 1767 de l'ère chrétienne), entre le pieux Sidy-Muley-Mahamit, fils de Sidy-Muley-Abdalla, fils de Sidy-Muley-Ismaël, de glorieuse mémoire, Empereur de Maroc, Fez, Miquènes, Sus, Tafilet et autres lieux, avec le Très-Puissant Empereur Louis quinzième de son nom, par l'entremise de Son Excellence M. le comte de Breugnon, son Ambassadeur, muni des pleins pouvoirs de son Empereur, aux conditions ci-après :

Art. 1er. Le présent Traité a pour base et fondement celui qui fut fait et conclu entre Très-Haut et Très-Puissant Empereur Sidy-Ismaël, que Dieu ait béni, et Louis XIV, Empereur de France, de glorieuse mémoire (en 1682).

2. Les sujets respectifs des deux Empires pourront trafiquer, voyager et naviguer en toute assurance partout où bon leur semblera, par terre et par mer, dans la domination des deux Empires, sans craindre d'être molestés ni empêchés sous quelque prétexte que ce soit.

3. Quand les armements de l'Empereur de Maroc rencontreront en mer des navires marchands portant pavillon de l'Empereur de France, et ayant passeports de l'Amiral dans la forme transcrite au bas du présent Traité, ils ne pourront les arrêter ni les visiter, ni prétendre absolument autre chose que de présenter leurs passeports ; et, ayant besoin l'un de l'autre, ils se rendront réciproquement de bons offices : et quand les vaisseaux de l'Empereur de France rencontreront ceux de l'Em-

pereur de Maroc, ils en useront de même, et ils n'exigeront que le certificat du Consul français dans les Etats dudit Empereur, dans la forme transcrite au bas du présent Traité. Il ne sera exigé aucun passeport des vaisseaux de guerre français, grands ou petits, attendu qu'ils ne sont pas en usage d'en porter, et il sera pris des mesures, dans l'espace de six mois, pour donner aux petits bâtiments qui sont au service du Roi des signes de reconnaissance, dont il sera remis des copies par les Consuls aux corsaires de l'Empereur de Maroc. Il a été convenu de plus, que l'on se conformera à ce qui se pratique avec les corsaires de la Régence d'Alger, à l'égard de la chaloupe que les gens de mer sont en usage d'envoyer pour se reconnaître.

4. Si les vaisseaux de l'Empereur de Maroc entrent dans quelque port de la domination de l'Empereur de France, ou si respectivement les vaisseaux français entrent dans quelqu'un des ports de l'Empereur de Maroc, ils ne seront empêchés, ni les uns ni les autres, de prendre à leur bord toutes les provisions de bouche dont ils peuvent avoir besoin, et il en sera de même pour tous les agrès et autres choses nécessaires à l'avitaillement de leurs vaisseaux, en le payant au prix courant, sans autre prétention ; ils recevront d'ailleurs tous les bons traitements qu'exige l'amitié et la bonne correspondance.

5. Les deux nations respectives pourront librement entrer et sortir en tout temps des ports de la domination des deux Empires, et y trafiquer avec toute assurance ; et si par hasard il arrivait que leurs marchands ne vendissent qu'une partie de leurs marchandises et qu'ils voulussent remporter le restant, ils ne seront soumis à aucun droit pour la sortie des effets invendus. Les marchands français pourront vendre et acheter dans toute l'étendue de l'Empire de Maroc, comme ceux des autres nations, sans payer aucun droit de plus ; et si jamais il arrivait que l'Empereur de Maroc vînt à favoriser quelques autres nations sur les droits d'entrée et de sortie, dès-lors les Français jouiraient du même privilége (1).

6. Si la paix qui est entre l'Empereur de France et les Régences d'Alger, Tunis et Tripoli, et autres, venait à se rompre, et qu'il arrivât qu'un navire français poursuivi par son ennemi, vînt à se réfugier dans les ports de l'Empereur de Maroc, les gouverneurs desdits ports seront tenus de le garantir et de faire éloigner l'ennemi, ou bien de le retenir dans le port un temps suffisant pour que le vaisseau poursuivi puisse lui-même s'éloigner, ainsi que cela est généralement usité ; de plus, les vaisseaux de

---

(1) Le texte arabe porte : « Et si notre Seigneur a la bonté d'accorder à une nation d'entre les nations chrétiennes, une diminution de quelque chose des droits d'entrée et de sortie et *autres*, les Français y seront compris. » (D'Hauterive et de Cussy, t. II, p. 199).

l'Empereur de Maroc ne pourront croiser sur les côtes de France qu'à trente milles loin des côtes.

7. Si un bâtiment ennemi de la France venait à entrer dans quelque port de la domination du Roi de Maroc, et qu'il se trouve des prisonniers français qui soient mis à terre, ils seront dès l'instant libres et ôtés du pouvoir de l'ennemi; il en sera usé de même, si quelque vaisseau ennemi de l'Empereur de Maroc entre dans quelque port de France, et qu'il mette à terre des sujets dudit Empereur. Si les ennemis de la France, quels qu'ils soient, entrent avec des prises françaises dans les ports de l'Empereur de Maroc, ou qu'alternativement les ennemis de l'empire de Maroc entrent avec des prises dans quelque port de France, les uns et les autres ne pourront vendre leurs prises dans les deux Empires, et les passagers, fussent-ils même ennemis, qui se trouveront réciproquement sous les pavillons des deux Empires, seront de part et d'autre respectés, et on ne pourra, sous aucun prétexte, toucher à leurs personnes et à leurs biens; et si par hasard il se trouvait des Français passagers sur les prises faites par les vaisseaux de l'Empereur de Maroc, les Français, eux et leurs biens, seront aussitôt mis en liberté, et il en sera de même des sujets de l'Empereur de Maroc, quand ils se trouveront passagers sur des vaisseaux pris par les Français ; mais si les uns et les autres

étaient matelots, ils ne jouiraient plus de ce privilége.

8. Les vaisseaux marchands français ne seront point contraints de charger dans leur bord, contre leur gré, ce qu'ils ne voudront pas, ni d'entreprendre aucun voyage forcément et contre leur volonté.

9. En cas de rupture entre l'Empereur de France et les Régences d'Alger, de Tunis et Tripoli, l'Empereur de Maroc ne donnera aucune aide ni assistance auxdites Régences en aucune façon, et il ne permettra à aucun de ses sujets de sortir ni d'armer sous aucun pavillon desdites Régences pour courir sur les Français; et si quelqu'un desdits sujets venait à y manquer, il sera puni et responsable du dommage. L'Empereur de France, de son côté, en usera de même avec les ennemis de l'Empereur de Maroc, et il ne les aidera ni ne permettra à aucun de ses sujets de les aider.

10. Les Français ne seront tenus ni obligés de fournir aucune munition de guerre, poudre, canons, ou autres choses généralement quelconques servant à l'usage de la guerre.

11. L'Empereur de France peut établir dans l'Empire de Maroc la quantité de Consuls qu'il voudra, pour y représenter sa personne dans les ports dudit Empire, y assister les négociants, les capitaines et matelots en tout ce qu'ils pourront avoir besoin, entendre leurs différends

et décider des cas qui pourront survenir entre eux; sans qu'aucun Gouverneur des places où ils se trouveront puisse les en empêcher. Lesdits Consuls pourront avoir dans leurs maisons leurs églises pour y faire l'office divin ; et si quelqu'une des autres nations chrétiennes voulait y assister, on ne pourra y mettre obstacle ni empêchement ; et il en sera usé de même à l'égard des sujets de l'Empereur de Maroc quand ils seront en France : ils pourront librement faire leurs prières dans leurs maisons. Ceux qui seront au service des Consuls, secrétaires, interprètes, courtiers ou autres, tant au service des Consuls que des marchands, ne seront empêchés dans leurs fonctions, et ceux du pays seront libres de toute imposition et charge personnelle. Il ne sera perçu aucun droit sur les provisions et autres effets à leur usage qu'ils recevront d'Europe, de quelque espèce qu'ils soient ; de plus, les Consuls français auront le pas et préséance sur les Consuls des autres nations (1), et leur maison sera respectée, et jouira des mêmes immunités qui sont accordées aux autres.

(1) A la suite de ces mots, le texte arabe du Traité s'exprime ainsi. « Les Consuls pourront aller où ils voudront dans les terres de l'Em« pire de notre Maître, par terre et par mer, sans aucun obstacle, et « sur les vaisseaux de leur nation ; et leurs maisons seront respectées, « et il ne sera permis à personne d'enfreindre leurs priviléges, qui se« ront les mêmes qu'on accorde aux autres. » (D'Hauterive et de Cussy, t. II, p. 202.

Différends entre Français. — Traité du 17 septembre 1631 entre la France et le Maroc, article 9. Que tous les différends qui arriveront entre les Chrétiens français, soit de justice, soit autrement, l'ambassadeur qui résidera en nosdits royaumes ou consuls les pourront terminer, si ce n'est qu'ils veuillent venir par-devant nous pour quelque dommage reçu.

Traité du 24 septembre 1631 entre la France et le Maroc, article 9. Que s'il arrivait quelque différend entre les Maures marchands qui seront en France, l'ambassadeur de l'empereur du Maroc résidant en France les terminera, et ce même se fera par l'ambassadeur ou consul de France en Afrique.

Traité du 29 janvier 1682 entre la France et le Maroc, article 12..... Et aura ledit consul (Français de *Salé, Tétouan, etc.*), tout pouvoir et juridiction dans les différends qui pourront naître entre les Français, sans que les juges dudit empereur du Maroc en puissent prendre connaissance.

12. S'il arrive quelque différend entre un Maure et un Français, l'Empereur en décidera, ou bien celui qui le représente dans la ville où l'accident sera arrivé, sans que le cadi ou le juge ordinaire puisse en prendre connaissance ; et il en sera usé de même en France, s'il arrive un différend entre un Français et un Maure.

Conférence.—Traité du 29 janvier 1682, article 13. S'il arrivait quelques différends entre un Français et un Maure, ils ne pourront être jugés par les juges ordinaires, mais bien par le consul dudit empereur ou du commandant pour lui, dans les ports où lesdits différends arriveront.

13. Si un Français frappe un Maure, il ne sera jugé

qu'en présence du Consul, qui défendra sa cause, qui sera jugée sans partialité, et au cas que le Français vînt à s'échapper, le Consul n'en sera point responsable ; et si par contre un Maure frappe un Français, il sera châtié suivant la justice et l'exigence du cas (1).

Conférence. — Traité du 29 janvier 1682 entre la France et le Maroc, article 16. Tout Français qui aura frappé un Maure ne pourra être puni qu'après avoir fait appeler ledit consul pour défendre la cause du Français ; et au cas que ledit Français se sauve, ne pourra ledit consul en être responsable.

14. Si un Français doit à un sujet de l'Empereur de Maroc, le Consul ne sera responsable du payement que dans le cas où il aurait donné son cautionnement par écrit, alors il sera contraint de payer ; et, par la même raison, quand un Maure devra à un Français, celui-ci ne pourra point attaquer un autre Maure, à moins qu'il fût caution ou débiteur.

Si un Français venait à mourir dans quelque place de l'Empereur de Maroc, ses biens et effets seront à la disposition du Consul, qui pourra y faire mettre les scellés, faire l'inventaire, et procéder enfin à son gré, sans que la justice du pays ni du gouvernement puisse y mettre obstacle.

(1) Cet endroit est exprimé ainsi en arabe : « Si un Maure frappe « un Français, et qu'il prenne la fuite, on n'exigera pas qu'il soit re- « présenté. » (D'Hauterive et de Cussy, t. II, p. 203).

15. Si le mauvais temps ou la poursuite d'un ennemi forcent un vaisseau français à échouer sur les côtes de l'Empereur de Maroc, tous les habitants des côtes où le cas peut arriver seront tenus de donner assistance pour remettre ledit navire en mer, si cela est possible, et si cela ne se peut, ils l'aideront à retirer les marchandises et effets du chargement, dont le Consul le plus voisin du lieu, ou son procureur, disposera suivant leur usage, et l'on ne pourra exiger que le salaire des journaliers qui auront travaillé au sauvetage ; de plus, il ne sera perçu aucun droit de douane ou autre sur les marchandises qui auront été déposées à terre, excepté celles que l'on aura vendues.

16. Les vaisseaux de guerre français entrant dans les ports et rades de l'Empereur de Maroc y seront reçus et salués avec les honneurs dus à leur pavillon, vu la paix qui règne entre les deux Empires, et il ne sera perçu aucun droit sur les provisions et autres choses que les commandants ou officiers pourront acheter pour leur usage ou pour le service du vaisseau, et il en sera usé de même envers les vaisseaux de l'Empereur de Maroc, quand ils seront reçus dans les ports de France.

17. A l'arrivée d'un vaisseau de l'Empereur de France en quelque port ou rade de l'Empire de Maroc, le Consul du lieu en avisera le gouverneur de la place, pour pren-

dre ses précautions et garder les esclaves pour qu'ils ne s'évadent pas dans ledit vaisseau ; et au cas que quelques esclaves vinssent à y prendre asile, il ne pourra être fait aucune recherche à cet effet, et il en sera usé de même dans les ports de France, si quelque esclave venait à s'échapper et passer dans quelque vaisseau de guerre de l'Empereur de Maroc.

18. Tous les articles qui pourraient avoir été omis, seront entendus et expliqués de la manière la plus favorable pour le bien et l'avantage réciproques des sujets des deux Empires, et pour le maintien et la conservation de la paix et la meilleure intelligence.

19. S'il venait à arriver quelque contravention aux articles et conditions sur lesquels la paix a été faite, cela ne causera aucune altération à ladite paix, mais le cas sera mûrement examiné, et la justice sera faite de part et d'autre. Les sujets des deux Empires qui n'y auront aucune part, n'en seront point inquiétés, et il ne sera fait aucun acte d'hostilité que dans le cas d'un déni formel de justice.

20. Si le présent Traité de paix venait à être rompu, tous les Français qui se trouveraient dans l'étendue de l'Empire de Maroc auront la permission de se retirer dans leur pays avec leurs biens et leurs familles, et ils auront pour cela le temps et terme de six mois.

Le soussigné Ambassadeur de l'Empereur de France, muni de ses pleins pouvoirs, datés de Versailles, du 23 mars dernier, déclare avoir terminé et conclu le présent Traité de paix, d'amitié et de commerce entre l'Empereur de Maroc et l'Empereur de France et à icelui fait apposer le sceau de ses armes.

Fait à Maroc, le 28 mai 1767.

Signé : Le Comte DE BREUGNON.

III.
LOIS ET RÈGLEMENTS.

LOIS
ET
RÈGLEMENTS.

§ 1. — **Lois; Édits ; Ordonnances et Réglements, concernant les Consuls en général, et les Établissements Français dans les Échelles, du Levant et de Barbarie en particulier.**

1664. 12 décembre. Arrêt du conseil destiné à réprimer divers abus commis par les anciens consuls établis dans le Levant.

1669. Édit qui déclare le port et hâvre de Marseille franc et libre à tous marchands et négociants pour toutes sortes de marchandises.

1669. Instructions données par Colbert aux consuls dans le Levant, pour l'exécution de l'arrêt du conseil de 1664.

1681. Août. Ordonnance de la marine. Le titre IX du livre I est intitulé : *Des Consuls de la nation française dans les pays étrangers.* C'est le premier document législatif de quelque importance promulgué sur les consulats. L'article 12 qui reconnaît la juridiction des consuls, porte : *Et, quant à la juridiction, tant en matière civile que criminelle, les consuls se conformeront à l'usage et aux capitulations faites avec les souverains des lieux de leur établissement,*

1686. 22 décembre. Ordonnance du Roi portant défenses aux consuls du Levant, de la côte de Barbarie et tous autres, de donner aucuns congés ni passeports sous quelque prétexte que ce soit, à peine de punition, ce droit étant réservé à l'amiral. (Valin, *Ordonnance de la marine*, t, I, p. 272).

1687. 28 février. Ordonnance du Roi, faisant très-expresses inhibitions et défenses à tous maîtres et matelots des navires qui vont en pays étrangers, de se pourvoir pour raison des différends qu'ils pourront avoir entr'eux dans lesdits pays, par-devant les juges des lieux; voulant qu'ils s'adressent aux consuls de la nation française. (Valin, t. 1, p. 236).

1713. 4 janvier. Ordonnance du Roi, qui défend aux Français qui se trouvent en pays étrangers, de se pourvoir à raison de leurs différends devant les juges des lieux, et leur enjoint de soumettre ces différends aux consuls de leur nation.

1719. 10 juillet. Ordonnance du Roi (aujourd'hui sans importance) qui, en exécution de celles des 7 janvier 1789 et 5 avril 1713, défendait aux Français résidant dans les Échelles de charger des marchandises sur des bâtiments étrangers, ne portant pas le pavillon de France. (Valin, t. p. 237).

1720. Édit sur la juridiction des consuls de France, en pays étrangers. Cet édit a été remplacé par celui de juin 1778.

1720. juillet. Édit portant qu'à l'avenir, aucune personne ne pourra prendre la qualité de chancelier dans les Échelles du Levant et de Barbarie, qu'elle n'ait été nommée par le

Roi et qu'il ne lui ait été délivré un brevet signé de Sa Majesté. (Valin, t. 1, p. 260).

1722. 25 mai. Déclaration du Roi, qui veut que les consuls donnent, à l'avenir, leurs sentences sur les affaires civiles, en appelant à leurs jugements deux députés de la nation ou à leur défaut deux principaux négociants français. (Valin, t. 1, p. 256 ; Walker, *Collection des Lois, etc, antérieurs à 1789 restés en vigueur*, t. 2, p. 189). La règle portée dans cette déclaration est reproduite dans l'édit de 1778 sur la juridiction civile, et la loi de 1836 sur la juridiction criminelle des consuls.

1728. 24 mai. Ordonnance du Roi, servant de règlement pour le consulat de la nation française à Cadix. (Valin, t. 1, p. 238 ; Walker, t. 2, p. 347). Cette ordonnance rendue spécialement pour le consulat de Cadix a été appliquée ensuite aux autres, bien qu'elle n'ait été enregistrée dans aucun parlement. Quelques rares dispositions reproduites dans des documents postérieurs sont restées en vigueur; la plupart sont abrogées ou tombées en désuétude.

1756. 17 août. Règlement pour les consuls dans l'Archipel.

1769. 13 mars. Convention entre la France et l'Espagne, concernant les fonctions des consuls et vice-consuls dans leurs rapports avec la marine marchande. (Wenck, *Codex*, etc, t. 3, p. 746 ; Walker, t. 4, p. 175).

1776. 9 décembre. Règlement du Roi sur le personnel des consuls dans le Levant. Ce règlement est aujourd'hui remplacé par l'ordonnance du 20 août 1833 sur le personnel des consulats.

1778. juin. Édit du Roi, portant règlement sur les fonctions judiciaires et de police qu'exercent les consuls de France en pays étrangers. Cet édit, dont nous reproduirons le texte presque en entier dans le paragraphe suivant, est resté en vigueur dans tous les consulats, en ce qui concerne la juridiction civile ; il n'a été modifié en ce qui concerne la juridiction criminelle que pour les consulats des Echelles, par la loi de 1836, que nous reproduirons plus tard; et pour la Chine et les états de l'iman de Mascate, par des lois postérieures. Une loi a été présentée au Corps législatif dans sa séance du 19 avril 1858, concernant la juridiction des consuls de France en Perse et dans le royaume de Siam.

1778. 8 novembre. Règlement concernant les attributions des consuls à l'égard des prises.

1781. 3 mars. Ordonnance concernant les actes de l'état civil, les donations et testaments dans les Echelles du Levant.

1781. 3 mars. Arrêt du conseil d'Etat concernant les droits et les émoluments attribués aux chancelleries des consulats dans les Echelles, aujourd'hui remplacé par les ordonnances de 1833.

1781. 3 mars. Ordonnance du Roi, portant règlement général sur les consulats, la résidence, le commerce et la navigation des sujets du Roi, dans les Echelles du Levant et de Barbarie. La plupart des dispositions de cette ordonnance, qui présentait l'ensemble complet des règles applicables aux Consuls dans le Levant, se trouvent reproduites avec des modifications dans les diverses ordonnances publiées en 1833. Jusqu'à cette époque, ses dispositions étaient suivies et on y renvoyait même formellement dans divers actes, notamment dans l'ordonnance des 20-23 février 1815, et dans une circulaire ministérielle rapportée par Bajot, *Annales maritimes*, 1818, t. 1, p. 317. Cette ordonnance, comme presque toutes celles qui concernent les consulats, n'avait été enregistrée dans aucun parlement.

1788. 14 novembre. Convention entre la France et les

États-Unis d'Amérique, concernant les fonctions des consuls et vice-consuls respectifs. (De Martens, *Recueil de Traités*, t. 7, p. 109; Walker, t. 5, p. 484). Cette convention, très-importante au point de vue des attributions juridictionnelles des consuls, a été annulée par une loi émanée de la législature de Washington, le 7 juillet 1798; et cette annulation est maintenue par le Traité de paix du 30 septembre 1800. (*Sic* Walker, Martens, de Villeneuve et Massé, *Dictionnaire du Contentieux commercial*, v° Consul; L. Pouget, *Principes du Droit maritime*, 1858, t. 1, p. 402, note, etc. Arrêt de la Cour impériale d'Aix, du 17 mai 1831, suivi d'un pourvoi en cassation rejeté par arrêt de la chambre des requêtes du 26 avril 1832.

1791. 1er juin. Proclamation relative aux navires de construction étrangère.

1791. 21-29 juillet. Décret concernant le commerce des Français dans le Levant.

1791. 9 août. Loi sur la police de la navigation et des ports de commerce.

1793. 18 octobre. Décret contenant des dispositions relatives à l'acte de navigation.

1798. 18 octobre. Arrêté du Directoire exécutif sur la responsabilité des agents des affaires étrangères, en ce qui concerne la publicité donnée à leurs correspondances.

1800. 27 août. Arrêté sur la création du conseil des prises.

1801. 28 février. Arrêté sur les prises faites par les bâtiments de l'Etat.

1801. 7 mars. Arrêté sur le sauvetage et la vente des navires naufragés et des prises.

1803. 22 mai. Arrêté règlementaire sur les armements en course.

1803. 23 juin. Décret relatif aux établissements commerciaux des Français dans le Levant.

1804. 26 mars. Arrêté sur les frais de conduite des gens de mer.

1806. 20 novembre. Avis du Conseil d'Etat sur la compétence, en matière de délits commis en France à bord des navires étrangers.

1807. 21 septembre. Décret relatif à la fabrication et vérification des draps destinés au commerce du Levant.

1810. 9 décembre. Décret ayant le même objet.

1814. 8 août. Instruction générales pour les consuls de France en pays étrangers.

1814. 8 août. Instructions particulières sur quelques objets faisant partie des fonctions consulaires.

1814. 16 décembre. Loi sur la franchise du port de Marseille. Cette loi est aujourd'hui abrogée.

1815. 20 février. Ordonnance sur la franchise du port de Marseille. Cette ordonnance reproduit notamment les défenses faites aux Français par l'édit du 3 mars 1781, la loi du 29 juillet 1791 et l'acte du gouvernement du 23 juin 1803, d'établir des maisons de commerce dans le Levant, sans autorisation préalable du gouvernement. C'est par erreur que, dans des ouvrages récemment réimprimés, on a considéré ces prescriptions comme encore en vigueur.

1815. 15 décembre. Ordonnance concernant l'organisation du corps consulaire.

1816. 16 juin. Ordonnance concernant les élèves consuls.

Ces ordonnances sont remplacées par les actes de 1833.

1822. 14 septembre. Ordonnance sur la comptabilité et la justification des dépenses publiques.

1823. 18 janvier. Ordonnance relative au transport des esclaves.

1825. 11 avril. Loi sur la piraterie et la baraterie.

1825. 31 juillet. Ordonnance concernant les drogmans.

1826. 30 septembre. Circulaire du ministre des affaires étrangères, sur les actes de l'état civil.

1831. 4 mars. Loi sur la répression de la traite des noirs.

Le ministre des affaires étrangères avait nommé en 1830 une commission chargée de réviser et coordonner tous les règlements concernant les consulats. La plupart des actes dont l'indication va suivre immédiatement sont le résultat des travaux de cette commission.

1833. 18 août. Ordonnance sur la conservation des archives.

1833. 20 août. Ordonnance sur le personnel des consulats, ainsi divisée : Titre I, des consuls de tout grade ; titre II, des élèves consuls ; titre III, des chancelleries ; titre IV, des secrétaires interprètes du roi pour les langues orientales et des drogmans ; titre V, dispositions générales ; titre VI, des agents consulaires et vices-consuls; titre VII, du costume.

1833. 23 août. Ordonnance sur les recettes et dépenses des chancelleries consulaires.

1833. 24 août. Ordonnance sur l'emploi des perceptions des chancelleries consulaires et sur les remises accordées aux chanceliers.

1833. 2 septembre. Circulaire du ministre des affaires étrangères, sur la comptabilité des chancelleries. Instructions sur l'exécution des ordonnances des 23 et 24 août 1833.

1833. 23 octobre. Ordonnance sur l'intervention des consuls relativement aux actes de l'état civil des Français en pays étrangers.

1833. 24 octobre. Ordonnance sur les dépôts faits dans les chancelleries consulaires.

1833. 25 octobre. Ordonnance sur les attributions des consuls relativement aux passeports, légalisations et significations juridiques.

1833. 26 octobre. Ordonnance sur les fonctions des vice-consuls et agents consulaires.

1833. 29 octobre. Ordonnance sur les fonctions des consuls dans leurs rapports avec la marine marchande.

1833. 7 novembre. Ordonnance sur les fonctions des consuls dans leurs rapports avec la marine militaire.

1833. 28 novembre. Ordonnance sur l'immatriculation dans les chancelleries consulaires des Français résidant à l'étranger.

1833. 29 novembre. Instruction du ministre des affaires étrangères sur l'exercice de la juridiction consulaire *en pays de chrétienté*.

1833. 30 novembre. Instruction du ministre des affaires étrangères relative aux actes et contrats reçus dans les chancelleries consulaires.

1835. 18 avril. Ordonnance sur les établissements français dans les Echelles du Levant et de Barbarie. Cette ordonnance supprime la nécessité d'une autorisation et d'un cautionnement pour former des établissements dans les Echelles, libère les anciens souscripteurs et cautions d'engagements, supprime la perception de l'ancien droit de consulat attribué à la chambre de commerce de Marseille, et décharge le budget de cette chambre de commerce des dépenses relatives aux établissements publics des Echelles.

1836. 12 mai. Ordonnance sur les frais de passage et de conduite des capitaines, officiers et marins du commerce.

1836. 28 mai. Loi sur la poursuite et le jugement des contraventions, délits et crimes commis par les Français dans les Echelles du Levant et de Barbarie.

1836. 14 juillet. Ordonnance sur les attributions judiciaires du premier secrétaire de l'ambassade à Constantinople. Cette ordonnance a été abrogée par l'ordonnance du 5 juillet 1842.

1836. 15 juillet. Circulaire du ministre des affaires étrangères sur l'exécution de la loi du 28 mai 1836.

1837. 17 octobre. Circulaire du ministre de la marine concernant le rapatriement des marins par la voie des navires de commerce.

1838. 1 février. Circulaire du ministre des affaires étrangères sur le contre-seing des correspondances officielles.

1838. 20 septembre. Règlement général sur les frais de service des affaires étrangères.

1838. 30 septembre. Circulaire du ministre des affaires étrangères portant instructions sur l'exécution du règlement du 20 septembre 1838.

1841. 31 mars. Il y a à cette date deux circulaires du ministre des affaires étrangères, l'une relative aux tableaux et mémoires annuels sur le commerce et la navigation; l'autre aux états de commerce et de navigation.

1842. 5 juillet. Ordonnance qui modifie l'organisation du tribunal consulaire de Constantinople.

1842. 6 novembre. Ordonnance sur les droits de chancellerie.

1842. 9 novembre. Circulaire du ministre des affaires étrangères, portant instructions sur l'exécution de l'ordonnance du 6 novembre 1842.

1844. 13 août. Ordonnance sur l'administration centrale du ministère des affaires étrangères.

1845. 26 avril. Ordonnance sur le personnel des consulats, portant abrogation des articles 5, 6, 7, 11, 12, 19 et 22 de l'ordonnance du 20 août 1833.

1845. 27 juillet. Ordonnance qui alloue dans certains cas des traitements aux agents diplomatiques ou consulaires qui se trouvent en inactivité, en congé, ou appelés et retenus à Paris par ordre ou pour affaires de service.

1846. 18 janvier. Ordonnance concernant les bateaux à vapeur navigüant en mer.

1846. 31 août. Ordonnance concernant le tarif des chancelleries. Application de la note 16 annexée à l'ordonnance du 6 novembre 1842 aux paquebots à vapeur employés à un service régulier et périodique dans la Méditerranée.

1847. 15 février. Ordonnance relative au contrôle des comptes des services spéciaux des chancelleries consulaires.

1847. 27 avril. Ordonnance concernant le tarif des chancelleries. Fixation du droit pour légalisation des actes destinés aux compagnies d'assurances.

1847. 4 août. Ordonnance sur le personnel des consulats ; modificative des ordonnances des 21 et 22 août 1833, en ce qui concerne le nombre des brevets de première classe attribués aux consuls et attachant la classe à la personne de l'agent indépendamment de sa résidence.

1847. 12 août. Circulaire du ministre des affaires étrangères sur la comptabilité des chancelleries.

1847. 1 septembre. Ordonnance qui prescrit la publication de la convention conclue le 17 mai 1847 entre la France et le royaume des Deux-Siciles, pour régler l'intervention des consuls respectifs dans les successions de leurs nationaux.

1847. 5 octobre. Règlement concernant les élèves consuls. Ce règlement est destiné à assurer l'exécution de l'article 2 de l'ordonnance du 26 avril 1845 ; il a été accompagné d'un programme général d'examen pour les candidats au grade d'élève consul. Ce programme a été arrêté à la suite du rapport présenté au ministre par M. le baron de Bussière au nom de la commission qui avait été chargée de préparer le règlement et le programme pour les examens des élèves consuls.

1848. 15 avril. Circulaire du ministre des affaires étrangères sur les frais de services et dans le but d'en obtenir la réduction.

1848. 31 août. Instructions du ministre de la marine sur le service des consuls comme suppléant les administrateurs de la marine et remplissant les fonctions de trésoriers des invalides.

1848. 1 octobre. Arrêté du ministre des affaires étrangères concernant l'inventaire du mobilier et des objets appartenant à l'Etat dans les postes politiques et consulaires.

1848. 14 décembre. Décret relatif aux indemnités de frais d'établissement des agents politiques et consulaires du département des affaires étrangères. Abrogé le 20 février 1852.

1849. 31 mars. Circulaire du ministre de la marine sur la comptabilité des agents diplomatiques et consulaires pour le service *marine*.

1849. 25 avril. Tarif arrêté par le ministre des affaires étrangères pour les frais de voyage en poste ou en chemins de fer, alloués aux agents politiques et consulaires.

1849. 16 mai. Circulaire du ministre des affaires étrangères sur la division et le numérotage des correspondances et l'emploi des fonds de chancellerie.

1849. 19 mai. Circulaire du même ministre sur les frais de voyage et de courriers.

1850. 12 janvier. Circulaire du même ministre sur les dépenses nécessitées par les actes de l'état civil.

1850. 28 mars. Autre circulaire sur la correspondance et l'interprétation de certaines parties du tarif.

1850. 11 août. Décret sur la comptabilité et la durée des exercices.

1850. 15 septembre. Circulaire du ministre des affaires étrangères sur l'exécution du décret du 11 août 1850.

1850. 8 novembre. Circulaire du ministre de la marine sur le même objet.

1850. 24 décembre. Décret sur la police sanitaire.

1851. 30 avril. Circulaire du ministre des affaires étrangères concernant la comptabilité.

1851. 1 juin. Circulaire du même ministre, concernant le remboursement des frais de voyage.

1851. 22 juillet. Circulaire du ministre de la marine, concernant les rapports de mer des capitaines de la marine marchande.

1851. 15 août. Décret sur le service à bord des bâtiments de la flotte.

1851. 25 octobre. Décret sur les droits de chancellerie pour les paquebots à vapeur, portant modification du tarif annexé à l'ordonnance du 6 novembre 1842.

1852. 19 février. Circulaire du ministère de la marine sur la gestion des naufrages; additions aux instructions contenues dans la circulaire du 31 août 1848.

1852. 20 février. Décret sur les frais d'établissement des agents politiques et consulaires, abrogeant le décret du 14 décembre 1848.

1852. 3 mars. Décret sur l'organisation de l'administration centrale du ministère de la marine et des colonies. Ce décret est complété par l'arrêté ministériel du 4 mars 1852, qui détermine les attributions des bureaux et divisions du ministère de la marine.

1852. 4 mars. Décret sur les engagements des marins de commerce.

1852. 20 mars. Décret concernant les rôles d'équipage et les indications des bâtiments et embarcations exerçant une navigation maritime.

1852. 24 mars. Décret disciplinaire et pénal pour la marine marchande.

1852. 13 avril. Décret relatif à la promulgation de la convention conclue entre la France et la Sardaigne, pour régler les droits, privilèges et immunités consulaires dans les deux pays.

1852. 8 juillet. Loi relative à la juridiction des consuls en Chine et dans les états de l'Iman de Mascate.

1852. 17 août. Décret sur les feux de position des navires de guerre et de commerce français.

1852. 16 décembre. Circulaire du ministre de la marine sur les publications non autorisées faites par des personnes appartenant à la marine.

1853. 3 janvier. Décret sur l'organisation des bureaux du ministère des affaires étrangères, suivi de l'arrêté ministériel du 18 janvier 1853.

1853. 28 janvier. Circulaire du ministre de la marine sur les feux de position à bord des bâtiments à vapeur et à voile.

1853. 5 mai. Circulaire du ministre des affaires étrangères sur la comptabilité des agences consulaires. Rappel de la circulaire du 30 avril 1851 pour l'exécution des ordonnances des 23 avril 1833, art. 15 et 16, et 24 octobre 1833, art. 9.

1853. 17 mai. Autre sur les dépôts effectués dans les chancelleries consulaires, rappelant à l'exécution de l'ordonnance du 24 octobre 1833.

1853. 11 septembre. Décret portant promulgation de la

convention consulaire conclue entre la France et les Etats-Unis d'Amérique.

1854. 26 avril. Décret portant fixation des allocutions attribuées aux agents diplomatiques qui auront été obligés, pour cause de guerre ou de force majeure, de rentrer en France.

1854. 5 août. Décret qui fixe la quotité des remises allouées aux chanceliers de légation et de consulat en congé et aux chanceliers chargés de la gestion des consulats.

1854. 22 septembre. Décret relatif aux attributions des agents et vice-consuls de France. Ce décret est destiné à assurer l'exécution des articles 234 et 237 du code de commerce.

1855. 20 juillet. Décret portant promulgation de la convention consulaire conclue le 8 juin 1855 entre la France et les Pays-Bas.

1855. 31 juillet. Décret concernant les congés à accorder aux agents vice-consuls, aux drogmans et aux chanceliers diplomatiques et consulaires.

1858. Dans sa séance du 19 avril 1858, le gouvernement a présenté au Corps législatif un projet de loi concernant la juridiction des consuls de France en Perse et dans le royaume de Siam. Ce projet a été adopté par le Corps législatif et approuvé par le Sénat.

Tels sont les divers actes officiels spéciaux dont l'ensemble réuni à diverses dispositions de nos lois administratives, civiles et criminelles forme le code des consulats ; nous nous bornerons à les indiquer, et rentrant plus particulièrement dans les études qui font l'objet de ce travail, nous allons examiner les deux documents principaux qui, l'un au point de vue de la juridiction civile, l'autre au point de vue de la juridiction criminelle, doivent servir de règles aux consuls établis dans les Echelles du Levant et de Barbarie. Le premier de ces documents est l'édit de juin 1778 ; le second, la loi du 28 mai 1836.

§ 2. — Édit de juin 1778.

*Édit du Roi
portant règlement sur les fonctions judiciaires et de police
des consuls de France dans les pays étrangers.*

Louis, etc. Parmi les fonctions que remplissent nos consuls dans les pays étrangers, et particulièrement dans les Echelles du Levant et de Barbarie, pour y protéger le commerce de nos sujets, nous avons fixé nos regards sur l'administration de la justice : nous avons reconnu que, d'après les ordonnances rendues à cet égard, les affaires doivent être instruites devant nos consuls par les voies les plus simples et les plus sommaires, et que cependant les mêmes ordonnances ne les affranchissent pas expressément des formalités observées dans notre royaume, qui sont la plupart impraticables sous une domination étrangère. Voulant ne rien laisser à désirer sur une matière aussi intéressante pour le commerce maritime, nous avons jugé qu'il était à propos d'établir sur la juridiction qu'exercent nos consuls en pays étrangers, et sur les procédures civiles et criminelles qu'ils instruisent, des règles faciles à observer, et d'après lesquelles ils rendront la justice dans les différens consulats, d'une manière uniforme et avec toute la célérité requise.

A ces causes et autres, etc.

But de l'édit de juin 1778. — L'édit de juin 1778 a eu pour but de coordonner les diverses dispositions renfermées dans les divers édits, ordonnances et déclarations qui l'avaient précédé et d'établir quelles seraient les formalités à remplir pour procéder en matière civile ou criminelle devant les consuls. Plus particulièrement édicté en vue de nos établissements dans le Levant, il n'en était pas moins applicable à tous les consulats établis par la France à l'étranger.

Enregistrement de l'édit. — La plupart des anciens édits et règlements concernant les consuls et nos établissements commerciaux à l'étranger, n'ont été soumis à la formalité de l'enregistrement dans aucun parlement; il n'en est pas de même de l'édit de juin 1778 qui a été enregistré au parlement de Provence, le 15 mai 1779.

L'édit de 1778 n'a point été abrogé. — En 1833, au moment où l'on coordonnait, dans diverses ordonnances concernant le service consulaire, les diverses règles qui lui étaient applicables, divers membres appelés à préparer ce travail d'ensemble eurent l'idée d'établir un système bien organisé de juridiction consulaire, qui mît notamment en relief d'une manière claire et certaine le principe du pouvoir judiciaire des consuls. Mais d'un côté, c'était un projet bien difficile à réaliser en l'état de la diversité des traités qui nous lient aux autres puissances, et d'un autre côté, il aurait fallu demander au Corps législatif son concours pour faire une loi règlementaire sur la compétence; et comme la commission était chargée du soin de préparer des ordonnances qui devaient être soumises par le ministre à la sanction royale seulement, elle ne crut pas devoir sortir des limites de ce mandat. Dès lors, l'ordonnance de la marine de 1681, liv. 1, tit. 9, resta la base du pouvoir des consuls en matière civile et criminelle, et l'édit de juin 1778 continua à leur servir à la fois de code de procédure civile et de code d'instruction criminelle.

La loi du 28 mai 1836, en réglant par des dispositions spéciales tout ce qui concernait l'instruction et le jugement des contraventions, délits et crimes commis par des Français dans les Echelles du Levant et de Barbarie, a abrogé les dispositions de l'édit de 1778, en ce qui touche les affaires criminelles dans le Levant et en Barbarie. Partout ailleurs il n'a pas été porté atteinte à l'ensemble de ses dispositions, et dans les Echelles même, on ne doit considérer comme étant sans application que les articles 39 jusques et y compris l'article 81. Toutes les autres dispositions de l'édit de 1778 concernant la juridiction civile des consuls ne sont point abrogées et sont par suite maintenues. C'était l'opinion unanime des auteurs Walker, t. 3, *Introduction*, p. 17, et t. 5, p. 8; Dalloy, v° consul, n° 74, et Echelles du Levant, n° 3; de Villeneuve et Massé, *Dictionnaire du Contentieux commercial*, v° consul; de Cussy, *Règlements consulaires*, Leipsig, 1851, p. 44; Moreüil, *Manuel des agents consulaires*, p. 142. Voyez *suprà*, p. 42, etc. Cela avait été reconnu par la Cour de cassation dans son arrêt du 8 mars 1831, chambre civile, sous la présidence de M. Portalis, dans l'affaire Cros contre Radetti, et dans l'arrêt de rejet du 10 juin 1857, affaire Diab. Cela résultait implicitement de l'article 82 de la loi du 28 mai 1836; l'ordonnance du 5 juillet 1842 l'avait formellement reconnu. Enfin, la consécration donnée à cette solution par l'article 1 de la loi du 8 juillet 1852, ne laisse plus de place au doute. Dans toutes les difficultés civiles portées devant les consuls, dans les Echelles du Levant et de Barbarie, les juges et les parties doivent se soumettre aux prescriptions de l'édit de 1778.

Application des lois françaises. — Si l'on doit se conformer à l'édit de 1778, en ce qui concerne la procédure spéciale qui doit être suivie devant les consuls, on doit recourir aux règles de droit tracées dans nos codes, pour statuer au fond sur le mérite des prétentions respectives des parties. Les capitulations le disent expressément, les consuls doivent prendre connaissance des contestations entre les Français et en décider selon leurs *us et coutumes*. (Voyez *suprà* l'article 26 du Traité de 1740 et les explications qui l'accompagnent). Ainsi, en ce qui concerne la procédure, on devra se conformer à l'édit de 1778 ; en ce qui concerne le fond même de la contestation, ce sont les règles de notre droit civil et commercial qu'il faudra appliquer. La Cour impériale d'Aix, le 19 juillet 1815, dans l'affaire Thoron contre Pétrini, par un arrêt de confirmation du tribunal consulaire de Smyrne, a formellement jugé que les tribunaux consulaires français, dans le Levant, devaient appliquer les lois françaises et notamment le code de commerce, dans le jugement des contestations nées entre négociants français. Les commissions consulaires mixtes jugent d'après la loi du défendeur. (Aix, 5 mai 1858, Chauvin contre Grecchi). Disons toutefois que dans les Echelles, c'est généralement à la loi française que l'on a recours pour juger les différends qui s'agitent entre les Francs ou étrangers (Aix, 24 mai 1858, Bonnafons). Toutefois, cette obligation de suivre la loi française, pour tous les cas non prévus dans les contrats et qui doit servir de règle à défaut de stipulations formelles, ne saurait empêcher les Français établis dans les Echelles, lorsqu'ils traitent avec des étrangers, de consacrer des obligations qui, contraires aux lois françaises, sont permises dans les pays où ils contractent. Ainsi, un arrêt de la Cour a pu valablement, en infirmant une sentence d'une commission mixte qui avait déclaré faux des billets dont l'une des parties demandait le payement contre l'autre et en ordonnant que les billets seraient acquittés, condamner le débiteur aux intérêts du capital, à raison de douze pour cent par an, si telle avait été la convention des parties et si la loi du pays permettait de stipuler des intérêts à ce taux. (Cour de cassation, juin 1857, Gazette des Tribunaux du 11 juin, rejet du pourvoi du sieur Diab contre un arrêt de la Cour impériale d'Aix, du 10 juillet 1856, statuant sur appel d'une sentence de la commission mixte de Beyrouth, intervenue entre un Français et un Toscan). D'un autre côté, pour apprécier s'il a été satisfait aux prescriptions de la loi française, il faut se rapporter aux habitudes de la place où le contrat a eu lieu, pour déterminer la portée des expressions dont on s'est servi. Par exemple, la loi française veut, pour que l'endossement d'une lettre de change vaille transport de propriété, que notamment elle exprime la valeur fournie ; il est reconnu en France que les expressions : *valeur reçue*, ne satisfont pas au vœu de la loi, parce qu'elles ne précisent pas la nature de la valeur ; mais si l'endossement a eu lieu dans une échelle où habituellement les expressions *valuta avuta*, valeur eue, sont employées par la grande majorité des négociants, comme équivalents de ceux-ci *valeur reçue comptant*, il faudra bien décider que quelqu'incomplète que soit grammaticalement cette expression, elle a pour le commerce un sens qui précise suffisamment quelle est la valeur qui a été reçue et que dès lors les prescriptions de la loi française ont été remplies. (Aix, 24 mai 1858, Bonnafons contre Reginopulo ; confirmation d'une sentence de la commission mixte de Constantinople.)

Art. 1er Nos consuls connaîtront en première instance des contestations, de quelque nature qu'elles soient, qui s'élèveront entre nos sujets négociants, navigateurs et autres, dans l'étendue de leurs consulats ; nosdits consuls pourvoiront, chacun dans son district, au maintien d'une bonne et exacte police entre nosdits sujets, de quelque qualité et condition qu'ils puissent être, soit à terre, dans les ports et dans les différens mouillages et rades où les navires du commerce font leur chargement et leur déchargement ; ordonnons à nosdits consuls de rendre fidèlement la justice ; et attendu l'éloignement des lieux où ils sont le plus souvent attachés au service des consulats, lors de leur nomination, les dispensons de prêter serment.

Conférence. — Ordonnance de la marine d'août 1681, liv. 1, tit. 9, art. 12 ; ordonnance du 3 mars 1781, art. 7.

Juridiction territoriale des consuls. — Il existe des tribunaux consulaires à Constantinople, Salonique, Smyrne, Bagdad, La Canée, Trébizonde, Bukarest, Galatz, Jassy, Belgrade, Larnaca, Beyrouth, Alep, Damas, Alexandrie, Le Caire, Tripoli de Barbarie, Tunis, Tanger, Mogador, Erzéroum, Jérusalem, Mossoul, Sousse, Djeddah. La juridiction de ces tribunaux comprend tout le département consulaire.

Nature des contestations dont le jugement est attribué aux consuls.

Décormis, tome II, p. 1314, prétend que les consuls ne

doivent connaître que des causes sommaires qui exigent célérité et une prompte exécution. Suivant Valin, t. I, p. 255 : « Décormis se trompe. Toutes les affaires de commerce et « de police entre les nationaux sont de la compétence du « consul ; c'est sur le principe puisé dans notre ordonnance « que, par arrêt du parlement d'Aix, du 22 avril 1742, « une affaire de compte fut renvoyée devant le consul d'Es-« pagne, et que par sentence de Marseille, du 24 mars « 1750, au rapport de M. Emérigon, la reddition d'un « compte fut renvoyée devant le consul français à Constan-« tinople. » Ainsi, tandis que Décormis n'attribue aux consuls que la connaissance des affaires sommaires exigeant célérité, Valin leur concède la connaissance de toutes les affaires commerciales sans distinction. L'opinion de Valin est celle qu'ont adoptée de nos jours MM. Beaussant, *Code maritime*, n° 1042 ; de Clercq et de Vallat, *Guide pratique des consulats* ; Dalloz, *Répertoire* v° Consuls n° 58, et *Echelles du Levant* ; de Caumont, *Dictionnaire universel de droit commercial maritime*, 1858, v° Consul, n° 26. D'autres sont allés plus loin, ils ont soutenu que la compétence des consuls n'était pas limitée aux seules contestations commerciales, mais qu'elle s'appliquait encore aux différends d'une nature purement civile, à des difficultés naissant de donations, de questions de propriété. M. Pardessus notammment a très nettement adopté cette opinion dans la 5e édition de son ouvrage sur le Code de commerce, t. VI, p. 295, n° 1472. MM. Goujet et Merger, dans leur dictionnaire, v° *Consul*, sont de ce dernier avis. C'est également celui de M. L. Pouget, qui vient de publier un *Traité sur les principes du droit maritime*, t. 1, p. 403. Qu'on me permette d'ajouter que c'est aussi mon avis (voy. *suprà*, p. 42). Bien que si j'avais à examiner la question d'une manière générale et sans

distinguer entre les pays où résident nos consuls, je dusse être moins affirmatif. Il y a dans l'instruction spéciale du ministre des affaires étrangères, du 29 novembre 1832, sur l'exercice de la juridiction consulaire en pays de chrétienté des observations d'une justesse telle qu'il est difficile de ne pas les prendre en considération, et en s'y référant on doit renoncer à poser d'une manière absolue la règle adoptée par M. Pardessus ; mais la circulaire ministérielle n'est applicable qu'à la juridiction consulaire en pays de chrétienté et nullement aux Echelles soumises par les traités à un droit tout exceptionnel qui donne à nos consuls dans ces pays les pouvoirs les plus étendus. Dans les Echelles du Levant et de Barbarie la compétence des consuls s'étend à toute affaire contentieuse qui s'agite entre Français, quelle que soit cette affaire; les traités ne font aucune distinction; toute contestation, tout différend qui s'agite entre Français ne peut être jugé que par leurs consuls ou ambassadeurs; on n'a dès lors à craindre aucun conflit entre les consuls et les autorités locales. L'édit de 1778, qui a en vue particulièrement les consuls établis dans les Echelles, leur attribue la connaissance des contestations *de quelque nature qu'elles soient*, qui s'élèveront entre les Français négocians, navigateurs et *autres*, dans l'étendue de leurs consulats. En présence de textes si précis, toute distinction me paraît illégale. Si je demande à nos lois récentes un commentaire sur l'article 1er de l'édit de 1778, se présente à moi l'article 1er de la loi du 8 juillet 1852, ainsi conçu : « Les contestations en matière *civile* et com-
« merciale qui s'élèveraient en Chine entre Français seront
« jugées par les tribunaux consulaires, conformément à celles des dispositions de l'édit du mois de juin 1778, qui sont encore en vigueur dans les Echelles du Levant et de Barbarie. Nous sommes donc autorisés à soutenir que notre opi-

nion est bien fondée en droit ; ajoutons qu'elle est sanctionnée par une pratique constante. Pour l'établir, je cite par ordre de date quelques arrêts de la Cour impériale d'Aix.

Arrêt du 29 janvier 1823, statuant sur appel d'un jugement consulaire de Smyrne, qui fixait la valeur de loyers dus à une dame Sarti par un sieur Cros, à la suite de la réintégration de ladite dame Cros dans la propriété et jouissance d'une maison sise à Smyrne.

Arrêt du 17 avril 1832, Marcenaro et Pérasso qui, par confirmation d'un jugement du tribunal consulaire de Tunis, déclare que la qualité de facteur de commerce attaché à une maison française dans les Echelles du Levant, fait sortir celui qui en jouit de la catégorie où se trouve l'étranger relativement à l'adoption, et rend cette adoption valable quels que soient les traités qui existent entre la France et la nation à laquelle appartient ce facteur.

Le 6 août 1838, un mariage est célébré entre un Français et une Française au Caire, par un prêtre du couvent de Terre Sainte, sans publication ni consentement des parents. Quelques mois après ce mariage l'épouse forme une demande en nullité. Quel tribunal investit-elle ? Le tribunal consulaire du Caire, et soit devant ce tribunal, soit devant la cour d'Aix qui statue chambres réunies, le 19 octobre 1846, jamais on n'a excipé de l'incompétence du consul qui aurait dû être proclamée d'office par les juges si elle eût été fondée, puisque c'eût été une incompétence *ratione materiæ*.

L'arrêt du 3 mai 1845, Montaut c. Artus, porte : « Attendu que dans les Echelles la juridiction des consuls est à la fois civile et commerciale, elle réunit les attributions des tribunaux civils et des tribunaux de commerce. »

Dans l'affaire Rossi contre Bousquet Deschamps, il s'agissait de difficultés à raison de la gestion des biens de mineurs; on voulut se prévaloir de l'incompétence du consul de Smyrne ; cela donna l'occasion à la cour d'Aix de décider, par son arrêt du 13 janvier 1848, que l'article 1er de notre édit soumet à la juridiction des consuls dans le Levant toutes les contestations qui s'élèvent entre Français , négociants , navigateurs et autres dans leurs consulats, et que cette règle étant générale, il n'y avait aucune exception à y apporter à cause de la nature du litige.

Dans l'affaire Charkasli contre Vincent et Germani frères, jugée par arrêt du 15 mai 1850, confirmatif du jugement du tribunal consulaire d'Alep , la compétence n'a pas été contestée, bien que le procès présentât à juger une question de privilége sur des immeubles.

Enfin, plus récemment encore et par arrêt du 11 juin 1857, la Cour, à l'encontre de Zizinia, consul de Belgique, mais sujet Français, décidait que l'action intentée contre le vendeur d'un immeuble par l'acquéreur pour se faire remettre les titres de propriété et pour obtenir du vendeur certaines déclarations exigées par la loi, lorsqu'elle est intentée à l'encontre d'un Français, doit être portée devant les tribunaux consulaires français. Notre opinion, fondée sur la loi , est donc conforme à la pratique et à la jurisprudence.

Compétence des consuls au point de vue de la résidence des justiciables. — La compétence des consuls s'applique aux contestations qui s'élèvent entre Français résidant dans l'étendue de leurs consulats. Quand il s'agit d'opérations de commerce, faites dans les Echelles, entraînant des obligations dont l'exécution doit avoir lieu dans la localité , les contestations devront toujours être portées devant le consul, parce que c'est dans son ressort que l'engagement a été pris et qu'il doit sortir à effet , et la compétence du

consul résulte de la force des choses ; elle a sa base légale au besoin dans l'article 420 du Code de procédure civile. Mais s'il s'agissait de citer devant le consul à raison d'une question de droit civil, il faudrait pour déterminer cette compétence que le défendeur eût une résidence sérieuse et réelle dans l'Echelle, c'est-à-dire que cette résidence fût le résultat d'un établissement qu'il y aurait fondé et qui l'y retiendrait, et il ne saurait suffire d'un passage momentané de la part d'un Français dans une Echelle pour lui faire perdre son domicile en France et le soumettre, pour toutes les contestations qui peuvent être dirigées contre lui, à la juridiction consulaire. Si le Français a quitté son domicile d'origine, s'il s'est établi dans les Echelles, s'il y a son principal établissement, quel que soit le lieu qu'habite le demandeur, et quelle que soit la nature de la contestation, ce sera, suivant nous, devant le tribunal consulaire, seul tribunal du domicile du défendeur, qu'il faudra l'actionner. C'est l'application littérale et forcée de nos lois de procédure. MM. Dalloz, v° Consul, n° 79, et Caumont, v° Consul, n° 37, sont d'un avis contraire ; la compétence attribuée aux consuls, en matière civile, n'a lieu, suivant eux, qu'autant que le demandeur et le défendeur se trouvent l'un et l'autre dans le pays où réside le consul. M. Dalloz appuie son opinion sur un arrêt de la Cour de Paris du 14 décembre 1840. Cet arrêt semble formel. On y lit un considérant ainsi conçu :
« Les consuls à l'étranger ne sont compétents et n'ont pou-
« voir de prononcer comme juges que sur les contestations
« qui s'élèvent entre Français négociants ou gens de mer
« qui se trouvent dans l'étendue de leur juridiction. Il faut
« que le demandeur et le défendeur se trouvent l'un et l'au-
« tre dans le pays où le consul exerce ses fonctions, pour
« que la contestation puisse lui être soumise. » Il faut tou-

tefois faire observer : 1° qu'il s'agissait dans l'espèce de contestations à raison d'opérations de commerce faites de compte à demi entre un négociant de Paris et un négociant de Mexico, ville située en pays de chrétienté. 2° Que le négociant de Mexico, au moment où il avait été cité à Paris, s'y trouvait présent. 3° Qu'il était cité en payement de sommes *payables* à Paris. Or, comme le dit la Cour dans les motifs de l'arrêt, aux termes de l'article 420 du Code de procédure, cette dernière circonstance à elle seule déterminait la compétence du tribunal de Paris. Malgré cela le tribunal avait admis le déclinatoire et s'était déclaré incompétent. La Cour réforma, et, suivant nous, avec raison. Est-ce à dire qu'il en eût été de même si le défendeur eût résidé dans les Echelles du Levant ? La discussion qui a précédé l'arrêt, et notamment les observations présentées par M. l'avocat général Delapalme, m'autorisent à en douter. C'est en effet surtout en s'appuyant sur l'incompétence du consul de Mexico qu'on a voulu faire ressortir la compétence du tribunal de Paris, et cette incompétence on la fondait précisément sur ce que les consuls établis en pays de chrétienté n'ont point pour le jugement des affaires civiles les pouvoirs étendus que les capitulations leur ont donnés dans le Levant, de sorte que l'on prouvait l'incompétence du tribunal de Mexico en soutenant en quelque sorte qu'une pareille compétence n'appartiendrait qu'aux consuls placés dans les pays hors chrétienté. On voit dès lors que l'arrêt de 1840 n'est pas aussi défavorable à notre cause qu'il le paraîtrait, et nous persistons à croire, par application des règles générales de compétence, que lorsqu'un Français, domicilié en France, aura une contestation de quelque nature qu'elle soit avec un Français établi dans les Echelles, il devra le citer devant le juge du domicile de ce dernier, c'est-à-dire devant le tribunal consulaire de l'Echelle, auquel les traités internationaux, aussi bien que nos lois, assurent un pouvoir judiciaire complet et égal à ceux de nos tribunaux de première instance fonctionnant sur le sol français.

C'est la règle qui est généralement pratiquée, et j'ai vu bien des actions intentées par des négociants de Paris et de Marseille, qui, après avoir été portées devant les consulats du Levant, sont arrivées ensuite devant la Cour par suite de l'appel de l'une des parties. Si le demandeur réside dans une Echelle autre que celle où réside le défendeur, c'est le consul qui siége dans l'Echelle du défendeur qui devra connaître de la contestation.

Contestations entre Français et autres Européens établis dans les Echelles. — La juridiction contentieuse des consuls français ne s'étend qu'aux différends nés entre Français ou protégés français. Cette règle a été appliquée par la Cour d'Aix dans son arrêt du 21 juin 1856, sur appel d'une ordonnance du consul du Caire, du 28 juillet 1855, dans l'affaire Tedeschi, protégé français, contre Kohn, prussien, où je lis : « Considérant que la juridiction contentieuse des consuls de France ne s'étend pas au delà des différends entre Français, qu'ils ne peuvent sans excès de pouvoir statuer sur les contestations des Français avec des étrangers ; considérant qu'il résulte de ce principe constant et reconnu, que la demande de Tedeschi, protégé français, contre Bernard Kohn, protégé prussien, n'a pu être régulièrement portée devant un consul de France, et dès lors que l'ordonnance du consul de France, en date du 28 juillet dernier, a été incompétemment rendue entre les parties. »

Les difficultés naissant en matière civile et commerciale entre étrangers de nationalités différentes résidant sur le territoire ottoman, devaient être portées devant des tribunaux mixtes. Depuis 1820, à la suite d'une convention verbale conclue entre les légations de France, d'Angleterre, de Russie et d'Autriche, convention à laquelle les autres légations ont tacitement adhéré, des commissions mixtes ont remplacé ces tribunaux.

Cette convention porte : 1° les anciens tribunaux mixtes qui étaient chargés de juger les contestations entre étrangers de nationalité différente, sont remplacés par des commissions judiciaires mixtes dont la procédure aura pour base cette maxime de l'ancien Droit romain : *Actor sequitur forum rei*, maxime admise par la législation de toutes les puissances chrétiennes.

2° La légation du pays auquel le défendeur appartiendra, aura seule, désormais, le droit de convoquer et de réunir la commission appelée à juger les contestations de la nature indiquée ci-dessus.

3° Cette commission sera composée de trois juges commissaires qui seront choisis et nommés, savoir : deux par la légation du défendeur et le troisième par la légation du demandeur.

4° Elle prononcera, en premier ressort, sur les contestations en matière civile et commerciale qui seront portées devant elle, et les juges commissaires rendront leur sentence à la pluralité des voix.

4° La sentence ainsi rendue sera homologuée, toujours en vertu du même principe, par le tribunal de la légation du défendeur, qui sera chargé de pourvoir à son exécution.

6° Enfin, en cas d'appel formé soit par le demandeur, soit par le défendeur, cet appel sera porté devant le tribunal compétent pour connaître en dernier ressort des sentences rendues par les juges consulaires de l'appelant. (MM. de Clercq et de Vallat, *Guide pratique des consulats*, Dalloz, *Répertoire*, v° Consul, n° 50.

Il résulte de ces conventions que, par exemple, si un Hellène, porteur d'une lettre de change souscrite par un Français, actionne ce Français en payement devant une commission mixte composée de deux Français et d'un Hellène, il ne pourra, devant cette commission, demander condamnation à l'encontre d'un endosseur Hellène comme lui. La commission mixte devra juger la demande en ce qui concerne le Français, se déclarer pour le surplus incompétente ; c'est ce qui a été jugé plusieurs fois et notamment par la commission mixte de Constantinople dans l'affaire Bonnafous contre Reginopulo; lors de l'appel jugé le 24 mai 1858, par la Cour d'Aix, aucune partie ne soutint le mal jugé de cette partie de la sentence.

Différends entre Français et sujets ottomans. — Les différends qui s'élèvent entre les Français et les sujets ottomans, à raison d'opérations de commerce, sont jugés dans les principales Echelles par le chef de la douane assisté de plusieurs assesseurs choisis parmi les notables négociants, musulmans, rayas et francs. La Porte avait vainement essayé dans le temps à diverses reprises de les soumettre à des juges exclusivement musulmans. Ainsi, à Constantinople, elle avait créé un tribunal chargé de vider les discussions entre sujets ottomans et les Européens, en éliminant les assesseurs européens habituellement désignés par le gouvernement turc, elle ne voulait admettre que l'intervention des interprètes de l'ambassade. Les ambassadeurs résistèrent et la Porte dut renoncer à son projet. Des assesseurs européens, désignés par les légations, continuèrent à prendre part aux travaux du tribunal présidé par le chef des douanes. Dans les Echelles, les diverses contestations sont portées tantôt devant ce tribunal, soit à la douane, tantôt à l'amirauté, tantôt devant le Pacha, tantôt même devant le Cadi, toujours en présence de l'interprête de la légation. D'après les traités, tout procès dont l'objet dépasse 4000 aspres, peut être porté au Divan à Constantinople ; mais c'est là un privilége dont on use rarement. Les tribunaux mixtes fonctionnent dans la plupart des Echelles, présidés par des fonctionnaires ottomans, ils sont composés de sujets de la Porte et de négociants étrangers choisis par les légations et appelés à prendre successivement part à leurs travaux. Le hatti-schérif de 1856 ne peut que donner une consécration nouvelle à ces tribunaux et assurer pour toujours la présence des Européens dans les commissions judiciaires chargées de décider sur les difficultés qui peuvent naître entre eux et les Turcs. En effet, cet acte destiné aux sujets de l'Empire, porte :

« Toutes les affaires commerciales, correctionnelles et criminelles, entre des Musulmans et des sujets chrétiens ou d'autres rites non musulmans ou des chrétiens ou autres rites différents, seront déférées à des tribunaux mixtes. L'audience de ces tribunaux sera publique. Les parties seront mises en présence ; elles produiront leurs témoins, dont les dépositions seront reçues indistinctement sous un serment prêté selon la religion de chaque culte. Les procès ayant trait aux affaires civiles continueront d'être jugés publiquement d'après les lois et règlements pardevant les conseils mixtes des provinces en présence du gouverneur et du juge du lieu.

« Les procès civils spéciaux, comme ceux de successions et autres de ce genre, entre les sujets d'un même rite chrétien ou autre non musulman, pourront, à leur demande, être renvoyés pardevant les conseils des patriarches et communautés.

« Les lois pénales, correctionnelles et commerciales et les règles de procédure à appliquer dans les tribunaux mixtes seront complétées le plus tôt possible et codifiées. Il en sera publié des traductions, dans toutes les langues en usage dans mon empire. »

2. Faisons très expresses inhibitions et défenses à nos sujets voyageant, soit par terre soit par mer, ou faisant le commerce en pays étrangers, d'y traduire, pour quelque cause que ce puisse être, nos autres sujets devant les juges ou autres officiers des puissances étrangères, à peine de 1500 livres d'amende, au paiement de laquelle les contrevenans seront condamnés et contraints par corps, à la diligence de nos procureurs-généraux de nos cours de parlement, où ressortiront les appels des sentences des consuls devant lesquels lesdits contrevenans eussent dû former leur demande ou porter leurs plaintes ; et en cas d'exécution faite contre aucun Français, en vertu de jugements ou d'ordonnances émanés d'une autorité étrangère, seront, en outre, ceux de nos sujets qui les auront obtenus, condamnés aussi par corps aux dépens, dommages et intérêts des parties qui en auront souffert en quelque manière que soit.

Conférence. — Ordonnances des 28 février 1687, 24 mai 1728, 4 janvier 1713, et 24 mai 1728, art. 31.

L'article 2 de l'édit de 1778 est encore en vigueur.— Les auteurs reproduisent généralement la défense faite par l'édit de 1778, aux Français fesant le commerce dans le Levant, d'y traduire leurs compatriotes devant les juges étrangers, à peine d'amende, et ils considèrent cette défense et la pénalité qui la sanctionne comme étant encore en vigueur. Ce n'est qu'en pays de chrétienté, où le pouvoir de juridiction des consuls sur leurs nationaux est très-restreinte ou méconnue, que l'application de notre article est sérieusement et justement contestée; partout au contraire où, comme dans le Levant, les traités diplomatiques ont reconnu et sanctionné cette juridiction, nos lois ont pu et dû forcer les Français à s'y soumettre. L'instruction générale du 8 août 1814 recommande expressément aux consuls de faire connaître au ministre des affaires étrangères ceux qui, en recourant aux tribunaux du pays, dans le cas où ils ne sont pas autorisés à le faire, se rendraient coupables de désobéissance et passibles de peines prononcées pour ce cas, par l'article 2 de l'édit de 1778, qui dit : L'instruction recevra à cet égard sa pleine et entière exécution.

Arbitrages.— Cette obligation n'empêche point les Français de recourir, dans les Echelles, à des arbitres volontaires, pour le jugement des contestations qui peuvent surgir entr'eux, sauf à recourir ensuite à l'exéquatur du consul pour assurer l'exécution de la sentence arbitrale. Les consuls peuvent être choisis eux-mêmes pour arbitres, comme amiables compositeurs, ayant droit de statuer sans formalités de justice ; dans ce cas, si leurs sentences doivent recevoir exécution en France, ils peuvent en délivrer des expéditions auxquelles ils ajouteront le mandement d'exécution prescrit pour les jugements rendus en France par l'article 146 du Code de procédure civile (Instruction du ministre des affaires étrangères du 29 novembre 1833). Avant la loi qui abolit l'arbitrage forcé en matière de société, c'était forcément à des arbitres que devaient être soumises, dans le Levant, les difficultés entre associés, et c'est ce qui se pratiquait en effet.

Dans le cas d'arbitrage forcé, on soutenait et les tribunaux jugeaient que les arbitres devaient être choisis exclusivement parmi des Français. (Pardessus, Massé, Chauveau, etc, Paris, 3 mars 1828, et l'arrêt solennel de la Cour de cassation du 15 mai 1838). Lorsqu'il s'agit d'arbitrage volontaire, on peut choisir des étrangers; cette solution n'est pas admise sans difficultés, toutefois elle est généralement professée : c'est l'avis notamment de Merlin, *Questions*, v° Arbitre § 14, art. 3 ; Carré, *Question* 3260 ; Boucher, p. 115; Guichard, *Droits civ.*, p. 56; Mongalvy, n° 118 ; Coin Delisle, *Com. du Code civ.*, p. 34, n° 8 ; Pardessus, n° 1389; Vatismenil, n° 173 ; Boitard, t. 2, p. 459; Malpeyre et Jourdain, p. 386; Bourbeau, p. 504 ; de Villeneuve et Gilbert, *Jurisprudence* du XIXme siècle, v° *Arbitrage*, n°s 140 et suiv.

Recours aux tribunaux français.— Nous avons dit que toutes demandes sans distinction dirigées contre des Français résidants dans les Echelles doivent être portées devant les consuls de cette résidence. Dès lors, si un Français résidant dans les Echelles était actionné en France devant un tribunal français, il pourrait décliner la compétence de ce tribunal. Mais si le demandeur et le défendeur acceptaient cette compétence, il n'y aurait pas de leur part contravention à notre article, en ce sens qu'ils ne pourraient être passibles d'amende. Notre article fait défense aux Français, en pays étrangers, d'y traduire des Français devant les juges ou autres officiers des puissances étrangères, à peine d'amende; mais il ne s'oppose pas à ce que les Français, d'un commun accord, investissent des arbitres ou les tribunaux ordinaires de France du jugement de leurs contestations. Toutes les garanties que la loi a voulu assurer aux Français existent dans ce cas, aussi bien que le respect dû à notre juridiction nationale.

Recours aux autorités étrangères pour obtenir l'exécution d'un titre. — La défense édictée par notre article ne va pas jusqu'à empêcher un Français, porteur d'un titre ou d'un jugement, de s'adresser aux juges étrangers ou autres officiers publics pour obtenir l'exécution de ce titre, lorsque cela est nécessaire sur leur territoire. S'il était besoin d'appuyer une proposition si juste, je citerais l'arrêt de Bordeaux suivi d'un arrêt de rejet du 11 décembre 1809 (Bouchereau contre Leguen) dans lequel la question est résolue comme je l'indique.

Délégation des juges étrangers pour recevoir une enquête. — On a également jugé que les tribunaux français peuvent, en ordonnant une enquête qui doit avoir lieu en pays étranger, déléguer, pour y procéder, les juges de ce pays ; ils ne sont pas obligés de renvoyer à cet effet devant le consul français. Voici sur quels motifs se fonde l'arrêt de rejet de la Chambre des requêtes du 18 août 1836 (Tête et Hargons, négociants à la Vera-Crux, Mexique, contre Germain et Ce, négociants à Montpellier) : Attendu que si les consuls de France, en pays étranger, ont le droit de procéder aux enquêtes dans les affaires de leur juridiction, aucune loi n'impose aux cours ni aux autres tribunaux français, le devoir de les déléguer pour les enquêtes que ces tribunaux ordonnent dans l'exercice de leur propre juridiction, et qui, devant être faites en pays étranger, nécessiteraient le plus souvent l'audition de témoins qui ne seraient pas sujets français, et pour lesquels le consul de France lui-même pourrait être forcé de recourir à d'autres autorités ; qu'ainsi, en ordonnant que l'enquête et la contr'enquête seraient faites devant le chef de l'autorité judiciaire supérieure de la Vera-Crux, et, en cas d'empêchement, devant son dévolutaire, commis à cet effet par l'arrêt, la Cour de Montpellier n'a commis aucun excès de pouvoir et n'a fait qu'user du droit de délégation qui résulte des articles 255 et 1035 du Code de procédure civile.

Dans les Echelles du Levant le choix du consul, s'il n'est pas rigoureusement obligatoire, devra être préféré à tous les points de vue au choix d'un juge local et territorial.

3. Ordonnons à nos consuls de constater les contraventions mentionnées en l'article précédent, par des procès-verbaux ou informations auxquels il sera procédé en présence des contrevenans ou iceux dûment appelés, et d'adresser lesdits procès-verbaux et informations au secrétaire-d'Etat ayant le département de la marine, (aujourd'hui des affaires étrangères) qui les fera passer à nos procureurs-généraux, chacun dans leur ressort.

4. Les amendes qui seront prononcées pour raison desdites contraventions, seront applicables, savoir: pour les Echelles du Levant et de Barbarie, à la chambre de commerce de Marseille; et pour les autres consulats, aux chambres de commerce les plus proches des endroits où les contraventions auront été commises.

Voyez les observations qui accompagnent l'article 2.

5. Indépendamment des peines prononcées par les trois articles précédens, il nous sera rendu compte, par le secrétaire-d'Etat ayant le département de la marine, (affaires étrangères) des actes d'insubordination et de désobéissance qui seront commis contre l'autorité que

nous avons confiée à nos consuls, et qui pourraient troubler la tranquillité et le commerce de nos sujets dans les pays étrangers, aux fins d'être par nous pourvu avec toute la célérité possible.

Voyez *infrà* les articles 82 et 83.

Dans le cas où les consuls ne peuvent exercer les fonctions de police qui leur sont conférées par l'édit de 1778 et par l'ordonnance de 1781, ils doivent suppler à cette action par des avertissements, et s'ils n'en obtiennent pas l'effet désiré, il sera rendu compte au ministre secrétaire d'Etat des affaires étrangères. (Instruction du 8 août 1814).

6. Nos consuls se feront assister, pour rendre toutes sentences définitives en matière civile, de deux de nos sujets choisis parmi les plus notables qui se trouveront dans les consulats, et auxquels nous attribuons voix délibérative ; à l'effet de quoi lesdits notables prêteront au préalable, devant les consuls, le serment en tel cas requis, sans néanmoins qu'il soit nécessaire de réitérer le serment une fois prêté, lorsque les mêmes notables continueront à être adjoints aux consuls pour rendre la justice.

Conférence. — Ordonnance d'août 1681, liv. 1, tit. 9, art. 13 ; déclaration du Roi du 25 mai 1722 ; loi 28 mai 1836, art. 37 ; voyez *infrà* en ce qui concerne la composition du tribunal consulaire à Constantinople, les notes qui accompagnent l'article 38 de l'édit de juin 1778. L'obligation pour les consuls de s'adjoindre des assesseurs lorsqu'ils statuent en matière contentieuse, est très-ancienne ; elle remonte à l'établissement des premiers consulats dans le Levant. Les statuts de Marseille, au titre *De Consulibus extrà Massiliam constituendis*, défendent aux consuls de prononcer aucun jugement sans l'avis de leurs conseillers.

7. Pourra néanmoins le consul, ou l'officier qui le représentera, rendre seul toute sentence dans les Echelles où il sera impossible de se procurer des notables de la nation ; et il sera toujours fait mention de cette impossibilité dans les sentences.

8. Celui des officiers du consulat commis à la chancellerie remplira, sous la foi du serment qu'il aura prêté, les fonctions de greffier, tant en matière civile qu'en matière criminelle, ainsi que celles de notaire ; il donnera en outre toutes les assignations, et fera en personne toutes les significations, pour suppléer au défaut d'huissier.

Conférence. — Ordonnance de la marine de 1681, liv. 1, tit. 9, art. 16 ; édit du Roi du 30 juillet 1720 ; ordonnance du 3 mars 1781, article 111 ; ordonnance du 5 juillet 1842.

Nomination des chanceliers ; serment. — Les règles relatives à la nomination des chanceliers se trouvent dans les ordonnances des 20 août 1833 et 26 avril 1845 combinés.

Il sera placé des chanceliers nommés et brevetés par nous dans les postes consulaires où nous le jugerons utile. (Ord. de 1833, art. 16).

Des chanceliers seront également placés, quand l'intérêt du service l'exigera, près de nos missions diplomatiques qui réunissent à leurs attributions celles du consulat général. Nous nous réservons, lorsqu'il y aura lieu, de conférer à ces derniers, par des brevets signés de nous, le titre honorifique de consuls de seconde classe. (Ord. de 1833, art. 17).

Les officiers désignés dans les deux articles précédents devront être Français et âgés de vingt-cinq ans accomplis ; ils ne pourront être parents du chef de la mission diplomatique ou du consul sous lequel ils sont placés jusqu'au degré de cousin germain exclusivement. (Ord. de 1833, art. 18).

Dans nos consulats du Levant les fonctions de chancelier sont confiées de préférence au drogman de l'échelle, sans toutefois que le service de chancelier le dispense de celui de drogman. (Ord. de 1846, art. 6, reproduisant l'article de l'ordonnance de 1781).

Dans les postes consulaires où il n'aura pas été pourvu par nous à la nomination d'un chancelier, le titulaire du poste est autorisé à commettre à l'exercice de sa chancellerie, sous sa responsabilité, la personne qu'il en jugera le plus capable, à la charge par lui de la faire agréer par notre ministre des affaires étrangères. (Ord. de 1833, art. 20).

Les chanceliers prêteront, entre les mains de leur chef, le serment de remplir avec fidélité les obligations de leur emploi (Ord. de 1833, art. 21). Les décrets récents les soumettent en outre à l'obligation de prêter le serment politique (voy. d'ailleurs dans ce sens la circulaire du 15 juillet 1836, n° 6, sur l'exécution de la loi du 28 mai 1836). Le même serment est exigé du Français qui est appelé à suppléer le chancelier (même circulaire).

Sont admis à concourir aux postes consulaires, dans la proportion ci-après déterminée, savoir : ...... aux consulats de seconde classe..... ; 4° les chanceliers de nos ambassades et de nos légations, après huit ans d'exercice dans leurs fonctions, soit dans une mission diplomatique, soit dans un consulat général ou de première classe, dont quatre ans au moins en vertu d'un brevet impérial ; 5° les chanceliers de nos consulats généraux et de nos consulats de première classe qui justifieront de dix ans d'exercice, dont cinq ans au moins en vertu d'un brevet impérial, pourvu qu'ils aient, en outre, en cette qualité, géré pendant douze mois au moins un poste consulaire....... Les fonctionnaires dénommés en l'article précédent (commis principaux de l'administration centrale, attachés d'ambassade et de légation, agents consulaires, chanceliers, drogmans), ne peuvent concourir que pour les deux cinquièmes au plus des postes vacants dans la carrière consulaire...... (Ord. de 1846, art. 4 et 5).

En ce qui concerne le chancelier à Constantinople, voyez l'ordonnance de juillet 1842, et l'un des paragraphes suivants, à la suite de l'article 38.

Fonctions des chanceliers: — Les chanceliers sont des fonctionnaires publics établis près les missions diplomatiques et les consulats, qui réunissent à la fois les fonctions de secrétaire, de greffier, de notaire, d'huissier et de caissier. Notre article leur confère textuellement les fonctions de greffier, d'huissier et de notaire. Le droit qu'ont les chanceliers de remplir les fonctions de notaire dans l'arrondissement du consulat auquel ils sont attachés, est en outre fondé sur les articles 20, 24 et 25 de l'ordonnance de la marine de 1681, et sur les ordonnances du 24 mai 1728 et 1781. Les lois nouvelles n'ont porté aucune atteinte aux droits que l'ancienne législation conférait aux chanceliers pour la rédaction des actes et contrats. Toutefois, les anciennes ordonnances ne contenant qu'un très-petit nombre de dispositions relatives à la forme des actes et contrats qu'ils sont appelés à recevoir, une instruction spéciale du ministre des affaires étrangères, du 30 novembre 1833, a tracé des règles fixes et uniformes ; ces règles ont été empruntées, autant que le permettent les spécialités de leur service, à la loi du 25 ventôse an VI (16 mars 1803), qui régit les notaires en France.

Les instructions du 30 novembre 1833 réservaient la question de savoir si en présence de l'article 999 les chanceliers pouvaient continuer à recevoir les testaments des Français sous la forme solennelle ; elles se bornaient à autoriser les Français à déposer leurs testaments olographes à la chancellerie du consulat pour en assurer la conservation. La circulaire du 22 mars 1834 trancha la question ; on fit rentrer ces agents à cet égard en possession du droit qui leur avait été conféré par l'ordonnance de 1681. Toutefois cette instruction recommanda la stricte observation des formes prescrites par l'article 24, titre 1er, livre 1er de l'ordonnance de 1681, c'est-à-dire la présence du chef de mission ou consul, assisté de deux témoins qui doivent signer avec lui et le chancelier; la circulaire du 30 avril 1851, en rappelant cette décision, invite les consuls à veiller à l'accomplissement de ces formalités trop souvent négligées.

Tarif. — Les divers actes de chancelleries donnent lieu à la perception de droits que nous ferons connaître dans un paragraphe particulier, sous la rubrique de *Tarif des frais en matière civile et criminelle.*

Remplacement du chancelier. — Si le chancelier est empêché, comme, par exemple, si l'action est intentée contre lui, le consul lui substitue une personne qui en exerce les fonctions, comme on le ferait en France en cas d'empêchement d'un greffier et de ses commis assermentés. Les congés sont accordés aux chanceliers par le ministre des affaires étrangères sur la proposition de leurs chefs hiérarchiques. (Décret du 31 juillet 1855).

Remplacement du chancelier à Constantinople. — A Constantinople, les fonctions judiciaires étant remplies par le chancelier de l'ambassade, les fonctions de greffier en matières civile et criminelle et celles d'huissier, attribuées par notre article à celui des officiers du consulat commis à la chancellerie, sont remplies par un chancelier substitué, désigné à cet effet par l'ambassadeur parmi les drogmans de l'ambassade. (Ord. 5 juillet 1842, art. 3).

Conservation des archives. — Les chanceliers doivent apporter le plus grand soin à la conservation des actes du consulat. Les chancelleries consulaires, dit l'instruction du 8 août 1814, sont de véritables greffes; tous les actes doivent y être scrupuleusement conservés. Une ordonnance spéciale, du 18 août 1833, a indiqué les règles à suivre pour assurer cette conservation.

Expéditions. — Ce sont les chanceliers qui sont spécialement chargés de la délivrance des copies, expéditions et grosses des actes faits ou déposés en chancellerie, et notamment des jugements rendus par les tribunaux consulaires. L'instruction du 30 novembre 1833 a spécialement réglé ce qui concerne les expéditions et grosses des actes reçus par les chanceliers comme notaires; ces règles sont applicables aux expéditions des jugements, sauf les modifications que la nature diverse de ces actes doit forcément apporter dans l'application de ces règles.

Comptabilité des chancelleries. — Diverses ordonnances ou instructions ont règlementé ce qui concerne le service de la comptabilité dans les chancelleries; c'est là une branche importante de ce service, surtout au point de vue administratif; comme au point de vue judiciaire, au contraire, cette comptabilité ne présente que point ou fort peu d'intérêt, je me borne à renvoyer à l'indication de ces documents, que l'on trouvera dans la liste chronologique des actes officiels concernant les consulats.

Dépôts dans les chancelleries. — Voyez le paragraphe spécial consacré à cette matière *infrà*, § 3 de cette seconde partie.

Vente de l'emploi de chancelier. — La vente d'un emploi public étant nulle comme contraire à l'ordre public et prohibée par la loi, on a jugé que la vente d'une place de chancelier n'était pas valable quelques rapports que cette position pût avoir à divers points de vue avec celle de greffier. Toutefois le jugement de la 5e chambre du tribunal de la Seine, qui a proclamé ce principe, a décidé que les payements faits volontairement sur le prix d'une pareille vente ne pouvaient pas être répétés.

9. Lorsqu'il s'agira de former quelques demandes ou de porter quelque plainte devant le consul, la partie présentera elle-même sa requête; et en cas qu'elle ne le puisse faire, il lui sera loisible d'y suppléer par procureur légalement fondé, ou en faisant à la chancellerie du consulat, sur l'objet dont il sera question, une déclaration circonstanciée, dont il lui sera délivré expédition, qui sera présentée au consul pour tenir lieu de ladite requête.

10. Sur ladite requête ou déclaration en matière civile, le consul ordonnera que les parties comparaîtront en personne, aux lieu, jour et heure qu'il jugera à

propos d'indiquer, suivant la distance des lieux et les circonstances ; l'autorisant même à ordonner que les parties comparaîtront d'heure à autre, dans les cas qui lui paraîtront requérir beaucoup de célérité ; ce qui sera exécuté, dans tous les cas, nonobstant opposition ou appellation quelconque.

Conférence. — Code procédure civile, articles 72, 417 (en ce qui concerne la citation à bref délai).

Procureur fondé. — L'article 9 donne lieu à cette remarque essentielle que la maxime : Nul en France ne plaide par procureur, n'est pas admise dans le Levant où notre édit autorise les parties à se faire représenter par procureur légalement fondé. L'article 15 renouvelle cette faculté.

11. Ladite requête ou déclaration sera signifiée par l'officier qui remplira les fonctions de chancelier, avec les pièces au soutien de la demande ; et si elles sont trop longues, la partie pourra les déposer à la chancellerie, où il en sera donné communication au défendeur, sans déplacer.

Conférence. — Code procédure civile, articles 61, 65, 66.

12. Cette signification sera faite en parlant à la personne du défendeur ou à son domicile, s'il en a un connu dans le consulat, et par des affiches dans la chancellerie du consulat, à ceux qui n'auront pas de domicile, qui se seront absentés ou ne pourront être rencontrés ; il sera fait mention, dans l'original et dans la copie, du nom du défendeur, de la personne à laquelle

la signification aura été laissée, ou de l'affiche qui en aura été faite; il sera donné assignation au défendeur à comparaître devant le consul aux jour, lieu et heures indiqués par son ordonnance; l'original et la copie seront signés de l'officier faisant fonctions de chancelier : le tout à peine de nullité, et sans qu'il soit besoin d'observer d'autres formalités.

Conférence. — Code de procédure civile, art. 68 et 69.

13. Les navigateurs et les passagers qui n'auront d'autre demeure que les navires, y seront assignés dans la forme prescrite par l'article précédent.

Conférence. — Code de procédure civile, art. 419.

14. Les parties seront tenues de se présenter en personne devant le consul, dans le lieu et au jour et heure indiqués par son ordonnance.

15. Pourront néanmoins les parties, en cas de maladie, d'absence ou autres empêchemens, envoyer au consul des mémoires signés d'elles, qui contiendront leurs demandes et défenses, et auxquels elles joindront respectivement leurs pièces, si mieux n'aiment lesdites parties se faire représenter par des fondés de pouvoirs, ou déclarations *ad hoc* et par écrit, lesquels mémoires ou pouvoirs et déclarations seront déposés à la chancellerie.

Conférence. — Code de procédure civile, art. 9, 421.
Sur le droit de se faire représenter par un procureur fondé, voyez *suprà* art. 9.

16. Il sera, sur lesdites comparutions, ou sur les mémoires, pièces ou déclarations envoyés, rendu sur-le-champ par le consul, assisté de deux notables, une sentence définitive, si la cause leur paraît suffisamment instruite.

Rédaction des jugements. — Les consuls doivent veiller à ce que les jugements contiennent les noms des juges, les noms, professions, demeures et nationalités des parties, leurs conclusions, l'exposition sommaire des points de fait et de droit, les motifs et le dispositif des jugements, la date du jugement (Voyez art. 141 du Code de procédure civile).

Date du jugement. — Nous venons de dire que la sentence consulaire devra être datée, bien que l'article 141 du Code de procédure ni aucun autre article de l'édit ne le prescrivent formellement; cela est de pratique constante et doit éviter des difficultés : il est donc utile de le faire sans que l'omission de cette formalité doive fatalement entraîner la nullité de la sentence, comme l'a jugé la Cour d'Aix, le 24 mai 1858, dans l'affaire Reginapulo contre Bonnafons, par le motif suivant : « Attendu que l'article 141 du Code de procédure civile sur la rédaction des jugements ni aucun autre n'exigent qu'ils soient datés, à la différence de ce que prescrivait l'ordonnance de 1667, qui renfermait à cet égard dans l'article 8, titre 26, une disposition formelle; que de ce silence on a généralement conclu que l'absence de la date n'emporte pas nullité du jugement; que cette solution est admise par la doctrine et la jurisprudence et a été appliquée notamment, par l'arrêt de rejet du 21 janvier 1840, aux sentences arbitrales, pourvu qu'il soit constaté que les arbitres n'ont pas jugé après le délai fixé par la loi ou par les parties.

« Que cette solution doit être appliquée avec plus de raison encore aux sentences des commissions mixtes qui ne sont pas obligées de statuer dans un délai déterminé et dont les décisions ne sont qu'une lettre morte, tant qu'elles n'ont pas été rendues exécutoires par le consul ; que la date donnée à l'ordonnance du consul donnant vie et force à ces sentences peut donc suppléer au défaut de date des sentences elles-mêmes. »

Délibération. — Les sentences doivent être délibérées par les trois juges, qui doivent assister à tous les débats. Mais si, s'agissant de la décision d'une commission mixte, au moment de la signature et alors que deux des juges signeraient le jugement attestant que les trois ont assisté aux débats et à la délibération, le troisième faisait précéder sa signature d'une mention qui pourrait être contraire aux énonciations du jugement en ce qui concerne la délibération, cette protestation rapprochée des énonciations du jugement ne devrait être considérée que comme l'indication d'une dissidence d'opinion qui n'annullerait pas la sentence. (Aix, 24 mai 1858, Reginopulo c. Bonnafons).

Publicité des audiences. — « Attendu que l'édit de juin 1678 encore en vigueur, en ce qui concerne les fonctions judiciaires des consuls en matière civile, n'oblige pas les consuls à juger en audience publique. Attendu que l'article 52 de la loi du 28 mai 1836 n'a autorisé les Français immatriculés à assister aux audiences des consuls qu'en matière correctionnelle et de police, cette loi relative à la poursuite et au jugement des contraventions, délits et crimes commis par les Français, dans les Echelles du Levant et de Barbarie, ayant formellement maintenu les dispositions de l'édit de 1778 relatives à la procédure civile. Attendu que cette disposition nouvelle sur la publicité relative des audiences consulaires en matière criminelle, dérogeant aux anciens règlements, qui ne figurait pas dans le projet, qui avait été repoussée par le gouvernement et qui n'a été admise qu'avec difficulté dans les dernières séances où la loi a été discutée, ne saurait être étendue à des matières pour lesquelles elle n'a pu être édictée. » Par ces motifs, la Cour d'Aix a décidé que rien dans la loi n'imposait aux consuls, jugeant en matière civile, l'obligation de tenir des audiences publiques, et que, dans tous les cas, la publicité des audiences ne saurait être obligatoire pour les commissions mixtes, qui ne sont en quelque sorte que des juges arbitres. (Du 24 mai 1858, Reginopulo c. Bonnafons).

17. Lorsqu'il sera jugé nécessaire d'entendre par sa bouche l'une des parties ayant quelque empêchement légitime de se présenter en personne, le consul commettra l'un des officiers de son consulat ou des notables de la nation pour interroger ladite partie sur les faits qui exigeront des éclaircissemens ; et sera ledit commissaire, assisté de l'officier faisant fonctions de chancelier, pour rédiger l'interrogatoire par écrit.

Conférence.—Code de proc. civ., art. 328, 428, 1035.

18. Dans le cas où il écherra de faire descente sur les lieux ou à bord des navires, le consul pourra ordonner qu'il s'y transportera en personne, ou nommer à cet effet un commissaire, comme en l'article précédent. Le consul fixera, par la même ordonnance ou sentence préparatoire, le lieu, le jour et l'heure du transport, auquel il sera procédé en présence des parties ou icelles dûment

appelées par la signification de ladite ordonnance ou sentence préparatoire, en la forme prescrite par les art. 11 et 12 du présent réglement : de tout quoi il sera dressé procès-verbal.

Conférence. — Code de proc. civ., art. 295 et suivants.

19. Dans les affaires où il s'agira seulement de connaître la valeur, l'état ou le dépérissement de quelques effets ou marchandises, le consul pourra se borner à nommer d'office, parmi ceux de nos sujets qui se trouveront dans son consulat, des experts qui, après avoir prêté le serment requis, procéderont, en présence des parties, ou icelles dûment appelées, aux visites et estimations qui auront été ordonnées, dont ils dresseront procès-verbal, qui sera déposé en la chancellerie.

Conférence. — Code de procédure civile, art. 302 et suiv., 429 et suiv.

Prestation de serment par les experts. — On avait essayé de soutenir que l'obligation imposée aux experts par notre article, de prêter préalablement serment, avait été abrogée par l'ordonnance de 1781. Cette opinion est justement combattue par tous les auteurs; ils s'appuyent sur les motifs suivants de l'arrêt de la Cour de cassation du 8 mars 1831 (Chambre civile, Cros c. Radetti) qui l'a repoussée : Vu les articles 19, édit de juin 1778, et 7, titre I, ordonnance de 1781; considérant que l'édit de 1778 a pour objet spécial et unique de régler la forme de procéder dans le ressort du consul français établi à l'étranger; que son article 19 exige que les experts nommés par les consuls prêtent serment avant de procéder à leur opération ; que cette formalité est substantielle, et doit, par conséquent, être exécutée à peine de nullité des expertises qui n'en mentionnent pas l'accomplissement ; que l'ordonnance de 1781, étrangère à la procédure, n'ayant pour objet que de régler les devoirs des consuls sous les rapports administratifs, commerciaux et économiques, n'a pu avoir en vue de déroger et ne déroge, en effet, ni explicitement ni implicitement, à la disposition ci-dessus citée de l'édit de 1778 ; que loin de là, elle confirme et maintient cette disposition, puisque, dans son article 7, titre I, elle ordonne aux consuls de se conformer, quant à l'administration de la justice, aux lois et règlements précédents ; qu'il suit de là qu'en validant l'expertise dont il s'agit, bien que les experts n'eussent pas prêté serment, l'arrêt attaqué a violé les lois ci-dessus ; casse, etc.

Refus par les experts nommés d'opérer. — Un consul ne peut d'office, et sans la demande de la partie intéressée, condamner à des dommages-intérêts des experts qui refuseraient d'opérer d'après ce qu'il aurait prescrit. (Bordeaux, 26 novembre 1837.

20. Il sera délivré aux parties qui le requerront des expéditions des procès-verbaux mentionnés aux articles précédens, et sur lesquels elles pourront fournir leurs observations, sans qu'il soit nécessaire de faire signifier lesdits procès-verbaux avant le jugement, qui sera rendu par le consul, assisté de notables, avec toute la célérité possible, soit en présence des parties ou de leurs fondés de pouvoirs, soit après en avoir délibéré.

21. Si les parties sont contraires en faits dans quel-

ques cas où la preuve testimoniale soit admissible, elles seront tenues de nommer sur-le-champ leurs témoins ; et le consul ordonnera que lesdits témoins seront assignés à comparaître devant lui aux jour et heure qu'il indiquera par la même sentence ou ordonnance ; et dans le cas où l'enquête serait ordonnée en l'absence des parties ou de l'une d'elles, le consul fixera, suivant les circonstances, un délai pour remettre ou envoyer le nom des témoins à l'officier faisant fonctions de chancelier, de manière qu'on puisse avoir le temps d'assigner les témoins avant le jour fixé pour les entendre.

Conférence.—Code Napoléon, art. 1107, 1341 et suiv.; Code de commerce, art. 109 ; Code de procédure civile, art. 34 et suiv., 252 et suiv., 407 et suiv., 432. En ce qui concerne les enquêtes on doit, en cas de silence de l'édit de 1778, suivre les règles posées pour les enquêtes devant les tribunaux de commerce, sans que l'inobservation des formalités qui ne sont pas substantielles puisse entraîner fatalement la nullité de la procédure.

22. Les Français indiqués pour témoins seront assignés par ledit officier, en vertu de la sentence ou de l'ordonnance du consul. Quant aux étrangers, le consul fera vis-à-vis des consuls étrangers les réquisitions d'usage dans l'Echelle, pour obtenir l'ordre de les faire comparaître ; et en ce qui touche les sujets des puissances dans le territoire desquelles les consulats seront établis, les consuls se conformeront, pour les faire com-

paraître lorsqu'ils le jugeront à propos ou nécessaire, aux capitulations et usages observés dans les différens consulats.

23. Les parties en présence desquelles la preuve par temoins aura été ordonnée, seront tenues, sans qu'il soit besoin d'assignation, de comparaître devant le juge aux jour et heure qui auront été indiqués pour recevoir la déposition des témoins; et à l'égard des parties qui auront envoyé leur mémoire ou se seront fait représenter par des fondés de pouvoirs, la seule signification de ladite sentence ou ordonnance, dans la forme prescrite par les art. 11 et 12 du présent réglement, leur tiendra lieu de sommation pour indiquer leurs témoins, et d'assignation pour être présentes à l'enquête.

Conférence.— Voyez les renvois qui suivent l'article 21 ci-dessus.

24. Enjoignons à nos sujets assignés comme témoins en pays étrangers devant nos consuls de se présenter exactement aux assignations. Seront les défaillans qui n'auront pas fait apparaître d'excuse légitime au consul, condamnés en trente livres d'amende pour le premier défaut, et en cent livres pour le second, lesquelles amendes seront applicables à la caisse des pauvres; et seront les amendes, en cas de désobéissance réitérée par le même témoin, doublées pour chaque récidive, encore que ce fût dans différentes affaires. Nos consuls pourront aussi

ordonner, même sur le premier défaut, que les défaillants seront contraints par corps à venir déposer, autant que la prudence pourra le permettre en pays étrangers, et dans les endroits où le gouvernement est dans l'usage de leur prêter main-forte.

Conférence.—Code de procédure civile, art. 263 et 264.

25. Après que les parties ou leurs fondés de pouvoirs auront proposé verbalement leurs reproches, si aucuns elles ont, contre les témoins, et qu'il en aura été fait mention dans la sentence qui tiendra lieu de procès-verbal, lesdits témoins seront entendus sommairement ; leurs dépositions seront rédigées dans ladite sentence, et le consul, assisté de deux notables, pourra juger sur-le-champ la contestation, ou ordonner que les pièces seront laissées sur le bureau pour en être délibéré.

Conférence.—Code de proc. civ., art. 282 et suiv. et 411.

26. Les étrangers qui ne sauront pas la langue française seront assistés, pour faire leurs dépositions, d'un interprète, qui prêtera au préalable, devant le consul, le serment en tel cas requis. Seront néanmoins les drogmans et autres interprètes attachés au consulat, et qui auront prêté serment lors de leur réception, dispensés de le réitérer.

Conférence.— Ordonnance du 3 mars 1781, art. 76 à 105 ; loi, 28 mai 1836, art. 33 ; ordonnances des 31 juillet 1825 et 20 août 1833.

Nomination des drogmans et interprètes. — Tout ce qui concerne la nomination des drogmans a été réglé par les ordonnances des 31 juillet 1825, sur le drogmanat, 20 août 1833, titre IV, et 26 avril 1845, sur le personnel des consulats.

27. La seule signification faite aux parties condamnées, dans la forme prescrite par les articles 11 et 12 du présent règlement, des sentences définitives, contradictoires ou par défaut, tiendra lieu de toute sommation et commandement ; seront en conséquence lesdites parties contraintes à exécuter lesdites sentences par les voies usitées dans les différents consulats.

Conférence. — Pour tout ce qui concerne l'exécution des sentences, voyez *infrà* art. 35 et les observations qui accompagnent cet article.

28. Ceux contre lesquels il aura été rendu des sentences par défaut pourront néanmoins présenter leur requête en opposition au consul, dans trois jours au plus tard après celui de la signification desdites sentences à la partie en personne, ou à son procureur fondé ; passé lequel temps aucune opposition ne pourra être reçue. Néanmoins, dans le cas où la partie condamnée serait absente et n'aurait pas de procureur fondé pour la représenter, le délai de l'opposition ne courra contre elle que du jour qu'il lui aura été donné connaissance de la condamnation ; et seront cependant les sentences par défaut exécutées sur les biens des défaillants, trois jours

après la signification qui en aura été faite à personne, domicile ou par affiche, conformément à l'article 12 ci-dessus.

Conférence.—Code de procédure civile, art. 49 et suiv., 434 et suivants.

Tierce opposition. — La voie de la tierce opposition contre des jugements des tribunaux consulaires est également recevable dans les cas prévus par le Code de procédure. Le tribunal consulaire de l'honorable ambassade de France à Constantinople a eu, le 25 juillet 1856, à juger une instance en tierce opposition, et s'il a repoussé la demande dans l'espèce, ce n'était pas qu'il se refusât d'admettre la tierce opposition comme une voie extraordinaire, pour attaquer les jugements des tribunaux consulaires, mais parce que le tiers opposant avait été représenté dans la première instance. Cette affaire portée devant la Cour, le 11 mai 1858, personne n'y a contesté le principe que nous posons.

29. Seront les instances sur les oppositions vidées le plus tôt qu'il sera possible, en observant, suivant les circonstances, les formes sommaires ci-dessus prescrites.

Conférence. — Code de procédure civile, art. 149 et suivants, 434 et suivants.

30. Les sentences définitives rendues par nos consuls, assistés de deux notables, sur des lettres de change, billets, comptes arrêtés ou autres obligations par écrit, seront exécutées par provision, nonobstant opposition et appellation quelconques, et, sans y préjudicier, ce qui sera ordonné par lesdites sentences.

Conférence. — Ordonnance d'août 1681, livre 1, titre IX, art. 13 ; Déclaration du Roi, du 25 mai 1722 ; Code de procédure civile, art. 135 et 439. D'après le statut de Marseille, les sentences des consuls étaient provisoirement exécutoires dans tous les cas.

Si le tribunal consulaire a omis de prononcer l'exécution provisoire lorsqu'elle devait être ordonnée, ou si elle a été prononcée hors des cas prévus par la loi, on devra procéder devant la Cour, comme il est dit dans les articles 458 et 459 du Code de procédure civile.

31. Dans les affaires où il s'agira de conventions verbales ou de comptes courants, il sera ordonné par les sentences qu'elles seront exécutées nonobstant l'appel et sans y préjudicier, en donnant caution, qui sera reçue devant le consul.

Conférence. — Ordonnance de 1681, livre 1, titre IX, art. 13 ; déclaration du Roi du 25 mai 1722 ; Code de procédure civile, art. 135 et 439.

32. La partie qui voudra faire exécuter, en vertu de l'article précédent, une sentence dont la partie condamnée aura fait signifier l'appel, présentera au consul une requête par laquelle elle indiquera sa caution ; le consul ordonnera que les parties viendront devant lui, aux jour et heure qu'il indiquera, pour être procédé, s'il y a lieu, à la réception de ladite caution : cette requête, et l'ordonnance étant ensuite, seront signifiées au défendeur dans les formes prescrites par les articles 11 et 12 du présent règlement.

33. Il suffira, pour admettre ladite caution, qu'elle soit notoirement solvable, sans qu'elle puisse être obligée de fournir un état de ses biens.

34. Pourront aussi les parties, pour suppléer à ladite caution, déposer le montant des condamnations dans la caisse du consulat ; et après la signification faite de la reconnaissance du trésorier, les sentences seront exécutées.

Conférence.—Code de procédure civile, art. 440 et 441.

35. Indépendamment de l'exécution des sentences de nos consuls par toutes les voies praticables dans les pays où elles auront été rendues, elles seront encore exécutées dans toute l'étendue de notre royaume, en vertu du *pareatis*, de même que les sentences rendues par nos autres juges.

Conférence.— Voyez *suprà* art. 27 et les nombreux articles du Code de procédure civile sur les exécutions.

Mode d'exécution des sentences consulaires. — Les sentences consulaires dans les Echelles sont exécutoires par toutes les voies de droit dont les traités, les conventions diplomatiques et les usages autorisent l'emploi. C'est ce que notre article indique par ces mots : *Toutes les voies praticables dans les pays où elles auront été rendues*. Nous ne saurions dès lors indiquer ni préciser ces modes d'exécution, puisqu'ils dépendent des usages établis dans les pays où le consul réside ; nous devons dire cependant que dans les Echelles, les exécutions des sentences consulaires prononcées contre un Français par nos consuls peuvent, en général, être poursuivies par toutes les voies autorisées par nos lois françaises. Les traités avec la Porte nous laissent, à ce sujet une entière liberté.

Emploi de la force publique. — Lorsqu'il s'agit d'employer la force publique, le consul doit se concerter préalablement avec l'autorité locale, pour qu'elle lui prête son appui.

Exécution en France des sentences consulaires. — Les sentences consulaires sont exécutoires en France sans homologation ou mandement des tribunaux français, et en vertu seulement des mandats et ordonnances dont elles sont revêtues, parce que les consuls ont caractère public et délégation du souverain pour rendre la justice.

Déclaration d'innavigabilité. — Il semble qu'on s'écarte du principe que nous venons de reconnaître, lorsqu'on soutient et qu'on juge que la déclaration d'innavigabilité prononcée par un consul de France à l'étranger ne saurait lier les tribunaux français, qui ont à apprécier la validité du délaissement d'un navire (1) ; mais il est à remarquer que cette doctrine et cette jurisprudence se fondent sur cette considération que les décisions émanées du consul ne sont, en pareil cas, que des décisions purement administratives, provisoires, conservatoires, dans l'intérêt des parties, ne constituant pas dès lors l'autorité de la chose jugée et ne dépouillant pas l'autorité judiciaire du droit qu'elle a de prononcer sur la validité du délaissement. Il y a en effet une grande

---

(1) Voyez MM. Locré, *Esprit du Code de commerce*, t. 4, p. 296 ; Boulay-Paty, *Droit com. maritime*, t. 4, p. 258 ; M. Alauzet, *Traité général des assurances*, t. 2, n° 349 ; A. Pouget, *Principes du Droit maritime*, t. 1, p. 405 ; les arrêts de la Cour de cassation des 3 août 1821, 1er août 1843, et 23 décembre 1850. Paris, 16 décembre 1854 ; Bordeaux, 17 juin 1856.

différence à faire entre ces actes d'administration émanés du consul seul et les actes de juridiction émanant d'un tribunal consulaire.

Exécution des sentences arbitrales. — Les sentences arbitrales rendues dans les Echelles et revêtues de l'ordonnance d'exequatur du consul, dans l'arrondissement duquel elles ont été arrêtées, ont force exécutoire dans les Echelles ainsi que sur le territoire français, par suite de l'attribution aux consuls des pouvoirs confiés en France aux présidents des tribunaux.

Exécution des sentences rendues par des commissions mixtes. — Nous avons expliqué que, par suite d'une convention verbale entre les légations des puissances européennes, depuis 1820, des commissions mixtes sont appelées à juger les contestations qui naissent entre les Européens de nationalités différentes établis dans les Echelles ; on s'est demandé si les sentences de ces commissions étaient exécutoires de plein droit en France. MM. de Clercq et de Vallat sont de l'avis de la négative, et il est impossible de ne pas partager leur opinion. Une pareille commission est un véritable tribunal arbitral, qui n'a reçu du souverain aucune délégation pour rendre la justice, et ses sentences n'ont point par elles-mêmes la force exécutoire attachée aux décisions des tribunaux, investis par le chef de l'Etat du droit de juger. Mais lorsque, conformément à la convention intervenue entre les diverses légations, une pareille sentence soumise au consul de France aura été homologuée par lui et que, après cette homologation, elle aura été expédiée en chancellerie française avec la formule exécutoire, elle nous paraît remplir toutes les formalités voulues pour être exécutoire, soit dans les Echelles, soit en France. Cette solution qui n'est point contraire aux principes d'organisation judiciaire qui nous régissent est indispensable au fonctionnement utile des commissions mixtes qui rendent tant de services aux Européens dans le Levant, à l'occasion des différends qui naissent entr'eux.

Exécution des sentences rendues par les tribunaux étrangers. — Il est de règle aujourd'hui constante que les jugements rendus en pays étrangers, par les tribunaux de ces pays, ne peuvent être exécutés en France et y obtenir l'autorité de la chose jugée, qu'en tant qu'ils ont été rendus exécutoires par un tribunal français, devant lequel les parties ont été admises à présenter leurs observations et défendre leurs droits. Il résulte de ce principe, et sans entrer dans des explications sur la portée qu'on doit lui donner, qu'un simple exequatur d'un consul ne suffit pas pour rendre exécutoire à l'encontre d'un Français un jugement rendu par un tribunal étranger. S'il s'agit de l'exécuter dans une échelle, il faudra soumettre le jugement étranger au tribunal consulaire, et ce tribunal, comme l'a formellement reconnu la Cour d'Aix, par arrêt du 5 février 1832 (Schilizzi contre Pastré et autres), au sujet d'une sentence consulaire du tribunal d'Alexandrie, avant de prononcer l'exequatur, aura le droit de révision de la sentence étrangère, d'après les règles du droit public, et le jugement rendu par des juges étrangers ne deviendra exécutoire que s'il est maintenu et confirmé par le tribunal consulaire français. Dans ce cas, la décision consulaire sera exécutoire dans les Echelles comme en France. Toutefois, en dehors de cette règle, il peut se faire qu'il y ait lieu pour le consul d'autoriser et de faciliter même l'exécution, dans son arrondissement, d'un jugement rendu par les autorités du pays, à l'encontre d'un Français résidant dans une Echelle; mais dans ce cas de soumission à l'autorité territoriale le concours du consul n'a aucun caractère juridictionnel, et il est presque inutile d'ajouter qu'il ne peut aller jusqu'à autoriser des exécutions en France ou soit en dehors de son arrondissement et du territoire des autorités dont émane le jugement qu'il s'agit d'exécuter.

Exécution dans les Echelles des jugements rendus en France. — Aux termes de l'article 10 de l'ordonnance du 25 octobre 1833, les arrêts, jugements ou actes rendus ou passés en France, peuvent être exécutés ou admis dans les consulats après avoir été légalisés par le ministre des affaires étrangères ou par les fonctionnaires qu'il aura délégués.

Exécution des commissions rogatoires. — J'ai déjà dit que les tribunaux français ne sont pas tenus de transmettre leurs commissions rogatoires à l'étranger aux consuls de France, et c'est surtout en vue des consuls établis dans les pays de chrétienté que j'indiquais cette règle, parce que dans ces pays leur intervention ne peut être le plus souvent qu'officieuse ; il n'en est pas de même dans les Echelles, comme le font remarquer MM. de Clercq et de Vallat ; chargés d'exécuter une commission rogatoire, les consuls doivent déférer au fait de cette commission, leur concours est forcé.

36. Nosdits consuls prononceront la contrainte par corps, dans tous les cas prévus et énoncés dans nos ordonnances.

Conférence. — Code civil, art. 2059 et suivants ; Code de proc. civ., art. 126 et 127 ; loi, 17 avril 1832 ; loi, 13 décembre 1848.

Cet article est encore en vigueur. — J'ai expliqué ailleurs (*suprà*, pag. 49), par suite de quelle erreur le texte de la loi du 28 mai 1836 portait que les articles 36 et suivants de l'édit de 1778, étaient abrogés, lorsqu'il fallait dire 39 et suivants, comme cela a été officiellement reconnu.

L'article 36 de notre édit est donc resté en vigueur. La Cour de cassation, dans l'affaire Diab, jugée en juin 1847 (*Gazette des Tribunaux* du 11 juin 1857), a reconnu que les commissions mixtes elles-mêmes ont conservé le droit de prononcer la contrainte par corps par application de l'article 36 de l'édit de juin 1778.

37. Les appellations des sentences de nos consuls établis tant aux Echelles du Levant qu'aux côtes d'Afrique, ressortiront à notre parlement d'Aix ; et quant aux autres consulats, à celui de nos parlements le plus proche du lieu où la sentence aura été rendue.

Conférence. — Ordonnance d'août 1681, liv. 1, tit. IX, art. 18; loi du 28 mai 1836, art. 55. Voyez *infrà* les notes qui accompagnent cet article.

Attribution des appels au parlement d'Aix. — « La raison de cette attribution par préférence au parlement d'Aix, dit Valin sous l'article 18 de l'ordonnance, n'est pas qu'il soit précisément le plus proche de toutes les Echelles du Levant et des côtes d'Afrique et de Barbarie ; celui de Toulouse pourrait l'emporter de ce côté-là à certains égards ; mais c'est que le commerce des Français dans ces pays-là a commencé et s'est toujours soutenu par la correspondance de Marseille, ville qui est du ressort du parlement d'Aix. »

Compétence des Cours impériales. — Les appels dévolus par l'ordonnance de 1681 et l'édit de 1778 au parlement d'Aix, en ce qui concerne les sentences émanées des consuls du Levant et de Barbarie, sont aujourd'hui portés devant la Cour impériale d'Aix, bien qu'une Cour plus rapprochée des Echelles ait été créée à Bastia. Les rapports de Marseille avec le Levant justifient suffisamment le maintien quant à ce de l'ancien état des choses. Au surplus, l'appel des jugements consulaires, rendus ailleurs que dans les Echelles du Levant et de Barbarie, qui, aux termes de l'ordonnance de 1681, devait être porté devant le parlement le plus proche du consulat où le jugement avait été rendu, doit aujourd'hui être porté devant la Cour du continent qui remplace ce parlement et non devant la Cour de la colonie la plus proche du consulat (1).

Dernier ressort. — L'appel est-il recevable contre tout jugement rendu par un consul quelque soit le montant de la condamnation? MM. Pardessus, t. 6, p. 307, n° 1473; Dalloz, v° Consul, n° 85; Goujet et Merger, v° Consul, n° 371, répondaient affirmativement en se fondant sur ce que l'édit n'accorde pas aux consuls le droit de juger en dernier ressort. Je réponds que l'édit se borne à investir les consuls assistés d'assesseurs, du droit de juger aux lieu et place des tribunaux civils et de commerce, et que dans les limites des attributions de ces tribunaux ils ont des pouvoirs égaux; que par suite si des lois modernes, bien postérieures à l'édit, ont établi que les tribunaux civils et de commerce jugeraient en dernier ressort les affaires, lorsque la demande n'excèderait pas 1500 fr., les tribunaux consulaires, appelés dans les Echelles à remplacer les tribunaux civils et de commerce, sont soumis à cette règle générale édictée pour les juridictions du premier degré, et qu'il y a encore plus de raisons d'appliquer aux sentences consulaires rendues loin du territoire français, qu'aux jugements des tribunaux civils et de commerce rendus à côté des cours auxquelles sont déférées leurs

(1) Bordeaux, 24 novembre 1856; Caen, 12 août 1846; Devilleneuve et Massé, *Dictionnaire*, v° Consul; Merlin, *Répertoire*, v° Consul français, § 3, n° 6; Dalloz, *Répertoire*, v° Consul, n° 85.

décisions. Devant la Cour d'Aix on a soutenu que les lois du 11 avril 1838 et 3 mars 1840, qui ont prorogé jusqu'à 1500 francs la compétence en dernier ressort des tribunaux civils et de commerce, étaient applicables dans le Levant. Voici comment, par deux arrêts du 3 mai 1845, Lasbugues contre Artus, et Montaut contre Artus, la Cour a résolu la question : « Attendu que la justice rendue au nom du Roi dans les Echelles du Levant à une fraction de la société de France, éloignée temporairemement du pays, doit être assimilée à la justice constituée en France pour l'universalité des habitants; que dans les Echelles, la juridiction des consuls est à la fois civile et commerciale, elle réunit les attributions des tribunaux civils et des tribuaux de commerce. Qu'en conséquence, ces deux juridictions, déclarées en France souveraines par les lois des 11 avril 1838 et 3 mars 1840, pour les demandes n'excédant pas 1500 fr., le sont aussi dans le Levant ; attendu qu'il est reconnu par Artus ainé, que la valeur de la somme demandée par l'intimé, et qu'il est condamné à lui payer 4,554 piastres du grand Seigneur, n'arrive pas à une valeur de 1500 fr. ; attendu que la contrainte par corps ordonnée n'est qu'un moyen d'exécution que l'intimé soutient n'avoir pas provoqué, et qu'il faut penser qu'il y aurait renoncé, ainsi qu'il le fait aujourd'hui, et par conséquent satisfait sans frais à l'appel de la partie adverse, si elle l'avait borné à ce chef. La Cour, au moyen de la renonciation faite en ses conclusions par la partie d'Amic à la disposition du jugement qui ordonne la contrainte par corps contre Artus aîné, déclare ledit Artus non recevable en son appel et le condamne à l'amende et aux dépens. » Depuis la question s'est représentée devant la Cour, et elle a été résolue de nouveau par elle dans le même sens par un arrêt du 13 mars 1850, en appel d'un jugement du tribunal consulaire de Tunis, du

21 février 1849, dans l'affaire de Kalikourni, grec protégé français, contre Ventre et comp^e. Cet arrêt porte : « Considérant que la demande de Kalikourni porte sur un objet dont la valeur est inférieure à 1500 fr., suivant l'évaluation qu'il en a faite lui-même dans la lettre au consul de France à Tunis, en date du 5 septembre 1848 (il s'agissait d'une demande en restitution d'un diamant qui aurait été volé) ; considérant qu'en l'état l'appelant est non recevable en son appel, et qu'il y a lieu d'accueillir les fins de l'intimé. La Cour...... »

Appel des sentences rendues par les commissions mixtes. — Les sentences rendues par les commissions mixtes appelées à statuer sur les différends qui s'élèvent entre les Européens de nationalités diverses peuvent, aux termes de la convention verbale qui existe entre les légations, être frappées d'appel. En cas d'appel formé soit par le demandeur, soit par le défendeur, cet appel sera porté devant le tribunal compétent pour connaître en dernier ressort des sentences rendues par les juges consulaires de l'appelant.

Tribunaux d'appel des sentences rendues dans les consulats des diverses puissances dans le Levant. — Il résulte de ce que nous venons de dire dans le paragraphe qui précède, qu'à la suite de décisions des commissions mixtes, des Français peuvent être amenés devant les tribunaux supérieurs étrangers. Je n'ai point à indiquer ici l'organisation judiciaire des divers peuples qui fréquentent les Echelles ; je me borne à faire observer que les appels des sentences rendues dans divers consulats étrangers des Echelles du Levant, sont portés à Constantinople devant des autorités supérieures de la nation à laquelle appartiennent les plaideurs. Cela a lieu notamment pour les Anglais. Les appels des décisions des consuls autrichiens dans les Echelles, sont également portés devant l'internonce autrichien à Constantinople.

Délais de l'appel. — Les délais de l'appel sont de trois mois, sauf prorogation, à cause des distances, conformément à l'article 70 du Code de procédure civile (Pardessus, *Droit commercial*, t. 6, n° 1473, p. 307 ; Goujet et Merger, v° Consul, n° 371 ; Dalloz, *Répertoire*, v° Consul, n° 85). Comme il résulte des articles qui précèdent, et notamment des articles 30 et 31 de l'édit de 1778, que les sentences des consuls sont exécutoires par provision, il faut tenir pour certain que l'appel peut en être interjeté immédiatement et sans qu'il soit nécessaire de laisser écouler une huitaine à dater du jour du jugement (Cod. proc. civ., art. 449 et 450 ; Cour de cassation, 24 juillet 1811, affaire Dauphin).

Tardivité de l'appel. — La Cour de cassation, en juin 1857 (*Gazette des tribunaux* du 11 juin), dans l'affaire Diab, et par arrêt de rejet du pourvoi formé contre un arrêt de la Cour d'Aix, du 10 juillet 1857, a jugé qu'une sentence arbitrale rendue par la commission consulaire mixte de Beyrouth, entre un Français et un Toscan, et dont la connaissance sur l'appel appartenait à la Cour impériale d'Aix, a pu être déférée par appel à cette Cour, sans que l'appelant fût passible de déchéance pour avoir appelé tardivement si, d'une part, le moyen de déchéance n'a pas été proposé devant la Cour impériale, et si, d'un autre côté, les pièces sur lesquelles on se fondait (actes de signification prétendus faits à Beyrouth), ne lui avaient pas été soumis ; en pareil cas, il n'y point à distinguer entre les moyens d'ordre public que le juge peut suppléer et les moyens ordinaires. Le juge, en effet, ne peut suppléer un moyen intéressant l'ordre public, lorsqu'il ne se révèle que par des pièces qui n'ont pas été mises sous ses yeux (*Bulletin des arrêts de la Cour impériale d'Aix*, 1857, pag. 221).

L'appel peut-il être valablement émis par un procureur fondé ? — Par suite de la maxime : que nul en France ne plaide par procureur, on soutient que l'appel interjeté par procureur est nul ; la Cour d'Aix l'a notamment jugé le 8 juillet 1812 dans l'affaire Laugier contre Mouan ; toutefois bien des tempéraments ont été apportés à cette règle dans la pratique, et la jurisprudence s'est montrée généralement aussi large et aussi facile que possible. N'est-ce pas le cas d'étendre encore ces facilités lorsqu'il s'agit des appels émis hors du territoire français dans des consulats où l'une des parties quelquefois n'a pas même de résidence et où elle est obligée de confier ses intérêts à un mandataire ? Aussi adoptons-nous pleinement la jurisprudence de la Cour d'Aix qui, sur la plaidoirie de M. A. Mottet, alors avocat près cette Cour et plaidant contre M. Cresp, a décidé, malgré son arrêt de 1812, « Que l'appel a pu être à Smyrne valablement déclaré par Sarti comme procureur fondé de sa femme, attendu que ce n'est point contraire à l'usage adopté à Smyrne, » (du 29 janvier 1823, dame Banigalupi épouse Sarti, contre Cros, *sic*, Caumont, *Dictionnaire de droit maritime*, 1858, v° Consul, n° 48). Cette décision est d'ailleurs conforme à la règle posée par les articles 9 et 15 de notre édit, aux termes desquels la maxime nul en France ne plaide par procureur, n'est pas applicable dans les Echelles.

L'acte d'appel doit-il contenir assignation ? — L'article 456 du Code de procédure civile porte : « L'acte d'appel contiendra assignation dans les délais de la loi et sera signifié à personne ou domicile à peine de nullité. » Nous croyons cette disposition applicable aux Echelles du Levant, parce que c'est là une formalité substantielle. Appeler d'une sentence, c'est appeler la partie adverse devant le juge supérieur pour en voir prononcer la réformation, et l'acte d'appel devra, à peine de nullité, contenir assignation devant ce tribunal; à défaut de citation, il serait vrai de dire que l'on a manifesté l'intention d'appeler, mais non qu'on a émis appel; aussi adoptons-nous complètement sur ce point la doctrine consacrée par l'arrêt de la Cour d'Aix, du 16 février 1821 (Florent contre Lattry sur appel d'un jugement consulaire d'Alexandrie du 25 octobre 1819). Cet arrêt porte: « Considérant que l'acte d'appel étant introductif d'une instance nouvelle et contenant assignation, est soumis aux règles générales prescrites par le Code de procédure civile pour la régularité des exploits d'ajournement; que d'après l'article 456 dudit Code, il doit, à peine de nullité, contenir assignation dans les délais de la loi..... ; que l'appel de Florent ne contenant pas citation devant la Cour est nul, etc. »

Signification au domicile du procureur général.— L'arrêt du 16 février 1821, dont je viens de citer une partie, en y adhérant complètement, ajoute: « Attendu que, d'après l'article 69 § 2 du Code de procédure civile, les individus établis dans l'étranger doivent être assignés au domicile du procureur du roi près lequel est portée la demande, et que l'article 70 attache la peine de nullité à l'inobservation de ladite formalité; que sous ce rapport, l'appel de Florent non notifié au domicile du procureur général est nul. » Je ne saurais être de cet avis et je vais montrer bientôt que cela m'est permis malgré cet arrêt de la Cour; en effet, lorsqu'il s'agit des énonciations substantielles que doit contenir l'acte qui investit la Cour d'Aix de la connaissance d'un jugement, il faudra bien exécuter les prescriptions de la loi relatives à la confection de ces actes, sinon la Cour ne serait pas valablement saisie. Mais cet acte une fois dressé et contenant les prescriptions de la loi lorsqu'il s'agira de le notifier dans l'arrondissement du consulat de Smyrne, toujours pour obéir aux prescriptions de la loi, comment devra-t-il être notifié ? évidemment en se conformant aux modes de notification usités et possibles dans la localité; c'est-à-dire par voie de chancellerie; ce qui n'a rien de commun avec la manière dont les notifications sont faites en France. Allons plus loin : il s'agit ici plus particulièrement de l'application de l'article 69 § 9 du Code de procédure civile. Or, cet article porte : « Seront assignés 1°.... 9° ceux qui habitent le territoire français hors du continent et ceux qui sont établis chez l'étranger, au domicile du procureur impérial près le tribunal où sera portée la demande, lequel visera l'original et enverra la copie, pour les premiers, au ministre de la marine, et pour les seconds, à celui des affaires étrangères. » Cet article est évidemment fait pour le cas où il s'agit de difficultés du ressort des tribunaux français, à l'occasion desquelles des citations doivent être données à des personnes résidant à l'étranger, et pour que cette résidence ne rende pas impossible l'exercice d'une action judiciaire, on a autorisé la partie demanderesse à assigner le défendeur au domicile du procureur impérial, qui est chargé de faire parvenir la citation à sa destination, par l'intermédiaire des ministres de la marine ou des affaires étrangères, suivant les cas. Mais lorsqu'il s'agit de difficultés nées dans les Echelles et portées devant les tribunaux consulaires, où toutes les notifications sont faites d'une manière spéciale et par l'intermédiaire des chanceliers, pourquoi dans les modifications d'appel ne pas suivre les règles générales établies dans les Echelles ? est-ce pour ce cas qu'a été édicté le § 9 de l'article 69 ? N'est-il pas plus raisonnable et même plus légal que la citation devant la Cour d'Aix soit donnée par le demandeur au défendeur, en parlant à sa personne ou dans son domicile, par la voie de la chancellerie, que de faire remettre par l'appelant résidant le plus souvent dans l'Echelle une notification d'appel au procureur général près la Cour d'Aix, qui enverra la copie au ministre de la marine, lequel fera parvenir cette copie au consul, dans l'Echelle, pour qu'elle soit remise au défendeur ? Que l'exploit d'appel investissant la Cour d'Aix renferme les énonciations essentielles que doit contenir un pareil acte, d'après notre Code de procédure, pour porter le litige devant cette Cour ; cela est juste, raisonnable et légal; mais quant à la notification de cet acte à l'intimé, pourquoi ne pas suivre les modes de notification usités dans les pays où elle a lieu ? Aussi, comme je l'indiquais tantôt, si la Cour d'Aix a jugé le contraire, le 16 février 1821, elle a abandonné cette jurisprudence, le 29 janvier 1823, (Sarti contre Cros). Cet arrêt porte : « Considérant que dans la signification de cet appel (envers une sentence consulaire de Smyrne), Sarti n'a pu être soumis aux dispositions de l'article 69 § 9 du Code de procédure civile, puisque cet article n'est évidemment applicable qu'aux significations faites en France ; qu'il a suffi à Sarti de se conformer, ainsi qu'il l'a fait, aux formes usitées à Smyrne. » Remarquons même, qu'en se fondant sur ce que le mode introduit par l'article 69 n'est destiné qu'à suppléer à celui de l'article 68 devenu, dans certains cas, impossible ou du moins très-difficile, des auteurs ont soutenu que ceux qui habitent le territoire français hors du continent, et quelques-uns ont même ajouté, qui habitent l'étranger, peuvent pour les contestations qui s'agitent devant les tribunaux de France, être assignés à personne et à domicile.

Toutefois, il peut arriver que l'acte d'appel fait dans les Echelles et notifié suivant les formes qui y sont usitées présente des irrégularités et que, à la réception du dossier à Aix, on s'aperçoive de l'existence de ces irrégularités qui pourraient préjudicier à la recevabilité de l'appel. Dans ce cas, si on est encore dans les délais, rien ne s'oppose à ce que l'acte d'appel ne soit renouvelé à Aix, en remplissant toutes les prescriptions voulues par la loi; et dans ce cas, cet acte fait en France et destiné à des personnes qui n'habitent pas le continent sera notifié dans les formes prescrites en pareil cas, c'est-à-dire en se conformant à l'article 69 § 9 du Code de procédure. Mais si le nouvel appel destiné à réparer les vices de l'acte primitif en le remplaçant, était fait en chancellerie, il devrait être notifié suivant la pratique des chancelleries.

Je dois faire remarquer ici que lorsqu'un acte de procédure et notamment un acte d'appel est reçu en chancellerie, il est ordinairement mentionné qu'une double expédition en a été faite, l'une destinée au demandeur, l'autre au défendeur auquel l'acte doit être notifié; il serait utile que l'expédition délivrée au demandeur portât mention exacte de cette notification faite à la partie adverse, en indiquant l'agent qui l'a faite et la personne qui l'a reçue; cette pièce alors justifierait complètement que cette notification a eu lieu et qu'elle a été faite régulièrement.

Assistance judiciaire.—Les dispositions sur l'assistance judiciaire devant les Cours sont applicables aux affaires qui viennent des Echelles; ainsi dans l'affaire Lombardi contre Diab, le bureau d'assistance judiciaire près la Cour a admis l'une des parties au bénéfice de cette assistance.

Pourvoi en cassation. — Les décisions consulaires rendues en dernier ressort peuvent être attaquées devant la Cour de cassation, aucune disposition ne les faisant échapper à un semblable recours qui est de droit. M. Dalloz, il est vrai, est d'un avis contraire, mais c'est parce qu'il soutient, contrairement à notre opinion, que les jugements consulaires sont susceptibles d'appel, quelque soit le montant de la demande, et dès lors le recours en cassation n'étant pas ouvert contre les décisions du premier degré, le pourvoi en cassation ne serait point recevable pour tout jugement émané d'un consul.

38. Ordonnons que la justice soit rendue, en matière civile, à Constantinople, où nous n'avons pas établi de consul, par trois notables de la nation, qui seront nommés par notre ambassadeur, commissaires d'office, et que nous dispensons de prêter serment. Par l'acte de nomination desdits commissaires, notre ambassadeur indiquera celui d'entre eux qui remplira les fonctions de consul, à l'effet de rendre les ordonnances sur requêtes ou déclarations ; l'officier faisant fonctions de chancelier à Constantinople fera toutes les significations requises en vertu desdites ordonnances, ainsi que les fonctions de greffier auprès desdits commissaires, qui se conformeront au surplus en tout point aux précédentes dispositions du présent règlement ; et ressortiront les appellations de leurs sentences à notre parlement d'Aix.

Conférence. — Edit de juin 1778, art. 84 ; ordonnance du 20 avril 1833, art. 4 ; loi 28 mai 1836, art. 2 § 2 ; ordonnance du 14 juillet 1836 ; ordonnance du 25 juillet 1842.

Ordonnance du 2 juillet 1842. — Vu l'édit du mois de

juin 1778 et notamment les articles 1, 6, 7, 8, 38 et 84; — Vu la loi du 28 mai 1836 et l'ordonnance royale du 14 juillet suivant ; — Vu l'article 13 de la charte constitutionnelle ; — Vu l'avis du Conseil d'Etat du 15 avril 1841, etc.

Article 1er. Les dispositions des articles 1, 6 et 7 de l'édit du mois de juin 1778, relatives au mode de jugement, en matière civile, des contestations qui s'élèvent entre Français dans les Echelles du Levant et de Barbarie, seront désormais applicables à l'Echelle de Constantinople.

Art. 2. Les fonctions judiciaires attribuées, tant en matière civile qu'en matière criminelle, par l'édit du mois de juin 1778 et par la loi du 28 mai 1836 à nos consuls dans les Echelles du Levant et de Barbarie, seront remplies à Constantinople par le consul honoraire, chancelier de notre ambassade, et, en cas d'absence ou d'empêchement, par l'officier ou toute autre personne appelée à le remplacer, suppléer ou représenter.

Art. 3. Les fonctions de greffier, en matières civile et criminelle, et celles d'huissier, attribuées par l'article 8 de l'édit du mois de juin 1778 à celui des officiers du consulat commis à la chancellerie, seront remplies à Constantinople par un chancelier substitué, désigné à cet effet par notre ambassadeur, parmi les drogmans de l'ambassade.

Art. 4. Sont abrogées l'ordonnance du 14 juillet 1836 et toutes les autres dispositions contraires à la présente ordonnance.

Articles 39 à 84.

Ces articles que nous ne reproduisons pas ont été abrogés par la loi du 28 mai 1836, art. 82 ; ils concernaient la poursuite et le jugement des contraventions, délits et crimes commis par des Français dans les Echelles du Levant et de

Barbarie ; ils ont été remplacés par la loi du 28 mai 1836 que nous reproduirons avec quelques observations.

82. Dans tous les cas qui intéresseront la politique ou la sûreté du commerce de nos sujets dans les pays étrangers, pourront nos consuls faire arrêter et renvoyer en France par le premier navire de la nation, tout Français qui, par sa mauvaise conduite et par ses intrigues, pourrait être nuisible au bien général. Dans ce cas, nos consuls rendront un compte exact et circonstancié au secrétaire d'Etat ayant le département de la marine (affaires étrangères), des faits et des motifs qui les auront déterminés.

Conférence.— Ordonnance d'août 1681, liv. 1, tit. IX, art. 15 ; ordonnance, 3 mars 1781, art. 10 et suivants ; circulaire du ministre de la marine du 21 décembre 1814.

Cet article est encore en vigueur.— Lors de la discussion de la loi de 1836, à la chambre des députés, voici les explications qui furent données par le rapporteur : « L'article dont nous venons de parler plus spécialement et qui est le 82me de l'édit, autorise les consuls à faire embarquer tout Français qui, par sa mauvaise conduite et ses intrigues, pourrait être nuisible au bien général. En 1826, on avait demandé l'abrogation de cet article et de l'article 83 qui prescrivait les mesures à prendre envers les Français expulsés au moment de leur débarquement en France. Répondant à cette demande, le ministre de la marine convint que l'article 83 ne pouvait plus s'exécuter, mais quant à l'article 82, dit-il, cette exception au droit commun fondée sur la loi et contre laquelle aucune réclamation ne s'est élevée jusqu'à ce jour est indispensable au salut des Echelles.

Dans un pays dont le gouvernement se laisse aller si facilement à faire retomber la faute d'un seul sur la totalité des nationaux et où le fait le plus léger, s'il n'était suivi d'une prompte réparation, pourrait entraîner à l'instant même une avanie générale. Ces sages réflexions, a-t-il ajouté, n'ont pas permis d'insister ; elles n'ont aujourd'hui rien perdu de leur force et nous ne pouvons dès lors demander une réforme qu'on a eu raison de ne pas nous proposer. Ces observations consignées dans le rapport de 1834 ont passé sous les yeux de la commission actuelle qui les accepte. Ainsi l'on admet que l'article 82 subsiste toujours ; mais quant à l'article 83 il n'est pas compatible avec nos idées actuelles ; il est reprouvé par la Charte et, en conséquence, on ne le regarde pas comme applicable. » A la suite de ces explications, fut voté l'article 82 de la loi de 1836 qui abroge les articles 39 et suivants, jusques et compris l'article 81 de l'édit de 1778 et qui, par suite, laisse subsister l'article 82 de cet édit. Aussi tous les auteurs s'accordent-ils à reconnaître que si l'article 83 n'est plus applicable, l'article 82 a conservé toute sa force et qu'on doit se soumettre à ses prescriptions. (Pardessus, *Droit commercial*, t. 6, n° 1474, pag. 328 ; L. Pouget, *Principes de droit maritime*, t. 1, p. 388 ; Caumont, *Dictionnaire*, v° consul, n° 47 ; Dalloz, *Répertoire*, v° consul, n° 68 ; Beaussant, n° 1058. Décision du Conseil d'Etat du 15 mars 1855, affaire Yomtob Levy et Abraham Aboudarham. Circulaire des affaires étrangères du 15 juillet 1836, n° 40.

Le consul est autorisé à prononcer seul l'expulsion. — Sous l'empire de l'ordonnance de 1681, liv. 1, art. 9, tit. 15, les consuls ne pouvaient expulser des Français des Echelles qu'après information faite et sur l'avis des députés de la nation. Par avis des députés de la nation on entendait l'avis de deux députés, et Valin nous apprend que l'on exigeait que cet avis fût formulé en une sorte de jugement ; aujourd'hui il suffit en exécution de l'édit de 1778 d'une décision du consul.

Pourvoi contre la décision du consul. — L'ordre du consul peut, en pareil cas, être déféré par la partie intéressée à l'appréciation du ministre des affaires étrangères ; mais la décision ministérielle qui intervient et qui confirme l'ordre donné par le consul, ne peut être déférée au conseil d'État par la voie contentieuse. C'est ce qui a été jugé en 1855 dans les circonstances suivantes : le 21 mai 1853, les sieurs Yomtob Levy et Abraham Aboudarham, négociants à Oran (Algérie), ont reçu du préfet d'Oran une lettre ainsi conçue : « Messieurs, après avoir obtenu régulièrement la naturalisation française vous étiez retournés à Tetouan, votre ancienne patrie, avec l'intention de vous y fixer. Votre nouvelle qualité, dont vous vous revêtissiez publiquement, ayant excité le mécontentement du gouvernement marocain, qui ne voit dans la recherche d'une nouvelle nationalité par ses sujets que l'intention de se soustraire à la juridiction des autorités locales, notre consul au Maroc dut, pour éviter des difficultés sans nombre avec ces autorités, vous ordonner de quitter le pays, après un délai toutefois assez long pour y régler vos affaires. Tout en vous soumettant à cet ordre, vous en avez demandé la révocation à M. le ministre des affaires étrangères. M. le ministre me charge de vous annoncer, Messieurs, que la défense qui vous a été faite par la mission française à Tanger de séjourner au Maroc et d'y prendre la qualité de Français, est maintenue comme entièrement conforme aux instructions données par le département des affaires étrangères à tous les agents consulaires de la France dans les pays musulmans. Cette mesure n'est pas d'ailleurs spéciale à la France ; elle est adoptée par les missions des autres puissances au Maroc à l'égard des Israélites marocains naturalisés. Recevez, etc. »

Yomtob Levy et Abraham Aboudarham se sont pourvus devant le conseil d'Etat contre cette décision ministérielle. Le conseil d'Etat a statué en ces termes le 15 mars 1855, au rapport de M. Lacaze : « Vu..... l'édit de juin 1778, article 82, la loi du 28 mai 1836 abrogeant les articles 36 et suivants, jusques y compris l'article 81 de l'édit de juin 1778 ci-dessus visé ; considérant que la décision par laquelle notre ministre des affaires étrangères a appliqué aux sieurs Yomtob Levy et Abraham Aboudarham, en vue d'un intérêt international, la disposition de l'édit ci-dessus visé, de juin 1778, n'est pas de nature à nous être déférée en notre conseil d'Etat par la voie contentieuse..... Rejette. »

83. Nos consuls, en faisant embarquer un sujet dangereux, donneront un ordre par écrit au capitaine ou maître du navire de le remettre au premier port de notre royaume à l'intendant de la marine, ou au principal officier d'administration du port, qui le fera détenir jusqu'à ce qu'il ait reçu à cet égard les ordres du secrétaire d'Etat ayant le département de la marine ; à cet effet, enjoignons à tous capitaines et maîtres de navires d'exécuter ponctuellement les ordres des consuls, sous peine d'interdiction.

Conférence. — Ordonnance d'août 1681, liv. 1, tit. 9, art. 15.

Cet article est-il encore en vigueur? — Il résulte des explications qui accompagnent l'article 82, que l'article 83 encore applicable en ce qu'il donne aux consuls le droit de faire embarquer un sujet dangereux, ne l'est plus dans la partie de la disposition qui autorisait le consul à faire détenir la personne expulsée dans le lieu de débarquement jusqu'à ce qu'il eût été pris à son égard les ordres ministériels.

84. Les vice-consuls ou autres officiers établis, sous quelque titre que ce soit, dans les différents consulats ou Echelles, pour suppléer, pour remplacer et pour représenter les consuls, rempliront, à défaut de consul, toutes les fonctions mentionnées dans le présent règlement, auquel ils se conformeront dans tous ses points.

Conférence. — Ordonnance du 26 octobre 1833.

85. Seront, au surplus, l'ordonnance de 1681 et autres postérieures sur le fait des consulats, exécutées par nos consuls en pays étrangers, en ce qui n'y est pas dérogé ou innové par notre présent règlement, qui sera exécuté dans les pays étrangers où nous avons établi ou établirons des consuls ou d'autres officiers pour protéger le commerce de nos sujets, nonosbtant toutes ordonnances et autres lois observées dans notre royaume, auxquelles nous avons dérogé et dérogeons pour ce regard seulement. — Si, mandons, etc.

§ 3. — Attributions extrajudiciaires des Consuls dans les Echelles.

En dehors de leurs attributions judiciaires et administratives les consuls dans les Echelles ont encore des attributions que j'appellerai extrajudiciaires, parce qu'elles sortent des attributions judiciaires proprement dites sans pouvoir être classées parmi les attributions purement administratives. C'est ainsi qu'ils sont chargés du service de l'état civil, des légalisations, de la délivrance des certificats de vie, de la transmission des significations. Je crois devoir indiquer sommairement ici les règles auxquelles ils sont soumis à raison de ces actes.

Actes de l'Etat civil. — L'article 48 du Code Napoléon porte : Que tout acte de l'état civil des Français en pays étranger, sera valable s'il a été reçu conformément aux lois françaises par les agents diplomatiques ou par les consuls. Cette disposition, en déléguant les fonctions d'officier de l'état civil aux agents extérieurs, leur impose un devoir d'autant plus important que les premiers intérêts des familles reposent sur la régularité avec laquelle ce ministère sera rempli. Les articles 40, 41, 43, 63, 166, 167 et 168 du C. N. étant les seuls qui aient paru pouvoir donner lieu à quelque difficulté, pour prévenir à cet égard toute incertitude de la part des agents extérieurs, des instructions particulières leur ont été adressées le 8 août 1814 par le ministre des affaires étrangères ; elles sont ainsi conçues :

« 1° En conséquence de l'article 40, les actes de l'état civil seront inscrits sur un registre tenu double.

« 2° (Article 41). Les agents diplomatiques et les consuls

coteront eux-mêmes par première et dernière et parapheront chaque feuille de ce double registre.

« 3° (Article 43). Ces registres seront clos et arrêtés par eux à la fin de chaque année ; l'un des doubles restera dans la chancellerie de la légation ou du consulat, l'autre sera adressé au ministre des affaires étrangères pour y être déposé.

« MM. les agents diplomatiques adresseront en outre, au ministre des affaires étrangères, une expédition des actes qu'ils auront reçus, pour être transmise à l'officier de l'état civil du domicile de chaque partie ; ils se conformeront à cet égard à ce qui est prescrit par le chapitre V du titre II du livre Ier du Code.

« 4° (Articles 63, 166, 167 et 168). Toutes les formalités prescrites par ces articles sont obligatoires pour les Français qui se marient en pays étranger. Ils doivent en conséquence rapporter le consentement de leurs parents et faire, faire les publications dans leur dernier domicile en France, ou dans celui des ascendants dans les cas spécifiés aux articles 167 et 168 du Code Napoléon. »

Une circulaire du ministre des affaires étrangères, du 30 septembre 1826, a reconnu l'exécution des formalités prescrites par le Code Napoléon en ce qui concerne les actes de l'état civil, à cette circulaire étaient joints huit modèles relatifs aux actes de naissance, de mariage, de décès, d'adoption et de reconnaissance d'enfants naturels.

Mais le document le plus important et celui qui règle le plus complètement quelle doit être l'intervention des consuls relativement aux actes de l'état civil en pays étrangers, est l'ordonnance du 23 octobre 1833, que nous ne reproduisons pas à cause de son étendue et qui se trouve d'ailleurs rapportée dans tous les recueils de lois.

Aux termes des articles 7 et 8 de l'ordonnance du 26 octobre 1833, les vices-consuls et agents consulaires ne peuvent faire les actes attribués aux consuls en qualité d'officiers de l'état civil que s'ils y ont été autorisés par arrêtés spéciaux et à charge dans ce cas d'afficher dans leur bureau copie de ces arrêtés, et de se conformer à ce qui est prescrit par les ordonnances et instructions.

Une circulaire du 12 janvier 1850, a recommandé aux agents des affaires étrangères à l'étranger, lorsqu'ils adressent au ministère des actes demandés par les particuliers, de ne pas manquer d'en faire connaître le coût.

De nombreuses difficultés se sont élevées à l'occasion des actes de mariage.

On s'est demandé notamment si les Français qui se marient dans le Levant ont besoin d'une permission du gouvernement, comme l'exigeait l'article 24, titre 2 de l'ordonnance du 3 mars 1781. Le conseil d'Etat a pensé que cette obligation subsistait toujours malgré l'article 170 du Code civil, parce qu'elle se rattachait à des intérêts diplomatiques (1).

Au surplus, en pays étranger, les agents diplomatiques français et les consuls n'ont qualité pour recevoir ces actes de l'état civil, notamment les mariages, qu'entre Français : ils n'ont pas qualité pour marier un Français à une étrangère (2). Je ne peux pas rapporter et discuter ici tous les

---

(1) Dalloz, *Répertoire*, v° Consul, n° 61 ; de Clercq et de Vallat, *Guide*, pag. 569. Cependant un arrêt de rejet de la Chambre des requêtes, du 16 juin 1829, a jugé que la déclaration de 1725, sur la nécessité de l'autorisation du Roi pour le mariage d'un Français à l'étranger, est en fait et en droit sans application possible à un mariage contracté le 7 février 1803, et que la loi de 1792 n'exigeait point l'autorisation du gouvernement.

(2) Arrêt de la Cour de cassation du 10 août 1819 (Gaudin). Jugement du tribunal de la Seine, du 6 mars 1833 (Malibran Garcia).

arrêts qui , suivant les cas et les époques , ont annulé des mariages contractés à l'étranger par des Français pour défaut de publication ou de consentement des parents, mais quelque soit l'incertitude que peut laisser sur ce point la jurisprudence, on ne saurait trop recommander aux consuls dans le Levant, pour prévenir les difficultés, de forcer les parties à se conformer aux prescriptions de la loi française sur ce point. Cependant la Cour d'Aix, le 19 octobre 1846, a refusé d'annuler un mariage célébré au Caire entre Français même en dehors du consulat, par un prêtre du couvent de Terre-Sainte, sans qu'il fût fait mention dans l'acte du consentement des parents et des publications en France au domicile d'origine. La Cour a pris en considération que le domicile d'origine ayant été complètement perdu, il n'y avait pas lieu d'y faire des publications, et que les circonstances établissaient la preuve certaine d'une possession d'état contre laquelle la femme demanderesse en nullité ne pouvait plus s'élever. Cet arrêt fut d'ailleurs rendu sur les conclusions contraires de M. Desolliers, alors premier avocat général.

Adoption. — Aux termes de l'article 353 du Code Napoléon, la personne qui se proposera d'adopter et celle qui voudra être adoptée, se présenteront devant le juge de paix du domicile de l'adoptant pour y passer l'acte de leur consentement respectif. Dans les Echelles c'est devant le consul en chancellerie que doivent se présenter les parties. C'est ensuite devant le tribunal consulaire que doivent être remplies les formalités prescrites par les articles 354 et suivants

---

C'est l'avis de Merlin. *Répertoire*, v° Etat civil , § 2 , n° 3, tom. 16 , addit. p. 316 ; Duranton, t. 2, n° 235 ; Favard, v° Mariage, sect. 3, § 2, n° 11 ; Coin Delisle, sur l'article 48, n° 4 ; Zachariæ, t. 1, § 61 , note 10.

qui en France sont du ressort des tribunaux civils. La décision des premiers juges est ensuite transmise à la Cour d'Aix, qui est appelée à y donner sa sanction après s'être assurée si les parties remplissent les conditions voulues par la loi aux termes des articles 463 et suivants du Code Napoléon. Ce mode de procéder résulte de la combinaison des dispositions de la loi française avec l'organisation judiciaire dans les Echelles. Je l'ai vu constamment suivi dans la pratique au sujet des demandes de cette nature soumises en définitive à la Cour. Une difficulté peut souvent se présenter au fond en matière d'adoption ; les liens qui s'établissent dans les Echelles entre étrangers de nationalité différente, peuvent mettre les Français dans le cas de vouloir adopter un étranger. Or, on tient généralement pour règle qu'un étranger ne peut adopter un Français et réciproquement qu'autant que l'étranger adoptant ou adopté jouit en France des droits civils, ou qu'il existe entre la France et la nation à laquelle il appartient des traités qui autorisent l'adoption. C'est cette règle qu'il faudra suivre. Mais la position particulière de certains Européens auprès de nos négociants peut amener bien des tempéraments dans son application. C'est ainsi qu'il résulte implicitement (1) d'un jugement du tribunal consulaire de Tunis, du 3 mars 1830, et d'un arrêt de la Cour d'Aix du 17 avril 1832, que la qualité de facteur de commerce, attaché à une maison française dans les Echelles, fait sortir celui qui en jouit de la catégorie où se trouve l'étranger ordinaire relativement à l'adoption.

(1) Je dis implicitement, ces décisions, aux termes de la loi, ne pouvant être motivées ; mais la Cour, à laquelle les faits étaient parfaitement connus, puisque des mémoires avaient été fournis, en validant l'adoption, a eu en définitive à examiner et résoudre la question.

Biens des Français décédés dans les Echelles. — Nous avons vu dans nos traités avec les puissances Barbaresques et la Porte, que les biens délaissés par les Français morts dans ces pays, devaient rester la possession de leurs héritiers, et en cas d'absence de ceux-ci, devaient être placés sous la garde des agents français. Par suite, l'ordonnance de mars 1781, en cas de décès d'un Français, enjoint au consul (art. 86 et suivants) de mettre les scellés sur les meubles et effets, sans souffrir que les officiers de justice du pays y procèdent ; il doit être procédé ensuite à l'inventaire des biens dont on chargera le chancelier, et à défaut une personne présentant des garanties suffisantes, à moins que les héritiers ne soient présents ou leurs représentants. Dans ce cas les biens leur seront remis. Copie de l'inventaire doit être envoyée au ministre des affaires étrangères. Les biens susceptibles de perte ou détérioration, doivent être vendus pour compte de qui il appartiendra. Les instructions du 8 août 1814 ont rappelé aux consuls l'exécution de ces prescriptions.

Absents. — « Les consuls sont chargés de veiller particulièrement à la conservation des droits des absents ; ils doivent faire dans ce but toutes les démarches que leur prudence peut leur suggérer, et recourir, s'il y a lieu, aux autorités locales chargées de la protection des intérêts des absents.

« Le droit de protection, dit le commandeur Ribeiro dos Santos, dans son excellent *Traité du consulat*, est une des attributions les plus nobles et les plus sacrées des consuls.

« En attendant que les intéressés absents aient pu faire parvenir leur procuration, les consuls peuvent intervenir d'office pour réclamer les mesures conservatoires nécessaires, dans les cas de successions ouvertes, de faillite, de saisie de marchandises, de partage entre créanciers, etc. » (Le B. Ferdinand de Cussy, *Règlements consulaires*, 1851 ; pag.

19 et 20. Voyez aussi instruction du 29 novembre 1833, soumise à l'approbation du Roi).

Faillite. — Dans les Echelles du Levant, lorsqu'il y a lieu de déclarer en faillite, un négociant français ou une maison de commerce dont le chef ou gérant est français, il est procédé devant le tribunal consulaire comme on le ferait en France devant le tribunal de commerce, et les opérations de la faillite sont poursuivies ainsi qu'il est prescrit par notre Code de commerce après nomination de syndics et désignation d'un juge commissaire pris parmi les membres du tribunal consulaire.

Certificats de vie. — Les consuls délivrent les certificats de vie (instruction générale du 8 août 1814, § 6). Ces certificats peuvent être également délivrés par les vice-consuls et agents consulaires, mais ces actes doivent alors être visés par le consul-chef de l'arrondissement, sauf les exceptions spécialement autorisées par le ministre des affaires étrangères (ord. du 26 octobre 1833, art. 7). Pour la délivrance de ces certificats, les consuls doivent se conformer aux règles ordinaires et au modèle annexé aux instructions du 8 août 1814.

Transmission des significations judiciaires. — Les consuls doivent faire parvenir aux parties intéressées, directement, ou s'ils n'ont reçu des ordres contraires, par l'intervention officieuse des autorités locales, sans frais ni formalités de justice et à titre de simple renseignement, les exploits signifiés, en vertu de l'article 69 du Code de procédure civile, aux parquets des procureurs généraux et impériaux, dont le ministre des affaires étrangères leur aura fait l'envoi. Ils renverront à ce ministre les actes dont ils n'auront pu opérer la remise en lui faisant connaître les motifs qui s'y seront opposés. (Ord. du 25 octobre 1833, art. 11).

Légalisations. — Les consuls légalisent les actes faits par les autorités du pays (Instr. du 8 août 1814, § 6), et généralement tous les actes délivrés par les autorités ou fonctionnaires publics de leur arrondissement (Ord. du 25 oct. 1833, art. 6). Lorsque les consuls légaliseront les actes des autorités ou fonctionnaires publics étrangers, ils auront soin de mentionner la qualité du fonctionnaire ou de l'autorité dont l'acte sera émané, et d'attester qu'il est à leur connaissance que ce fonctionnaire a actuellement, ou avait, lorsque l'acte a été passé, la qualité qu'il prend (art. 7). Les consuls ne seront point obligés de donner de légalisation aux actes sous signature privée, sauf aux intéressés à passer, si bon leur semble, ces actes soit en chancellerie, soit devant les fonctionnaires publics compétents. Toutefois, lorsque des légalisations ou attestations de signature auront été données sur des actes sous seing-privé, soit par des fonctionnaires publics, soit par des agents diplomatiques ou consulaires du pays où les consuls sont établis, ils ne pourront refuser de légaliser la signature de ces fonctionnaires (art. 8). La signature des consuls sera légalisée par le ministre des affaires étrangères ou par les fonctionnaires qu'il aura délégués à cet effet (art. 9). Les arrêts, jugements ou actes rendus ou passés en France, ne pourront être exécutés ou admis dans les consulats, qu'après avoir été légalisés par le ministre des affaires étrangères ou par les fonctionnaires qu'il aura délégués (art. 10).

Les vice-consuls et agents consulaires peuvent délivrer des légalisations, mais elles devront être visées par le consul chef de l'arrondissement, sauf les exceptions qui auront été spécialement autorisées par le ministre des affaires étrangères. (Ord. du 26 octobre 1833, art. 7).

Aux termes de l'ordonnance du 27 avril 1847, il ne doit être perçu dans les chancelleries, pour la légalisation des actes destinés à être transmis au siège des compagnies d'assurances maritimes ou sur la vie établies en France et légalement autorisées, que la moitié du droit porté à l'article 58 du tarif des chancelleries consulaires, annexé à l'ordonnance du 6 novembre 1842. Nous ferons connaître plus bas ce tarif.

Fonctions comme notaires. Voyez les observations qui suivent les articles 7 et 8 de l'édit de 1778.

Dépôts en chancellerie.— L'ordonnance du 11 septembre 1731 et celle de mars 1781, art. 128 et suivants, réglaient comment devaient être reçus et gardés les dépôts faits dans les chancelleries du Levant et de Barbarie. Les instructions du 8 août 1814 ont invité les consuls à se conformer aux prescriptions de ces règlements, surtout en ce qui concerne les états et avis à transmettre au ministre des affaires étrangères. L'ordonnance du 24 octobre 1833 est aujourd'hui le véritable code de la matière. Les consuls doivent veiller attentivement à ce que les chanceliers se conforment rigoureusement à ses prescriptions. (Circulaire du ministre des affaires étrangères du 17 mai 1853). Il faut s'y référer pour tout ce qui concerne les dépôts faits en chancellerie, en combinant ses dispositions avec celles du Code Napoléon sur les dépôts.

Les vice-consuls et agents consulaires ne sont point autorisés à recevoir des dépôts. (Ord. du 26 octobre 1833, art. 7).

Rapports des consuls avec la marine marchande. — Ces rapports ont été réglés par l'ordonnance spéciale du 29 octobre 1833; l'ordonnance du 12 mai 1836, sur les frais de passage et de conduite des capitaines, officiers et marins du commerce naufragés ou délaissés en pays étranger; la circulaire de la marine du 17 octobre 1837, sur le nombre

DES CONSULS.   289

règlementaire des marins à rapatrier, qui peuvent être embarqués d'office sur les navires du commerce ; les instructions générales de la marine du 31 août 1848, sur le service des consuls, comme suppléant à l'étranger les administrateurs de la marine et les trésoriers des invalides; la circulaire de la marine du 22 juillet 1851, sur les rapports de mer des capitaines marchands ; celle du 19 février 1852, sur la gestion des naufrages, et les décrets des 4 mars 1852, sur les engagements des marins du commerce ; 20 mars 1852, sur les rôles d'équipage et les indications des bâtiments et embarcations naviguant en mer ; 24 mars 1852, sur la discipline et les délits et crimes de la marine marchande ; 22 septembre 1854, relatif aux attributions des vice-consuls et agents consulaires, en ce qui concerne l'exécution des articles 234 et 237 du Code de commerce sur les emprunts à la grosse, relâches forcées, etc.

Rapports avec la marine militaire. — Les rapports des consuls avec la marine militaire sont réglés notamment par l'ordonnance spéciale du 7 novembre 1833. L'ordonnance du 31 octobre 1827 avait réglé les honneurs à rendre, à bord des vaisseaux de l'Etat, en pays étrangers, aux consuls et vice-consuls lorsqu'ils se transportent sur ces navires; elle a été modifiée par le décret du 15 août 1851, sur le service à bord des bâtiments de la flotte (art. 734). Ce dernier décret est d'ailleurs utile à consulter dans maintes circonstances, comme réglant les rapports des consuls avec la marine militaire.

Immatriculation des Français dans les chancelleries. — L'ordonnance du 28 novembre porte :

Article 1er. Les Français résidant à l'étranger, qui voudront s'assurer la protection du consul dans l'arrondissement duquel ils sont établis, ainsi qu'un moyen de justifier de leur esprit de retour, et la jouissance des droits et privilèges déjà attribués ou qui pourront l'être à l'avenir par les traités, les lois et ordonnances aux seuls Français *immatriculés*, devront se faire inscrire, après la justification de leur nationalité, sur un *registre matricule* tenu à cet effet dans la chancellerie de chaque consulat.

Art. 2. Il ne sera perçu aucun droit pour l'inscription sur ce registre.

Art. 3. Des certificats d'immatriculation seront délivrés aux personnes inscrites qui en feront la demande.

Art. 4. Ne pourront être admis à l'immatriculation et seront rayés du registre, s'ils y sont inscrits, les Français qui, d'après les lois de l'empire, auront encouru la perte de leur nationalité.

Passeports.— Les consuls sont autorisés à délivrer des passeports aux Français qui se présenteront pour en obtenir, après s'être assuré de leur qualité et identité. Ils les délivrent dans les formes prescrites par les lois, ordonnances et règlements en vigueur en France ; ils peuvent même en délivrer aux étrangers qui se rendent en France. Ils donnent gratuitement les feuilles de route nécessaires aux militaires français isolés qui se rendent en France. Ces indications sont extraites de l'ordonnance du 25 octobre 1833, qui règle les attributions des consuls relativement aux passeports.

Les vice-consuls et agents consulaires ne peuvent délivrer des passeports qu'à charge de les faire viser par les consuls, sauf les exceptions autorisées par le ministre. (Ord. du 26 octobre 1833, art. 7.

§ 4.—Loi du 28 mai 1836, relative à la poursuite et au jugement des contraventions, délits et crimes commis par des Français dans les Echelles du Levant et de Barbarie.

Historique. — Nous avons eu l'occasion d'indiquer dans la seconde partie de ce travail, en rapportant l'article 15 du Traité de 1740 entre la France et la Porte (*suprà* pag. 85), que parmi les priviléges les plus importants concédés aux Français, il fallait compter le droit de n'être jugé que par leurs nationaux, à raison des crimes commis entr'eux dans les Echelles.

Avant 1790, l'édit de juin 1778 avait en dernier lieu réglé la procédure à suivre pour l'instruction et le jugement de ces crimes et délits; mais les changements de juridiction opérés en France au commencement du XIXme siècle, à la suite de réformes politiques et sociales, ayant complètement changé les règles de procédure et aboli les tribunaux chargés de juger ces affaires, pendant trop longtemps une sorte d'impunité fut assurée aux crimes commis par les Français dans les Echelles; le gouvernement dut mettre un terme à un état de choses aussi affligeant pour la justice que pour la morale publique et qui compromettrait en même temps la conservation d'un des plus précieux priviléges que nous assurent nos traités avec les états musulmans.

Dès 1826, un projet fut soumis à la chambre des pairs et adopté par elle pour régler l'instruction et le jugement des crimes, délits et contraventions commis par les Français dans les Echelles. Ce travail fut repris en 1833 et 1834; les projets primitifs se référaient à l'édit de 1778 pour toutes celles de ses dispositions qu'ils ne modifiaient pas; à la chambre des députés, la commission fut d'avis qu'il convenait de fondre dans la loi nouvelle toutes les dispositions de l'édit que la chambre des pairs avait jugé à propos de maintenir et d'y ajouter en même temps quelques dispositions du Code d'instruction criminelle, qui serviraient à compléter cette législation spéciale et à la mettre de plus en plus en rapport avec nos lois.

Le gouvernement adopta cette opinion et le projet adopté en 1836 a été un code complet de la matière. Présenté le 20 janvier 1836 (*Moniteur* du 21) à la chambre des députés, il a été l'objet d'un rapport de M. Parant, dans la séance du 19 février (*Moniteur* du 20); la discussion a eu lieu du 10 au 14 mars (*Moniteur* des 11 au 15). Présenté à la chambre des pairs (séance du 24 mars, *Moniteur* du 25), le rapport fut fait par M. Barthélemy, le 16 avril (*Moniteur* du 17); la discussion eut lieu le 25 (*Moniteur* du 26). Les modifications votées par la chambre des pairs nécessitèrent une nouvelle présentation de la loi à la chambre des députés, le 4 mai, et après un nouveau rapport de M. Parant fait le 10, la loi fut adoptée le 17 (*Moniteur* des 5, 11 et 18 mai), puis promulguée le 28 mai 1836.

But et objet de cette loi. — Je viens d'indiquer le but qu'a voulu atteindre le législateur de 1836. Assurer la répression des crimes, délits et contraventions commis par les Français dans les Echelles du Levant et de Barbarie, en réglant la poursuite et le jugement. « Cette loi ne se borne pas à remplir la lacune qui existait dans notre législation; elle reproduit avec quelques modifications utiles tous les articles de l'édit de 1778 qui étaient susceptibles d'être maintenus. Elle détermine les formes de procédure et donne aux prévenus des garanties conformes à l'esprit général de notre législation actuelle; elle attribue aux consuls seuls le jugement en dernier ressort des contraventions, et aux tribunaux consulaires la double mission de remplir les fonctions qui appartiennent dans nos tribunaux aux chambres du conseil, et de juger toute espèce de délits en première instance ; elle constitue le tribunal qui devra connaître en France des appels contre les jugements rendus dans les Echelles, en matière correctionnelle, et des crimes qui auront été commis ; elle indique enfin les peines applicables à tous les genres de crimes, de délits ou de contraventions, le mode du pourvoi en cassation, ainsi que certains droits ou devoirs des consuls et du ministère public. » (Circulaire des affaires étrangères du 15 juillet 1836).

Conservation d'anciennes formalités de justice abolies dans les tribunaux de France.— En France, le jugement des crimes, délits ou contraventions ne peut avoir lieu qu'à l'audience publique après un débat oral ; le prévenu entend les témoins, il peut les contredire et s'expliquer sur leurs dépositions.

Pour les crimes commis à de longues distances du territoire français, on ne peut soumettre aux juges les mêmes éléments de preuves. Le débat oral est presque toujours impossible. On ne peut songer à amener des Echelles en France des témoins le plus souvent étrangers. Il fallait donc suppléer à ce débat oral par les renseignements et les déclarations recueillis sur les lieux et consignés dans des procès-verbaux; c'est ce qui a fait maintenir pour les Echelles des formalités qui ont disparu des lois françaises, depuis l'ordonnance criminelle de 1670, et sanctionner de nouveau pour ces procédures les formalités de *l'information*, du *recolement* et de la *confrontation*, avec toutes les garanties nouvelles dont ces procédures sont susceptibles.

Documents à consulter à défaut de dispositions expresses dans la loi de 1836. — La loi de 1836, comme le disait M. le marquis de Barthélemy, dans son rapport à la Chambre des pairs, forme un code criminel complet à l'usage des consulats du Levant. Dans une autre séance de la même Chambre, M. le vicomte Dubouchage disait avec beaucoup de raison : « Je ne saurais donner que des éloges à la contexture du projet qui nous est soumis; j'approuve infiniment le mode qu'on a adopté. Ordinairement quand on rend des lois sur une matière, on ne fait point un code, on change seulement ou l'on ajoute quelques dispositions, et l'on s'en réfère aux dispositions précédentes. Il y a longtemps que j'ai réclamé contre cette manière de procéder qui a le grave inconvénient d'embrouiller la législation. Cette fois la Chambre des députés a émis le vœu qu'on fît un code complet sur la matière ; le gouvernement a adhéré à ce vœu, et nous aurons un code criminel complet à l'usage des consulats du Levant. » (Séance du 25 avril, *Moniteur* du 26).

Néanmoins, comme on ne peut tout faire rentrer dans un cadre qu'il convenait de ne pas étendre outre mesure ; que d'ailleurs, quelle que fût la longueur de la loi, il était impossible que des omissions et des oublis n'eussent pas lieu ; il a été bien entendu par la commission de la Chambre des pairs que les consuls, dans le silence de la loi, prendraient pour guide notre législation commune, dans tous les cas où leur position exceptionnelle leur permettrait de l'appliquer (1).

Application aux protégés français. Cette loi est applicable non-seulement aux Français, mais encore aux protégés de la France résidant dans les Echelles et qui à ce point de

(1) M. le marquis de Barthélemy dans son rapport à la Chambre des pairs, séance du 16 avril, *Moniteur* du 17, circulaire des affaires étrangères du 15 juillet 1836.

vue sont considérés comme Français. Presque toutes les nations entretiennent aujourd'hui des consuls dans le Levant, et leurs nationaux sont dès lors placés sous leur juridiction. Les sujets suisses ou romains sont toutefois encore de nos jours ordinairement placés sous la protection du pavillon de France.

La loi de 1836 est-elle applicable en dehors des Echelles du Levant et de Barbarie ? — L'édit de 1778 étant la loi générale pour déterminer les attributions judiciaires des consuls en matière civile et criminelle, et la loi de 1836 n'ayant pour objet que de régler l'instruction et le jugement des crimes, délits et contraventions commis dans les Echelles, il faut bien reconnaître en principe, comme le fait M. Dalloz (1), que l'édit de 1778 doit être seul exécuté dans les consulats établis ailleurs que dans les Echelles du Levant et de Barbarie. Cela présenterait bien des inconvénients et des difficultés si dans les autres consulats la juridiction des consuls avait cette extension que lui assurent dans le Levant nos traités avec la Porte ; mais on sait combien dans les pays de chrétienté l'étendue de cette juridiction est restreinte, le plus souvent elle n'existe même pas.

Les dispositions de la loi de 1836 ont d'ailleurs été reconnues applicables aux consulats de la Chine et de Mascate, sauf certaines modifications par la loi du 8 juillet 1852. La loi du 18 mai 1858 les étend aux consuls de Perse et de Siam.

Instructions pour l'exécution de la loi de 1836. — Une circulaire du ministre des affaires étrangères, du 15 juillet 1836, alors que M. Thiers était au ministère, porte des instructions aux consuls sur l'exécution de la loi du 28 mai 1836.

(1) *Répertoire*, v° Consul, n° 88. *Sic* M. Beaussant, t. 2, p. 594.

LOI relative à la poursuite et au jugement des contraventions, délits et crimes commis par des Français dans les Échelles du Levant et de Barbarie.

TITRE 1ᵉʳ. — De l'Instruction.

1. Dans les cas prévus par les traités et capitulations ou autorisés par les usages, les consuls des Échelles du Levant et de Barbarie continueront d'informer, soit sur plaintes ou dénonciations, soit d'office, et sans qu'il soit besoin de ministère public, sur les contraventions, délits et crimes commis par des Français dans l'étendue desdites Échelles.

Conférence. — Voy. *suprà* traités de 1740 entre la France et la Porte, articles 15, 26 et 76 ; de 1742 entre la France et Tunis, article 13 ; 1767 avec le Maroc, article 11 ; de 1802 avec Tripoli ; ordonnance d'août 1681, liv. 1, tit. IX, art. 12 ; édit de juin 1778, art. 39 ; ordonnance du 3 mars 1781, art. 8 ; Code d'instruction criminelle, liv. 1ᵉʳ.

Compétence des consuls. — *Différends entre Français.* — D'après les capitulations, les consuls ne seraient compétents en matière criminelle que lorsqu'il s'agirait de différends entre Français, ou soit de crimes commis par des Français envers d'autres Français.

Crimes commis par des Français à l'encontre des sujets de la Porte. — *Usages.* — Aux termes des traités, s'il s'agit d'un crime commis sur un sujet de la Porte, l'autorité locale reste chargée de la répression (Martens, *Guide diplomatique*, tom. 1, p. 181), à charge toutefois de donner avis préalable des poursuites aux autorités françaises et d'agir avec leur concours (voy. *suprà*, articles 65 et 70 du traité de 1740). Des tribunaux mixtes, par concessions postérieures, ont même été institués pour statuer en pareil cas. Néanmoins, toutes les fois que les consuls français ont réclamé la faveur de s'emparer de la poursuite dirigée par les autorités locales contre un Français pour crime commis par ce dernier à l'encontre des sujets de la Porte, cette faveur n'a jamais été refusée. C'est ce que tous les auteurs qui se sont occupés de cette matière disent et répètent, et c'est ce qui explique pourquoi dans notre article premier non-seulement il est question des cas prévus par les traités et capitulations, mais encore de ceux autorisés par les usages. Les consuls ont été en conséquence investis des pouvoirs nécessaires pour procéder dans ces cas et pour faire ainsi profiter nos nationaux du bénéfice de la tolérance des autorités musulmanes (1); mais ils ne sauraient s'autoriser de cette disposition pour donner à leur juridiction une portée que l'usage n'aurait pas bien positivement consacré dans leur arrondissement, et tout acte qui dépasserait cette limite leur est sévèrement interdit (2).

Cet usage, dont parle notre article, doit s'entendre d'un usage devenu en quelque sorte de droit commun par son ancienneté et l'uniformité de sa pratique chez les nations en possession d'avoir des consuls, relativement aux conventions originairement faites avec les souverains qui les premiers ont admis des consuls dans leurs Etats ; et c'est cet usage qui fait

---

(1) Rapport de M. Parant à la Chambre des députés. *(Moniteur* du 20 février 1836).

(2) Circulaire des affaires étrangères du 15 juillet 1836.

loi partout s'il n'y a quelque convention particulière qui le restreigne (3).

Les consuls qui sont dans l'usage de poursuivre lorsque le crime a été commis à l'encontre d'un Français ou d'un sujet turc, ne sont pas dans l'usage de s'abstenir si la victime est sujet d'une autre nation ayant un consul dans l'Echelle. Plusieurs affaires de cette nature ont été jugées par la Cour d'Aix en matière criminelle. Le 4 décembre notamment elle a eu à juger Luigi Acquatella, Corse d'origine, pour un meurtre commis à Alexandrie sur Rosorio Zanghi, sujet du roi des Deux-Siciles. Elle a jugé également, le 13 juin 1844, le nommé Zambelli, sujet romain, protégé français, poursuivi pour avoir commis un homicide volontaire au Caire sur la personne de Biaggini, sujet sarde; le 6 juin 1851, le nommé Giacommetti, Corse, pour homicide volontaire commis sur la personne de Baggi, Suisse, etc. Mais la compétence des tribunaux français, comme l'a reconnu la Cour d'Aix, Chambre des mises en accusation, le 22 juillet 1851, en faveur de Luiz-José Jotaba, sujet brésilien, ne saurait être soutenue si le coupable appartient à une nation étrangère et n'est point placé sous la protection du pavillon français.

Nature des crimes, délits et contraventions.—Dans les cas prévus par les traités, capitulations et usages, lorsque le consul est compétent à raison de la qualité du coupable, il n'y a lieu à faire aucune distinction à raison de la nature des faits qui seraient reprochés à ce dernier. La question s'est présentée au point de vue d'un délit de presse. A ce sujet qu'on me permette un souvenir rétrospectif : lorsqu'on discutait à

(3) C'est ce que dit Valin dans son *Commentaire de l'article 12 de l'ordonnance*, t. 1, p. 252. La même observation est parfaitement applicable ici.

la Chambre des députés la loi de 1836, après une assez longue discussion sur les articles on allait voter sur l'ensemble, lorsque M. Isambert demanda qu'il fût constaté qu'il n'était pas dérogé aux dispositions de la loi du 8 octobre 1830, pour les délits de presse et pour les délits politiques qui pourraient être commis par des Français dans le Levant. L'addition fut repoussée à la suite des explications fournies par le rapporteur et par M. Fulchiron. Suivant ces Messieurs, les journaux imprimés en Turquie étant sous la domination turque, et non sous l'autorité du consul, il leur parut que les consuls ne pourraient suivre une affaire de presse dans ces pays, et que puisque les tribunaux français n'auraient pas à en connaître, il n'y avait pas à se préoccuper de la juridiction qui en serait saisie. M. Isambert abandonna lui-même son observation et le dernier article fut voté. Est-ce à dire que si un Français, au lieu de commettre un délit de presse au point de vue du gouvernement turc, commettait par la voie de la presse un délit envers les autorités de son pays ou envers un autre Français, il ne pût être poursuivi devant la justice française ; évidemment non, et cette distinction est même indiquée dans les explications sommaires que fournit le rapporteur dans la discussion que nous venons de rapporter. La Cour d'Aix a eu à juger la question ; elle s'est prononcée dans le sens de la compétence du consul, contrairement à la décision qui lui était déférée. Voici le jugement et l'arrêt qui font suffisamment connaître les circonstances dans lesquelles ils sont intervenus :

« Le tribunal consulaire de l'ambassade de France à Constantinople.

« Vu la plainte du sieur Baligot de Beyne, rédacteur en chef de la *Presse d'Orient*, contre le sieur Noguès, propriétaire et rédacteur du *Journal de Constantinople*,

Echo de l'Orient, journaux publiés l'un et l'autre à Constantinople ;

« Avant d'avoir entendu les parties sur le fond ;

« Statuant sur l'exception soulevée par le sieur Noguès, relativement à la compétence du tribunal consulaire en l'espèce ;

« Après avoir entendu contradictoirement les parties ;

« Attendu que la publication du *Journal de Constantinople* et de la *Presse d'Orient* n'a pas été autorisée par l'ambassade de France à Constantinople ;

Attendu que les propriétaires de ces feuilles ont demandé et obtenu l'autorisation spéciale et exclusive de la Porte-Ottomane pour les faire paraître, et qu'elles sont censurées par le gouvernement ottoman ;

« Que dès lors il est évident que ces publications ne sont pas régies par la loi française, et qu'elles sont placées de fait et de droit sous la juridiction et l'autorité ottomane ;

« Par ces motifs :

« Le Tribunal, sans s'arrêter aux moyens proposés par le sieur Baligot de Beyne, se déclare incompétent, renvoie le plaignant devant qui de droit, et le condamne aux dépens.

« Fait et jugé à Constantinople, le 10 janvier 1857. »

Appel, arrêt de la Chambre correctionnelle, du 22 juillet 1857, sous la présidence de M. Castellan et sur les conclusions conformes de M. de Gabrielli, avocat général.

« La Cour impériale d'Aix,

« Sur l'exception d'incompétence opposée par Noguès :

« Attendu que Noguès, Français établi dans le Levant, où il est propriétaire et rédacteur en chef du *Journal de Constantinople, Echo de l'Orient,* a été cité devant le tribunal consulaire de l'ambassade de France par un autre Français,

Baligot de Beyne, rédacteur en chef du journal la *Presse d'Orient*, qui s'imprime dans la ville, et à l'effet de s'entendre condamner aux peines portées par la loi et à 100,000 fr. de dommages-intérêts, pour avoir, dans le n° 766 de son journal, à la date du 29 décembre 1856, publié un article diffamatoire contre ledit Baligot de Beyne ;

« Attendu que, sur le déclinatoire proposé par le défendeur, le tribunal consulaire s'est déclaré incompétent par le motif que le journal poursuivi ne paraissant qu'avec la permission et sous la censure de la Porte-Ottomane, sa publication, non régie par la loi française, ne relevait que de la juridiction turque ;

« Attendu, à cet égard, que, aux termes des traités et capitulations, tous les délits commis par les Français dans les Echelles du Levant doivent être jugés par nos tribunaux, suivant les formes édictées en 1836, à moins qu'il ne s'agisse des lois de police et sûreté, ou de règlements inapplicables hors du territoire de l'Empire ;

« Attendu que si, d'après ces principes, le Français rédacteur d'un journal publié à Constantinople avec la permission et sous la censure de la Sublime-Porte, échappe aux prescriptions de nos lois spéciales sur la presse, lesquelles ne peuvent évidemment lui être imposées ; si même il faut aller jusqu'à dire que, en ce qui touche à la politique et aux intérêts généraux, il n'est, pour ses publications, justiciable que de la juridiction locale, il ne saurait en être ainsi de la diffamation que ce journaliste se permettrait contre un simple particulier dans des choses de la vie privée, alors surtout que l'article incriminé serait poursuivi comme étant l'œuvre personnelle du rédacteur du journal, circonstance que le plaignant invoque à l'appui de sa demande en dommages-intérêts au procès actuel ;

« Attendu que, dans ce cas, il n'existe aucun motif pour distraire le prévenu de la juridiction française, puisqu'on est obligé de reconnaître que, à raison d'un délit semblable commis dans les Echelles du Levant par tout autre moyen de publication, Noguès devrait être cité devant le tribunal consulaire, et qu'ici le moyen employé ne change ni le caractère du délit, ni le mode des poursuites, ni la nature de la répression ;

« Que, d'ailleurs, tout s'opère sans atteinte portée au journal lui-même, sans saisie ni aucune autre mesure exercée contre lui ; que c'est pour s'être trop préoccupé de cet instrument de la diffamation, qui reste cependant en dehors des poursuites, que les premiers juges ont été mal à propos amenés à se croire incompétents ;

« Au fond :

« Attendu que la Cour ne peut pas dès maintenant statuer sur le fond, vu que les parties n'ont encore discuté que l'exception de compétence ;

« Attendu, quant aux dépens, qu'il convient de les réserver pour mieux savoir, en fin de cause, comment et dans quelle mesure, tant ceux de première instance que ceux d'appel devront être supportés par la partie qui succombera définitivement ;

« Par ces motifs :

« La Cour, disant droit à l'appel de Baligot de Beyne, annule le jugement d'incompétence dont est appel ainsi que la condamnation aux dépens y prononcée contre ledit Baligot de Beyne, et faisant ce que les premiers juges auraient dû faire, retient la matière ; ordonne, en conséquence, qu'il sera plaidé au fond, et renvoie à cet effet la cause à l'audience du mercredi sans nouvelle citation, dépens réservés. »

L'arrêt de la Cour d'Aix ayant été déféré à la Cour de

cassation, a été confirmé le 28 novembre 1857 par les motifs suivants : « Attendu qu'aux termes de ces diverses dispositions (de la loi de 1836), le tribunal consulaire de France est compétent pour statuer soit d'office, soit sur la plainte des parties lésées, sur tout crime, délit et contravention commis de Français à Français ; qu'aux termes de l'article 75 de la loi du 28 mai 1836, les contraventions, les délits et les crimes commis par des Français dans les Echelles du Levant et de Barbarie, doivent être punis des peines portées par les lois françaises ; attendu que, si la presse est régie en ce qui concerne sa police, son régime et ses conditions d'existence, par la loi territoriale de chaque pays, il faut distinguer entre les contraventions à cette police, à ces règlements ou aux lois de sûreté et de police, et les délits de droit privé, commis par la voie de la presse envers des particuliers ou des tiers ; attendu que dans l'espèce il s'agit non d'une contravention aux lois sur la police de la presse, ni d'un crime ou d'un délit contre les lois de police ou de sûreté de l'Empire Ottoman, commis par la voie de la presse, mais seulement d'un délit privé de diffamation imputé à Noguès, Français, par Baligot de Beyne, également Français, à l'occasion d'un article publié dans un journal de Constantinople, ville dans laquelle le consul de France a seul juridiction pour tout crime, délit ou contravention commis de Français à Français.... »

Par décision du 23 décembre 1845, le tribunal consulaire de Constantinople s'était également déclaré incompétent pour statuer sur une plainte formée par M. Bechard, gérant du consulat général français à Smyrne, contre la dame Frisnecker, qui l'aurait diffamé par des libelles imprimés et répandus dans le public, sur le motif que ce fait était de la compétence de la Cour d'assises. Je ne ferai pas ressortir l'erreur de droit qui sert de base à cette décision ; je me borne à faire observer que d'après les lois récentes les délits de presse ne formant plus au point de vue de la compétence une catégorie distincte, une pareille exception ne pourrait pas même êtré présentée aujourd'hui.

Crimes, délits et covtraventions commis à bord des navires du commerce. — Un décret du 24 mars 1852, sur la discipline et le régime pénal de la marine marchande, a créé une juridiction spéciale pour connaître des fautes de discipline et des délits maritimes prévus par ce décret ; il a laissé sous l'empire des tribunaux ordinaires les crimes, délits et contraventions qu'il ne prévoit pas.

Il résulte de l'ensemble de ce décret, du rapport qui le précède et des instructions qui l'ont suivi, qu'il a eu pour but d'assurer la discipline des équipages, base essentielle de la puissance navale du pays. « Pour concilier autant que possible les exigences du droit commun avec les nécessités auxquelles il fallait impérieusement pourvoir, ce décret a laissé à la justice ordinaire son action dans un grand nombre de cas, et notamment dans ceux qui sont de nature à entraîner l'application de peines afflictives ou infâmantes. Il ne s'est écarté de cette règle générale que pour la répression des actes purement maritimes, rangés dans la catégorie des fautes ou des délits contre la discipline. » (*Rapport du 24 mai 1852 au prince président de la République, sur le décret disciplinaire et pénal pour la marine marchande*). Il résulte de là qu'en ce qui concerne les fautes ou délits contre la discipline, les consuls dans les Echelles devront se conformer aux dispositions du décret du 24 mars 1852, et n'agir que dans les limites des droits et devoirs que leur donnent ou imposent ces dispositions. Pour tous les autres cas, et notamment lorsqu'il s'agit de crimes, rien n'est changé à leurs anciennes attributions. Le décret de 1852 maintient l'ancien état de chose tel qu'il était, c'est-à-dire que dans le Levant et en Barbarie les consuls doivent continuer à suivre les dispositions de la loi de 1836 ; car en attribuant aux consuls la connaissance des crimes, délits et contraventions dans *l'étendue des Echelles*, l'article 1er n'a pas borné leur juridiction aux actes qui seraient commis à terre. Les puissances musulmanes s'étant départies par l'article 15 des capitulations, de leur droit de police et d'action pour tous les lieux où elles auraient pu l'exercer, il est évident que les consuls, conformément à l'esprit de l'article 19 de l'ordonnance du 29 octobre 1833, doivent connaître de tous les faits (qui ne sont pas distraits de leur juridiction par le décret de 1852) qui se passent sur des bâtiments de commerce français dans les ports, mouillages et rades dépendant du pays dans lequel ils résident. Quant aux actes commis par des marins sur les bâtiments de l'Etat, il va sans dire que la connaissance en appartient exclusivement aux autorités maritimes. » (Circ. des affaires étrangères, du 15 juillet 1836, concernant l'exécution de la loi du 28 mai 1836).

Rédaction des plaintes et requêtes. Les plaignants, en s'adressant aux consuls, doivent, dans leurs plaintes et requêtes, ne pas s'écarter du respect dû aux autorités auxquelles ils les adressent, sous peine de voir rejeter ces pièces et même de poursuites s'il y échet. Le 1er juillet 1847, notre ambassadeur à Constantinople a rendu un décret affiché en chancellerie, par lequel il était mandé à la chancellerie de restituer aux pétitionnaires toute requête dont le fond ou les termes seraient inconvenants, et de leur faire connaître verbalement que les pièces de cette nature continueraient à être considérées comme non avenues et seraient anéanties dans le cas où ils persisteraient à ne pas les retirer.

Consignation des frais. — L'étranger qui porte plainte n'est point tenu, s'il ne se porte pas partie civile, à fournir caution ni à consigner les frais (Trib. consulaire de Constantinople, 29 janv. 1847, Gracié).

Contravention à la défense de traduire les Français devant les juges étrangers. — Nous avons rappelé la disposition de l'article 2 de l'édit de 1778, portant défense aux Français en pays étrangers d'y traduire leurs concitoyens devant les juges des puissances étrangères à peine de 1500 liv. d'amende. Cette prescription est encore en vigueur ; mais ce n'est point aux tribunaux consulaires à connaître de son inexécution. L'édit attribuant la connaissance de ces contraventions à la Cour où ressortissent les appels des sentences des consuls devant lesquels lesdits contrevenants eussent dû former leurs demandes ou leurs plaintes, c'est la Cour d'Aix qui est compétente, et c'est à la requête du procureur général près cette Cour que la poursuite doit être dirigée. C'est ce qui a eu lieu en 1844 : un négociant français de Smyrne ayant traduit un autre négociant français devant les autorités ottomanes de Kutaïé, le procureur général, sur la plainte du défendeur, fit citer le demandeur devant la Cour d'Aix, chambre correctionnelle, pour contravention à l'article 2 de l'édit de 1778, et la Cour, par arrêt du 7 septembre 1844, condamna le contrevenant nommé Artus à 1500 fr. d'amende.

2. En cas de vacances des consulats, d'absence ou d'empêchement des consuls, les officiers ou autres personnes appelées à remplacer, suppléer ou représenter les consuls, exerceront les fonctions qui sont attribuées à ces derniers par la présente loi.

Les mêmes fonctions seront remplies à Constantinople par l'officier que le Roi aura désigné.

Conférence. — Edit de juin 1778, art. 4 et 75 ; ordonnance du 3 mars 1781, art. 34, 25, 26 et 27 ; Code d'instruction criminelle, art. 26 et 58 ; voyez encore *infrà* art. 7 de la loi de 1836.

En ce qui concerne l'exercice des fonctions de consul à Constantinople, voyez l'ord. du 2 juillet 1842, rapportée *suprà* p. 273, à la suite de l'article 38 de l'édit de 1778.

Chancelier. — *Attributions en matière criminelle.* — « D'après l'article 8 de l'édit du mois de juin 1778, le chancelier du consulat remplit, sous la foi du serment qu'il a prêté, les fonctions de greffier, tant en matière civile qu'en matière criminelle ; il donne, en outre, toutes les assignations et fait en personne toutes les significations pour suppléer au défaut d'huissier. Cette disposition restant inscrite dans la législation spéciale du Levant, il eut été superflu de la reproduire dans la loi, et il demeure établi que les fonctions de greffier et d'huissier seront remplies, au criminel comme au civil, par le chancelier du consul, et en cas d'absence ou d'empêchement, par la personne qui remplace cet officier, laquelle devra prêter serment. » (Circul. des affaires étrangères du 15 juillet 1836, n° 5 ; rapport à la chambre des députés, séance du 19 février 1836, *Moniteur* du 30, p. 309, 2ᵉ colonne ; et discussion à la chambre des pairs, séance du 25 avril 1836, *Moniteur* du 26, p. 872, 3ᵉ col.). Nous nous bornerons donc ici à renvoyer aux explications que nous avons placées à la suite de l'article 8 de l'édit de 1778 ; *suprà*, p. 239 et suiv.

3. Toute personne qui se prétendra lésée par un crime, un délit ou une contravention, pourra en rendre

plainte ; elle pourra, si bon lui semble, se constituer partie civile.

La partie civile qui ne demeurera point dans le lieu de la résidence du consul saisi de la poursuite sera tenue d'y élire domicile par déclaration faite à la chancellerie du consulat, faute de quoi elle ne pourra se prévaloir du défaut de signification d'aucun des actes de l'instruction.

Conférence. — Code d'instr. crim., liv. 1, chap. 6, sect. 2, distinction 2ᵉ, § 2, et notamment les art. 63 et 68.

Observation générale sur les formalités de procédure. — « Une observation importante se présente, dès l'article 3, qui forme le point de départ de la procédure ; c'est que, pour arriver au moment où un individu inculpé d'un délit ou d'une contravention, sera condamné ou absous, il n'est pas indispensable de passer par la filière des informations, des récolements, des confrontations et des renvois à l'audience par décision du tribunal consulaire. Dès les premiers pas de la procédure, le consul peut rendre une ordonnance pour renvoyer directement le prévenu devant le tribunal ; il le fera sans doute toutes les fois qu'il verra nettement, au premier abord, qu'il ne s'agit que d'un délit, et lorsqu'il ne jugera pas opportun de procéder à une instruction préalable. Le consul a le même droit après l'information ; il peut ordonner le renvoi à l'audience au lieu de passer au récolement. D'un autre côté, si les poursuites sont faites par la partie civile, elle est autorisée à citer directement le prévenu à l'audience. » (Circul. du 15 juillet 1836, n° 8). Il est presque inutile d'ajouter que les observations qui précèdent ne sont pas applicables au cas où la poursuite ayant lieu pour crime, doit aboutir à un renvoi devant la Cour d'Aix, qui ne peut juger que sur l'information écrite.

4. Sur la plainte portée au consul, soit par requête, soit par déclaration faite à la chancellerie, ou sur la connaissance qu'il aura, par la voix publique, d'un crime ou délit qui aurait été commis par un Français, le consul se transportera, s'il y a lieu, avec toute la célérité possible, assisté de l'officier qui remplira les fonctions de greffier, sur le lieu du crime ou du délit, pour le constater par un procès-verbal. Il saisira les pièces de conviction, et pourra faire toutes visites et perquisitions aux domicile et établissement de l'inculpé.

Conférence. — Edit de juin 1778, art. 40 ; Code d'inst. crim., art. 32 et suivants, 87 et suivants.

En ce qui concerne l'officier qui remplit les fonctions de greffier, voyez *suprà* loi de 1836, art. 2, et édit de 1778, **art. 8**; *suprà* pag. 239 et 307.

5. Lorsqu'il s'agira de voies de fait ou de meurtre, le consul se fera assister d'un officier de santé qui, après avoir prêté le serment en tel cas requis, visitera le blessé ou le cadavre, constatera la gravité des blessures ou le genre de mort, et fera sur le tout sa déclaration au consul. Cette déclaration sera insérée au procès-verbal, lequel sera signé du consul, du greffier et de l'officier de santé.

Conférence. — Edit de juin 1778, art. 41 ; Code d'inst. crim., art. 44.

Serment de l'officier de santé. — L'officier de santé qui assiste le consul doit prêter serment entre ses mains de *faire son rapport et de donner son avis en son honneur et conscience.* (Cod. d'inst. crim., art. 44 ; circul. du 15 juillet 1836, n° 9). La prestation de ce serment doit être constatée dans la procédure, sinon la pièce serait irrégulière et ne pourrait servir de base légale à une condamnation.

Rédaction du rapport. — D'après le Code d'instruction criminelle, les officiers de santé commis par les magistrats sont dans l'habitude de constater leurs opérations dans des rapports séparés qu'ils remettent aux juges instructeurs et que ces derniers joignent à la procédure. L'article 5 de la loi de 1836, copiant presque textuellement l'article 41 de l'édit de 1778, se borne à enjoindre à l'officier de santé de faire la déclaration au consul. Cette déclaration doit alors être insérée au procès verbal et être signée par le consul, le greffier et l'officier de santé. Nous pensons que notre article n'empêche pas l'officier de santé d'opérer comme on le fait en France et de constater lui-même avec détails ses opérations et observations dans un rapport qu'il remettra au consul et qui, pour éviter toutes difficultés, sera signé par le consul et le greffier au moment de la remise ainsi constatée par ces fonctionnaires. Dans tous les cas le procès verbal de descente devra contenir sommairement la déclaration de l'officier de santé, et cette partie du procès-verbal devra être signée par le consul, le greffier et l'officier de santé. Lorsque l'officier de santé se proposera, en dehors de sa déclaration au consul, de faire un rapport circonstancié à part, le procès verbal de descente, après mention sommaire de la déclaration, indiquera cette circonstance et expliquera ainsi suffisamment comment ce rapport se trouve joint à la procédure.

6. **Le consul entendra, autant qu'il sera possible, les témoins sur le lieu du crime ou du délit, sans qu'il**

soit besoin d'assignation. Toute information aura lieu tant à charge qu'à décharge.

Conférence. — Edit de juin 1778, art. 6 ; Cod. d'inst. crim, art. 32, 33 et 89.

7. Les agents consulaires dans les Echelles du Levant et de Barbarie donneront immédiatement avis au consul des contraventions, délits et crimes qui y seraient commis ; ils recevront aussi les plaintes et dénonciations, et les transmettront à cet officier.

Ils dresseront, dans tous les cas, les procès-verbaux nécessaires ; ils saisiront les pièces de conviction et recueilleront, à titre de renseignements, les dires des témoins ; mais ils ne pourront faire, si ce n'est en cas de flagrant délit, des visites et perquisitions aux domiciles et établissements des inculpés, qu'après avoir reçu, à cet effet, une délégation spéciale du consul ou de celui qui en remplit les fonctions.

Conférence. — Ord. du 26 octobre 1833 ; loi de 1836, art. 2 ; Cod. d'inst. crim., art. 11, 48 et suiv.

Attributions des agents consulaires. — Aux termes des ordonnances, et notamment de celle du 26 octobre 1833, les vice-consuls et agents consulaires n'ont point de chanceliers et n'exercent aucune juridiction ; toutefois l'article 7 de la loi de 1836 leur attribue une part dans l'exécution de cette loi. Il leur confère, dans l'intérêt de la justice, des attributions qui ne leur avaient pas été reconnues jusqu'ici; mais il impose en même temps aux consuls la double obligation d'exercer la plus sévère surveillance pour que leurs délégués ne s'écartent pas, dans l'exercice de ces fonctions, des limites posées par la loi, et, d'autre part, de ne présenter à l'approbation du gouvernement, pour les emplois d'agents consulaires et de vice-consuls, que des personnes prudentes et dignes de remplir cette partie importante de leurs attributions. Ils veilleront particulièrement à ce que, sauf le cas de flagrant délit, ces agents ne puissent faire aucune visite ou perquisition au domicile de l'inculpé sans leur autorisation spéciale. S'il arrivait, d'ailleurs, que les consuls, informant sur les plaintes qui leur seront transmises par leurs agents ou vice-consuls, décernassent des mandats d'arrêt, ces derniers se trouveraient naturellement chargés de mettre ces mandats à exécution (circ. de 1836, n° 7).

Délégation spéciale. — « On a dit qu'il y aurait beaucoup d'inconvénients à exiger une délégation *spéciale* du consul, puisque très-souvent et à raison des longues distances, les preuves pourraient s'atténuer ou même se perdre avant l'arrivée de cette délégation. Ces inconvénients ne sont rien, en comparaison de ceux que présenterait une perquisition non autorisée. En effet, le droit de visite et de perquisition dans le domicile et l'établissement d'un Français inculpé est quelque chose de grave. Les agents consulaires doivent être choisis, autant que possible, parmi les Français notables; mais, à défaut de ceux-ci, ils sont pris parmi les négociants ou habitants les plus recommandables du lieu, c'est-à-dire *parmi des étrangers* (art. 40 de l'ord. du 20 août 1833). C'est à raison de cette dernière faculté qui devient, en certains cas, une nécessité, que le projet a subordonné le droit de visites et de perquisitions domiciliaires à la délégation spéciale du consul.

« Cependant il peut arriver des cas où il y aurait, comme on l'a dit, de graves inconvénients à attendre la délégation;

il y a des cas d'urgence, ceux de *flagrant délit*, qui nécessitent une visite immédiate; aussi la loi les a-t-elle sagement exceptés de la disposition générale (Rapport à la Chambre des députés, séance du 19 février 1836, *Moniteur* du 20, pag. 309, 3me col.).

Flagrant délit.— L'article 41 du Code d'instruction criminelle définit ce qu'on doit entendre par flagrant délit. Il en résulte qu'il y a flagrant délit : 1° lorsque le crime se commet actuellement ; 2° lorsque le crime vient de se commettre ; 3° lorsque le prévenu est poursuivi par la clameur publique ; 4° lorsque le prévenu est trouvé saisi d'effets, armes, instruments ou papiers faisant présumer qu'il est auteur ou complice, pourvu que ce soit dans un temps voisin du délit ; 5° lorsque le chef d'une maison dans laquelle un crime ou un délit a été commis requiert les agents de la police judiciaire de le constater.

8. Le consul pourra, selon la nature des faits constatés par son procès-verbal, rendre une ordonnance pour faire arrêter le prévenu, de la manière usitée dans le pays de son consulat.

Le prévenu ne pourra être mis en détention que dans les cas suivants : 1° s'il s'agit d'un crime ; 2° s'il sagit d'un délit emportant la peine d'emprisonnement, et si, dans ce dernier cas, le prévenu n'est pas immatriculé, soit comme chef actuel ou ancien, soit comme gérant d'un établissement commercial.

Conférence. — Edit de juin 1778, art. 43 ; Cod. d'inst. crim., art. 40, 91 et suivants.

Arrestation des prévenus. — L'arrestation des prévenus, d'après notre article, n'a lieu que lorsqu'elle est indispensable pour assurer la répression ; la disposition de la loi de 1836 est conçue dans des termes tels qu'elle étend l'affranchissement de la détention préventive à un plus grand nombre de cas que ne le fait le droit commun de la législation française (circ. de 1836, n° 10).

Français immatriculés. — Dans le projet adopté par la chambre des pairs et dans la première rédaction de l'article 8, en 1826, on exemptait de toute arrestation préventive les Français immatriculés. Ce privilège était facile à justifier avant l'ordonnance du 18 avril 1835, puisque à cette époque, les Français ne pouvaient s'établir dans le Levant qu'après avoir fourni un cautionnement et obtenu une autorisation. Mais depuis l'ordonnance de 1835, ces garanties n'étant plus exigées, un simple passeport suffisant pour se rendre de France dans les Echelles et l'immatriculation pouvant être réclamée aux termes de la circulaire du 2 décembre par tous les Français qui ne sont pas privés de leur qualité de Français ou de leurs droits civils ; l'immatriculation ne présentait plus aucune des garanties qu'elle présentait en 1826, lorsque la chambre des pairs admettait dans le projet de loi qui lui était alors soumis un privilège en faveur des immatriculés. Ce privilége ne pouvait plus dès lors être conservé ; mais convenait-il de le détruire complètement, comme M. Sémerie l'avait proposé à la chambre des députés ? (séance du 10 mars 1836, *Moniteur* du 11, pag. 445, 3me col.). La commission de la chambre des pairs ne crut pas devoir aller si loin; elle proposa de dispenser dans tous les cas, de l'emprisonnement préventif, celui qui serait immatriculé, soit comme chef actuel ou ancien, soit comme gérant d'un établissement commercial (Rapport, séance du 16 avril 1836,

Moniteur du 17, pag. 764, 3ᵐᵉ col.) et cet amendement a été adopté.

Protégés français.— Il résulte formellement de la discussion qui a eu lieu à la chambre des députés en 1836 (séance du 10 mars, *Moniteur* du 11, p. 446, 1ʳᵉ col.), que les protégés ne jouissent pas de l'exception faite par la loi, en faveur des Français immatriculés ; le rapporteur disait : « Les protégés ne participeront pas à l'exemption ; nous ne stipulons que pour les Français, les seuls qui puissent jouir de l'immatriculation. » Cependant, comme la loi ne fait pas une obligation au consul de faire arrêter le prévenu, il ne devra user du pouvoir que lui confère la loi vis-à-vis d'un protégé, prévenu d'un délit, qui aura un établissement commercial, qu'avec la plus grande réserve, et lorsqu'un intérêt de moralité et de justice incontestable lui en fera un devoir.

9. En cas de prévention de délit, la mise en liberté provisoire pourra être accordée en tout état de cause à l'inculpé, s'il offre caution de se représenter et s'il élit domicile au lieu où siége le tribunal consulaire.

Le cautionnement, dans ce cas, sera fixé par le consul.

S'il y a partie civile, le cautionmement devra être augmenté de toute la valeur du dommage présumé, telle qu'elle sera provisoirement arbitrée par le consul.

Les vagabonds et les repris de justice ne pourront, en aucun cas, être mis en liberté provisoire.

Conférence.—Code de proc. civile, art. 113 et suivants.

Chiffre du cautionnement. — Le projet présenté aux chambres en 1836, portait que le cautionnement ne pourrait être inférieur à 500 francs; c'était la reproduction de l'article 119 du Code de procédure civile. Sur les observations de MM. de Laboulie, de Golbery et Laurence, la chambre des députés supprima la disposition de l'article limitant le chiffre du cautionnement, et il fut alors expliqué à la chambre combien il était utile de ne pas gêner le consul dans son appréciation (séance du 18 mars 1836, *Moniteur* du 11, pag. 446, 2me et 3me col., 447, 1re col.). Le consul est donc souverain appréciateur du montant du cautionnement, dans le cas où il y a lieu à mettre un prévenu en liberté provisoire sous caution. Le décret du 23 mars 1848, en supprimant le 1er § de l'article 119 du Code d'instruction criminelle, a également effacé la détermination du chiffre de 500 francs en France.

Repris de justice. — On ne doit considérer comme repris de justice, dans le sens de notre article, que les individus condamnés à des peines afflictives ou infamantes; c'est ce qu'a jugé la Cour de cassation, le 26 mai 1838, et ce que professent les auteurs, par application de l'article 115 du Code d'instruction criminelle.

10. Le prévenu contre lequel il n'aura pas été décerné d'ordonnance d'arrestation sera assigné aux jour et heure que le consul indiquera par son ordonnance, pour être interrogé.

Lorsqu'un Français prévenu de crime ou de délit sera arrêté et mis en lieu de sûreté, soit à terre soit dans un navire français de la rade, le consul l'interrogera dans les vingt-quatre heures au plus tard.

L'interrogatoire sera signé par l'inculpé, après qu'il lui en aura été donné lecture, sinon il sera fait mention de son refus de signer ou des motifs qui l'en empêcheraient. Cet interrogatoire sera coté et paraphé à chaque page par le consul, qui en signera la clôture avec le greffier.

Conférence.— Edit de juin 1778, art. 44; Code d'instruction criminelle, art. 35, 40, 91, 93.

Délai dans lequel l'inculpé doit être interrogé. — Si l'inculpé est placé sous mandat d'amener, il devra autant que faire se pourra, être interrogé dans les vingt-quatre heures, sans que l'inobservation de cette prescription dans ce délai puisse nuire à la validité de la procédure. L'exécution de cette prescription a été recommandée à la vigilance des consuls par le ministre des affaires étrangères ; les consuls sont invités même à mentionner dans le procès-verbal d'interrogatoire le motif qui aurait empêché d'interroger le prévenu dans les vingt-quatre heures (Circulaire du 15 juillet 1836, n° 12).

11. Le consul pourra réitérer l'interrogatoire de tout prévenu autant de fois qu'il le jugera nécessaire pour l'instruction du procès.

Conférence.— Edit de 1778, art. 45.

12. Lorsque le consul découvrira des écritures et signatures privées dont il pourrait résulter des preuves ou des indices, il les joindra au procès, après les avoir paraphées ; elles seront représentées au prévenu lors de son interrogatoire ; le consul lui demandera s'il les a écrites ou signées, ou bien s'il veut ou s'il peut les re-

connaître ; il sera dans tous les cas, interpellé de les parapher.

Conférence.— Edit de 1778, art. 46 et 47 ; Code d'instruction criminelle, art. 36, 37, 87, 89, 448 et suivants ; Loi de 1836, art. 4 et 13.

But de l'article 12. — L'article 12, en tant qu'il prescrit la main mise de la justice sur diverses pièces de conviction, n'est en quelque sorte que la répétition de l'article 4; mais il a en outre pour but de tracer les formalités à remplir pour ce cas particulier et d'indiquer les précautions à prendre pour constater l'identité des pièces saisies avec les mêmes pièces qui sont plus tard reproduites dans le cours des débats.

Pièces publiques.—Bien que d'après l'article 12, les écritures et signatures privées semblent devoir être jointes au procès, les écrits authentiques pouvant servir de preuves ou d'indices devront l'être également en vertu de l'article 4 qui enjoint aux consuls de saisir toutes les pièces de conviction (Circulaire de 1836, n° 13.

13. Dans le cas où le prévenu refuserait de reconnaître les écritures et signatures saisies, le consul se procurera, s'il est possible, des pièces de comparaison, qui seront par lui paraphées et jointes au procès, après avoir été représentées au prévenu dans la forme prescrite en l'article précédent et avec les mêmes interpellations.

La vérification de ces écritures et signatures sera faite devant les juges qui procéderont au jugement définitif, tant sur les pièces ci-dessus que sur toutes autres qui pourraient être produites avant le jugement.

Conférence.— Edit de 1778, art. 48 et les divers autres documents indiqués à la suite de l'article précédent.

14. Les écritures et signatures saisies par le consul seront aussi représentées, lors de l'information, aux témoins, qui seront interpellés de déclarer la connaissance qu'ils peuvent en avoir.

Conférence.— Edit de 1778, art. 49 et les divers autres documens indiqués à la suite de l'article 12.

15. En matière de faux, le consul se conformera aux trois articles précédents, sauf à être suppléé, autant que faire se pourra, aux autres formalités, par les juges du fond.

Conférence.— Edit de 1778, art. 50 et les divers autres documents indiqués à la suite de l'article 12.

16. Tous les objets pouvant servir à la conviction de l'inculpé seront déposés à la chancellerie, et il sera dressé de ce dépôt un procès-verbal, qui sera signé du consul et du greffier.

La représentation desdits objets sera faite à l'inculpé dans son interrogatoire, et aux témoins dans les informations; les uns et les autres seront interpellés de déclarer s'ils les reconnaissent.

Conférence. — Edit de 1778, art. 51; Code d'instruction criminelle, art. 35, 38, 39, 89.

17. Pour procéder à l'information hors le cas prévu en l'article 6 ci-dessus, le consul rendra une ordon-

nance portant fixation du jour et de l'heure auxquels les témoins se présenteront devant lui.

En vertu de cette ordonnance, les Français indiqués pour témoins seront cités par l'officier faisant fonctions de chancelier.

Quant aux étrangers, le consul fera, vis-à-vis des consuls étrangers, les réquisitions d'usage dans l'Echelle, pour obtenir l'ordre de les faire comparaître; et, en ce qui touche les sujets des puissances dans le territoire desquelles les consulats seront établis, les consuls se conformeront, pour les faire comparaître, aux capitulations et usages observés dans les différents consulats.

Conférence. — Edit de juin 1778, art. 21, 23, 25 et 52; Code d'instruction criminelle, art. 33, 71 et suivants; Loi de 1836, art. 23.

Moyens employés pour obliger les témoins à comparaître.— Les moyens accordés aux consuls pour obliger les témoins à comparaître sont indiqués dans notre article et dans l'article 13 de la loi de 1836. Ces articles s'appliquent aux témoins assignés, soit pour les informations, soit pour le récolement, soit pour l'audience.

Commissions rogatoires.— Lorsqu'il y a lieu d'entendre des témoins dans une échelle ou localité autre que celle où s'instruit la procédure, le magistrat instructeur peut rogatoirement commettre le consul de l'échelle où réside le témoin, un juge d'instruction français ou un magistrat étranger pour recevoir la déposition de ce témoin; dans ce cas, il ne peut y avoir lieu, même en cas de crime, à la formalité du récolement et de la confrontation, mais avant la clôture de l'instruction, cette pièce doit être lue à l'inculpé qui doit être mis à même de présenter ses observations, et le consul pourra, suivant la nature de ces observations, si le cas l'exige, faire de nouveau entendre rogatoirement le témoin.

18. Avant sa déposition, chaque témoin prêtera serment de dire toute la vérité, rien que la vérité ; le consul lui demandera ses nom, prénoms, âge, qualité, demeure, s'il est domestique, serviteur, parent ou allié de la partie plaignante ou de celle qui a éprouvé le dommage, ou de l'inculpé.

Il sera fait mention de la demande et des réponses du témoin.

Dans les cas où la croyance religieuse d'un témoin s'opposerait à ce qu'il prêtât le serment ci-dessus prescrit, ou à ce qu'il fît aucune espèce d'affirmation, le procès-verbal le constatera, et il sera passé outre à son audition.

Conférence. — Edit de juin 1778, art. 53 ; Cod. d'inst. crim., art. 75.

19. Les témoins déposeront oralement et séparément l'un de l'autre.

Chaque déposition sera écrite en français par le greffier ; elle sera signée, tant par le témoin, après que lecture lui en aura été donnée et qu'il aura déclaré y persister, que par le consul et par le greffier ; si le témoin ne peut ou ne veut signer, il en sera fait mention.

Conférence.— Edit de 1778, art. 54 ; Cod. d'inst. crim., art. 73 et 76.

En ce qui concerne les témoins qui n'entendent pas le français, voy. *infrà*, art. 33.

20. Les procès-verbaux d'information seront cotés et paraphés à chaque page par le consul, et seront clos par une ordonnance qu'il rendra, soit pour procéder à un supplément d'information, soit pour renvoyer à l'audience dans le cas où il s'agirait d'une peine correctionnelle ou de simple police, soit aux fins de procéder, selon les règles ci-après, au récolement et à la confrontation, lorsqu'il y aura indice de crime passible d'une peine afflictive ou infamante.

Néanmoins le consul pourra, dans tous les cas où il le jugera convenable, confronter les témoins au prévenu.

Conférence. — Edit de juin 1778, art. 55 ; Cod. d'inst. crim., art. 76, 78, 127 et suiv., et les modifications apportées à ces derniers articles par la loi du 17 juillet 1856.

21. S'il y a lieu, en vertu de l'article précédent, de récoler les témoins en leurs dépositions, et de les confronter au prévenu, le consul fixera, dans son ordonnance, les jour et heure auxquels il y procédera.

Conférence. — Edit de 1778, art. 56.

22. Cette ordonnance sera notifiée au prévenu trois jours avant celui qu'elle aura fixé, avec copie de l'information. Le prévenu sera averti de la faculté qu'il

aura de se faire assister d'un conseil, lors de la confrontation ; s'il n'use point de cette faculté, il pourra lui en être désigné un d'office par le consul. Ce conseil pourra conférer librement avec lui.

Conseil des prévenus. — « L'article 22 consacre une des principales garanties que la loi de 1836 a voulu assurer au prévenu et dont il était privé sous l'empire de la législation précédente ; il lui donne la faculté d'avoir un conseil qui l'assistera dans les diverses périodes de la procédure ; mais cette garantie serait illusoire si on devait exiger que le défendeur fût gradué, car cette condition serait presque toujours impossible à remplir dans les Echelles. Toute latitude devra donc être laissée au prévenu pour la désignation de son défenseur, qui pourra même être choisi parmi des étrangers. Au surplus, nos Codes et la loi de 1836, notamment l'article 52 relatif à la police de l'audience, donnent aux consuls tous les moyens de maintenir le défenseur dans le respect dû à la justice ; mais on n'a pu leur imposer l'obligation de donner un conseil d'office aux prévenus, parce qu'ils seraient sans moyens de contrainte s'ils éprouvaient un refus de la part du défenseur qu'ils désigneraient » (Circul. de 1836, n° 17).

Présence du conseil au récolement. — L'article 22 autorise le prévenu à se faire assister d'un conseil au moment de la confrontation ; mais il résulte de la rédaction de notre article et des explications qui ont été données aux Chambres sur cette rédaction, que ce conseil ne doit pas assister au récolement (Rapport à la Chambre des pairs, séance du 16 avril, *Moniteur* du 17, pag. 764, 3me col. ; explications du garde des sceaux à la Chambre des députés, séance du 25 avril, *Moniteur* du 26, pag. 872, 2me col.).

23. Le consul fera comparaître les témoins devant lui au jour fixé, de la manière prescrite en l'article 17.

Il pourra se dispenser d'appeler les témoins qui auront déclaré, dans l'information, ne rien savoir ; toutefois, il les appellera si l'inculpé le requiert.

Les témoins français seront tenus, dans tous les cas prévus par les articles ci-dessus, de satisfaire à la citation. Les défaillants pourront être condamnés en une amende qui n'excédera pas cent francs. Ils seront cités de nouveau ; s'ils produisent des excuses légitimes, le consul pourra les décharger de cette peine.

Le consul aura toujours le droit d'ordonner, même sur le premier défaut, que les défaillants seront contraints par corps à venir déposer.

Conférence. — Cod. d'inst. crim., art. 80, 81, 86.

24. Pour procéder au récolement, lecture sera faite, séparément et en particulier, à chaque témoin, de sa déposition, par le greffier, et le témoin déclarera s'il n'y veut rien ajouter ou retrancher, et s'il y persiste. Le consul pourra, lors du récolement, faire des questions aux témoins pour éclaircir ou expliquer leurs dépositions. Les témoins signeront leurs récolements, après que lecture leur en aura été donnée, ou déclareront qu'ils ne savent ou ne peuvent signer. Chaque récolement sera, en outre, signé du consul et du greffier. Le procès-verbal sera coté et paraphé sur toutes les pages par le consul.

Conférence. — Edit de juin 1778, art. 57.

Poursuite pour faux témoignage. — L'article 24 n'a pas rappelé la disposition de l'édit de 1778, qui ordonnait des poursuites contre tout témoin qui après son récolement se rétracterait. A cet égard les témoins sont replacés dans le droit commun ; ils ne peuvent être poursuivis que comme faux témoins, s'il y a motif suffisant (Circ. de 1836, n° 18).

25. Après le récolement, les témoins seront confrontés au prévenu. A cet effet, le consul fera comparaître ce dernier, en présence duquel chaque témoin prêtera de nouveau serment de dire toute la vérité, rien que la vérité.

Conférence. — Edit de juin 1778, art. 59 et 62.

26. La déclaration du témoin sera lue au prévenu ; interpellation sera faite au témoin de déclarer si le prévenu est bien celui dont il a entendu parler.

Si le prévenu, ou son conseil, remarque dans la déposition quelque contradiction, ou quelque autre circonstance qui puisse servir à le justifier, l'un et l'autre pourront requérir le consul d'interpeller le témoin à ce sujet.

Le prévenu et son conseil auront le droit de faire au témoin, par l'organe du consul, toutes les interpellations qui seront jugées nécessaires pour l'éclaircissement de faits ou pour l'explication de la déposition.

Ils ne pourront interrompre le témoin dans le cours de ses déclarations.

Le conseil du prévenu ne pourra répondre pour celui-ci, ni lui suggérer aucun dire ou réponse.

Conférence. — Edit de juin 1778, art. 62, 65, 66.

27. Lorsqu'un témoin ne pourra se présenter à la confrontation, il y sera suppléé par la lecture de sa déposition. Cette lecture sera faite en présence de l'inculpé et de son conseil, dont les observations seront consignées dans le procès-verbal.

28. Le prévenu pourra, par lui-même ou par son conseil, fournir des reproches contre les témoins. Il lui est permis de les proposer en tout état de cause, tant avant qu'après la connaissance des charges.

S'il en est fourni au moment de la confrontation, le témoin sera interpellé de s'expliquer sur ces reproches, et il sera fait mention, dans le procès-verbal, de ce que le prévenu et le témoin auront dit réciproquement à cet égard.

Conférence. — Edit de juin 1778, art. 63, 64, 67.

Reproches des témoins. — « L'article 28 laisse au prévenu le droit de proposer des reproches contre les témoins en tout état de cause, tant avant qu'après la connaissance de leurs dépositions. Il modifie ainsi d'une manière essentielle les dispositions correspondantes de l'édit de 1778 contenues dans les articles 63 et 67, d'après lesquelles le prévenu était tenu de fournir ses reproches avant la lecture de la déposition du témoin. La nouvelle rédaction a le double objet de mettre, en tout temps, le prévenu en mesure de révéler à la justice les motifs de suspicion qui s'élèvent contre toute personne appelée en témoignage, et de consacrer le droit d'information générale du consul sur les faits qui motivent les reproches contre les témoins. » (Circul. du 15 juillet 1836, n° 19).

29. S'il y a plusieurs prévenus, ils seront aussi confrontés les uns aux autres, après qu'ils auront été séparément récolés en leurs interrogatoires, dans les formes prescrites pour le récolement des témoins.

Conférence. — Edit de 1778, art. 59.

30. Les confrontations seront écrites dans un cahier séparé, coté et paraphé à toutes les pages par le consul. Chaque confrontation, en particulier, sera signée par le prévenu et le témoin, après que lecture leur en aura été faite par le greffier ; s'ils ne peuvent ou ne veulent signer, il sera fait mention de la cause de leur refus. Chaque confrontation sera également signée par le consul et par le greffier.

Conférence. — Edit de 1778, art. 60.

31. L'inculpé aura, en tout état de cause, le droit de proposer les faits justificatifs, et la preuve de ces faits pourra être admise, qu'ils n'aient été articulés ni dans les interrogatoires, ni dans les autres actes de la procédure.

Dès qu'ils auront été proposés, le prévenu sera interpellé de désigner ses témoins ; il sera fait mention du tout dans un procès-verbal, au bas duquel le consul ordonnera d'office que les témoins seront appelés et par lui entendus aux jour et heure qu'il indiquera, suivant les règles prescrites pour les informations.

Conférence. — Edit de 1778, art. 68.

32. Dans l'information à laquelle il sera procédé en vertu de l'article précédent, les témoins seront d'abord interpellés de s'expliquer sur les faits justificatifs énoncés dans le procès-verbal ; le consul pourra ensuite faire aux témoins les questions qu'il jugera nécessaires à la manifestation de la vérité.

Conférence. — Edit de 1778, art. 69 et 70.

33. Il sera procédé aux informations, récolements et confrontations avec les témoins qui n'entendront pas la langue française, par le secours d'un interprète assermenté du consulat ou de tout autre interprète qui sera commis par le consul. Dans ce dernier cas, le consul fera prêter à l'interprète le serment de traduire fidèlement ; il en dressera procès-verbal, qui sera joint aux pièces ; ce serment servira pour tous les actes de la même procédure qui requerront le ministère du même interprète.

Les informations, récolements et confrontations seront signés par l'interprète dans tous les endroits où le témoin aura signé ou déclaré ne le pouvoir.

Dans le cas où la croyance religieuse d'un interprète

s'opposerait à ce qu'il prêtât le serment requis, ou à ce qu'il fit toute autre affirmation, le procès-verbal constatera cet empêchement.

Conférence. — Edit de 1778, art. 26 et 61 ; ord. 3 mars 1781, art. 76 à 105 ; Cod. proc. civ., art. 75 et 332 ; loi de 1836, art. 19.

Drogmans et interprètes. — Nous avons indiqué à la suite de l'article 26 de l'édit de 1778 les documents qui règlent ce qui concerne les drogmans et interprètes. Notre article indique toutes les règles à suivre lorsqu'il faut recourir à un interprète. Ces règles sont applicables dans les cas prévus par l'article 19 de la loi de 1836.

Formule de serment de l'interprète. — L'interprète, aux termes de l'article 33 de la loi de 1836, doit prêter serment de *traduire fidèlement*. L'article 332 du Code d'instruction criminelle indique dans un pareil cas la formule suivante : *Prêter serment de traduire fidèlement les discours à transmettre entre ceux qui parlent des langages différents.* Cette dernière formule est plus complète ; la circulaire ministérielle de 1836 dit que c'est celle qu'il faut suivre. Cela peut être fait régulièrement, mais si le procès-verbal se borne à constater que l'interprète a *prêté serment de traduire fidèlement*; comme il serait littéralement satisfait aux prescriptions de la loi de 1836, qui est la loi spéciale de la matière, la formalité serait très-régulièrement accomplie. La dernière partie de l'article, qui dispense l'interprète de prêter serment, lorsque sa croyance religieuse s'y oppose, à charge d'en faire mention dans le procès-verbal, n'est que la reproduction d'une disposition semblable, relative aux témoins, insérée dans l'article 18 de la loi de 1836.

34. En cas de fuite ou d'évasion de l'inculpé, le consul dressera un procès-verbal, signé de lui et du greffier, pour constater qu'il a fait d'inutiles perquisitions, et qu'il ne lui a pas été possible de s'assurer de l'inculpé; ce procès-verbal, joint aux pièces, tiendra lieu de toute autre formalité pour justifier de la contumace.

Conférence.— Edit de 1778, art. 71.

35. Le consul s'assurera de tous les effets, titres et papiers appartenant à l'inculpé fugitif, après en avoir fait faire inventaire et description par le greffier.

Conférence.—Edit de 1778, art. 72; loi de 1836, art. 4.

36. La procédure par contumace s'instruira, avec toute la célérité possible, par des informations, par le récolement des témoins, et par la représentation, auxdits témoins, des titres et autres objets qui pourront servir à conviction.

Conférence.— Edit de 1778, art. 73; loi de 1836, art. 4, 5, 6, 14, 16, 17, 18, 19, 20, 21, 22, 24, 33.

37. L'instruction terminée, l'affaire sera soumise au tribunal consulaire.

Ce tribunal sera composé du consul ou de celui qui en remplira les fonctions, et de deux Français par lui choisis parmi les notables qui résideront dans le ressort du consulat.

Conférence.— Ordonnance d'août 1681, liv. 1, tit. IX, art. 13; édit de juin 1778, art. 6; déclaration du roi du

25 mai 1722 ; Code d'instruction criminelle, art. 127 et suivants modifiés par la loi du 17 juillet 1856 ; loi de 1836, art. 38, 39 et 40.

En ce qui concerne Constantinople, voy. les explications qui suivent l'art. 38 de l'édit de juin 1778, *suprà* p. 273.

Le consul ne peut statuer seul.— Lors de la discussion de la loi de 1836, le système de l'*unité* de juge fut proposé ; mais on pensa qu'il y avait utilité à laisser subsister un tribunal composé de plusieurs juges, parce que la délibération fournit plus de lumières (Rapport à la chambre des députés, séance du 19 février, *Moniteur* du 20, pag. 309, 3me col. *in fine*). Cela était alors conforme non-seulement aux précédents dans les Echelles, mais encore à la procédure criminelle en vigueur en France. Depuis une loi du 17 juillet 1856 a fait passer aux juges d'instruction le pouvoir conféré aux chambres du conseil, pour la mise en prévention. Mais cette loi n'ayant abrogé ni implicitement ni explicitement la loi de 1836 spéciale aux Echelles du Levant, on doit encore de nos jours se conformer aux dispositions de notre article.

Choix des notables.— On s'est demandé lors du vote de la loi de 1836, comment se ferait le choix des notables appelés à composer le tribunal. Recourrait-on à l'élection ? mais il fallait tout un code électoral approprié aux Echelles du Levant et de Barbarie, et l'œuvre n'était pas facile pour qui n'a pas été à même d'observer l'état des choses dans le pays même pour lequel on fait une loi. Ferait-on un appel par ancienneté ? cela présentait le grave inconvénient de faire participer à l'administration de la justice des personnes qui, à cause de leur âge, seraient dans l'impossibilité de bien remplir leurs fonctions ; le hasard de l'ancienneté, le sort aveugle ne pouvaient décider un choix qui devait être fait avec discernement : on a laissé dès lors ce choix au consul. Une longue pratique indiquait que ce mode ne présentait pas les inconvénients que l'on pouvait craindre. On a amélioré toutefois l'état de choses, en enjoignant au consul de faire ses choix pour l'année entière, ce qui exclut l'idée de commissaires nommés tout exprès pour une cause spéciale ; la nomination se faisant ainsi année par année, le consul est soumis envers l'autorité supérieure de laquelle il relève, et envers les Français qui résident auprès de lui, à une responsabilité trop étendue pour qu'il se permette des choix suspects (Rapport à la chambre des députés, séance du 19 février 1836, *Moniteur* du 20, pag. 310, 1re col.).

Publication de l'arrêté de désignation des assesseurs. — Une expédition de l'arrêté du consul qui aura désigné les notables composant le tribunal devra être affiché dans la chancellerie pendant toute la durée de leur exercice (Circ. du 15 juillet 1836, n° 22.

Qu'entend-on par notables ? — La loi ne détermine pas les conditions que devront remplir les Français pour être considérés comme notables et pouvoir par conséquent être appelés à faire partie du tribunal consulaire. Elles sont naturellement les mêmes que celles exigées sous l'édit de 1778 des assesseurs qui forment avec le consul le tribunal civil. On peut seulement induire de l'article 8 de la loi que le degré de notabilité nécessaire pour concourir à la formation du tribunal, devra être reconnu à tout Français immatriculé, comme chef ou gérant d'un établissement commercial; quant aux autres nationaux immatriculés, mais qui sont étrangers à la profession du commerce, c'est au consul qu'est laissé le choix de déterminer, par l'appréciation de leurs lumières, de leur position et de leur moralité, s'ils sont dignes de participer à l'administration de la justice. Toutefois, il importe que rien de vague ne subsiste sur la composition, dans chaque Echelle, du corps dans lequel doivent être choisis les notables appelés à former le tribunal. La liste en sera, en conséquence, arrêtée au mois de décembre de chaque année, immédiatement avant la désignation des deux assesseurs entrant en exercice le 1er janvier suivant. Cette liste qui indiquera à quel titre chaque notable y aura été porté, sera régulièrement transmise au département des affaires étrangères ; et les consuls, dans les Echelles où il y aura impossibilité de composer par des notables le tribunal consulaire, le feront également officiellement connaître chaque année à l'époque indiquée (Circ. du 15 juillet 1836, nos 23 et 24).

Impossibilité de composer le tribunal. — Elle peut résulter non-seulement de l'absence de Français réunissant les conditions de la notabilité, comme de récusations légitimes exercées soit par le prévenu, soit par le consul lorsque des motifs de parenté, d'intérêt, de haine, d'amitié ou de crainte se produisent, soit de tout autre empêchement. Ces circonstances devront être mentionnées dans les ordonnances et jugements (Circ. du 15 juillet 1836, n° 26).

Prestation de serment. — Le serment exigé des assesseurs est le serment politique auquel sont soumis tous les fonctionnaires publics (Circ. du 15 juillet 1836, n° 28). Par suite d'une addition au projet de loi de 1836, il a été prescrit de dresser procès-verbal de la prestation de serment dans le registre des actes de la chancellerie. Les différents actes reçus dans les consulats n'étant pas transcrits dans un registre unique, mais reportés, suivant leur objet, dans différents registres, ce procès-verbal devra être inséré dans celui qui est consacré à des matières avec lesquelles il a le plus de rapport, c'est-à-dire dans celui qui doit recevoir la transcription des ordonnances des consuls (Circ. de 1836, n° 27).

38. Ces deux notables seront désignés d'avance pour toute l'année. Ils pourront être itérativement choisis.

En cas d'absence ou d'empêchement, ils seront temporairement remplacés par tels autres notables que le consul désignera, et mention sera faite des causes de ce remplacement, dans l'ordonnance ou le jugement du tribunal consulaire.

Voyez les observations qui suivent l'article 37.

39. Les deux notables désignés par le consul prêteront également serment.

Il sera dressé procès-verbal de l'accomplissement de cette formalité, dans le registre des actes de la chancellerie.

Voyez les observations qui suivent l'article 37.

40. Dans le cas où il y aurait impossibilité de composer par des notables le tribunal consulaire, le consul procédera seul, suivant les formes ci-dessous prescrites, à la charge de faire mention de cette impossibilité dans ses ordonnances et jugements.

Voyez les observations qui suivent l'article 37.

41. Le tribunal consulaire, composé, soit du consul et des notables, soit du consul tout seul, aux termes des articles ci-dessus, prononcera ainsi qu'il suit :

Si le fait ne présente ni contravention, ni délit, ni crime, ou s'il n'existe pas de charges suffisantes contre l'inculpé, le tribunal déclarera qu'il n'y a pas lieu à poursuivre.

Si le tribunal est d'avis que le fait n'est qu'une simple contravention, l'inculpé sera renvoyé à l'audience, pour y être jugé conformément au titre II ci-après.

Dans les deux cas ci-dessus, l'inculpé, s'il est en état d'arrestation, sera mis en liberté, et s'il avait fourni un cautionnement, il lui en sera donné main levée.

Conférence.— Code d'instruction criminelle, art. 128 et 129 modifiés par la loi du 17 juillet 1856.

Incompétence.— *Qualité des personnes.*— Si, à la suite de poursuites dirigées par l'autorité militaire contre des militaires, des civils ont été impliqués dans l'affaire, et que le conseil de guerre s'étant déclaré incompétent, l'affaire soit portée devant la juridiction consulaire, le tribunal consulaire ne peut, après avoir déclaré qu'il y avait lieu à suivre contre les inculpés civils, apprécier la conduite des militaires et rendre également une ordonnance de non lieu à l'égard de l'un d'eux; il doit se borner à les renvoyer devant les tribunaux compétents (Arrêt de la chambre des mises en accusation du 24 avril 1854 qui, statuant dans l'affaire Lemoine, sur l'opposition du procureur général envers une ordonnance du tribunal consulaire de Constantinople du 18 décembre 1855, annulle cette décision).

42. Si les juges reconnaissent que le fait constitue un délit, et qu'il y a charges suffisantes, le prévenu sera renvoyé à l'audience.

Dans ce dernier cas, si le délit peut entraîner la peine

d'emprisonnement, le prévenu, s'il est en état d'arrestation, y demeurera provisoirement, à moins qu'il ne soit admis à fournir caution, aux termes de l'article 9.

Si le prévenu est immatriculé, comme il est dit en l'article 8, ou si le délit ne doit pas entraîner la peine d'emprisonnement, le prévenu sera mis en liberté, à la charge de se représenter au jour de l'audience.

Conférence.— Code d'instruction criminelle, art. 130 et 131; loi du 17 juillet 1856; loi de 1836, art. 8 et 9.

43. Si le fait emporte peine afflictive ou infamante, et si la prévention est suffisamment établie, le tribunal consulaire décernera une ordonnance de prise de corps contre le prévenu, et il sera ultérieurement procédé selon les règles prescrites au titre III ci-après.

Conférence.— Ordonnance d'août 1681, liv. 1, tit. IX, art. 15; édit de 1778, art. 76 et 79, Code d'instruction criminelle, art. 133 et 134; loi du 17 juillet 1856; loi de 1836, art. 64 et suivants.

Majorité nécessaire pour le renvoi. — Aux termes de l'article 133 du Code d'instruction criminelle, il suffisait que les juges ou *l'un d'eux* fût d'avis que le fait était de nature à être puni de peines afflictives ou infamantes et que la prévention était suffisamment établie, pour que la chambre du conseil dût décerner une ordonnance de prise de corps ou renvoyer devant la chambre des mises en accusation. Dans le Levant, une pareille décision ne peut être prise qu'à la majorité; cela résulte des termes de notre article et des observations présentées par le rapporteur à la chambre des pairs, lors de la discussion de la loi (Séance du 15 avril, *Moniteur* du 26, pag. 873, 1re col.).

44. Lorsque le tribunal consulaire aura déclaré qu'il n'y a lieu à suivre, ou lorsqu'il aura renvoyé à la simple police un fait dénoncé comme crime ou délit, ou enfin lorsqu'il aura attribué à la police correctionnelle un fait qui aurait les caractères d'un crime, la partie civile aura le droit de former opposition à l'ordonnance, à la charge par elle d'en faire la déclaration à la chancellerie du consulat, dans le délai de trois jours, à compter de la signification qui lui sera faite de cette ordonnance.

La partie civile devra notifier son opposition au prévenu dans la huitaine suivante, avec sommation de produire devant la chambre d'accusation tels mémoires justificatifs qu'il jugera convenables.

Cette opposition n'empêchera pas la mise en liberté de l'inculpé, si elle a été ordonnée avant l'opposition de la partie civile ou si elle a été prononcée depuis, sans préjudice de l'exécution ultérieure de l'ordonnance de prise de corps qui pourait être rendue par la chambre d'accusation.

Conférence. — Code d'inst. crim., art. 135 et 136 ; loi du 17 juillet 1856.

Mise en liberté. — Il résulte des termes du dernier paragraphe de notre article, que lorsque la partie civile fait opposition en vertu du droit que lui donne notre article, cette opposition n'empêche pas la mise en liberté de l'inculpé, si elle a été ordonnée avant l'opposition de la partie civile ; bien plus, la mise en liberté pourra être prononcée après cette opposition ; le texte de l'article 44 est formel, et le rapport fait à la chambre des pairs explique le motif de cette disposition, placée dans la loi par suite d'addition au projet. (Rapport, séance du 16 avril, *Moniteur* du 17, pag. 764, 3ᵐᵉ col.

45. Le droit d'opposition appartiendra, dans tous les cas, au procureur général près la cour royale compétente pour connaître des ordonnances de tribunal consulaire, aux termes du titre III ci-après. Son opposition sera déclarée dans les formes et les délais réglés par l'article 79 de la présente loi.

Conférence. — Loi du 17 juillet 1856, art. 135 ; loi de 1836. art. 79.

TITRE 2. — Du Jugement des contraventions et délits.

46. Le tribunal consulaire sera saisi de la connaissance des délits, soit par citation directe, soit par suite du renvoi qui lui aura été fait d'après les articles 20 et 42 ci-dessus.

Le consul statuera seul en matière de simple police ; il sera saisi, soit par citation directe, soit par suite du renvoi qui lui aura été fait d'après les articles 20 et 44.

Il se conformera aux articles 47, 48, 49, 51 et 52 ci-après.

Conférence. — Code d'inst. crim., art. 137 et suiv., 179 et suiv. ; loi de 1836, art. 20, 41, 42, 47, 48, 49, 51, 52, 54.

Pourquoi le consul statue seul sur les contraventions de police. — Comme les contraventions résultent souvent de l'inobservation d'ordonnances de police qui seraient plus du ressort de l'autorité locale que du consul qui les a rendues, il importait que la répression en fût assurée, prompte et définitive. Les consuls sont chargés de statuer seuls sur les contraventions de police. Au surplus, ce n'est là que l'application de ce qui se passe en France où le juge de paix, ou le maire sont chargés de connaître des contraventions de police, aux termes de l'article 138 du Code d'instruction criminelle.

Extension de juridiction en ce qui concerne les délits. — Les délits punissables de peines pécuniaires pouvaient seuls, d'après l'ancienne législation, être jugés dans les Echelles. La compétence des tribunaux consulaires, depuis la loi de 1836, s'étend, en matière correctionnelle, à tous les délits.

47. Le jour de l'audience sera indiqué par ordonnance du consul ; il y aura au moins un délai de trois jours entre la citation et le jugement, lorsque le prévenu résidera dans le lieu où est établi le consulat. S'il n'y réside pas, l'ordonnance déterminera, d'après les localités, le délai pour comparution.

Conférence. — Code d'inst. crim., art. 145, 146, 184.

48. La personne citée comparaîtra par elle-même ou par un fondé de procuration spéciale.

Toutefois, en matière correctionnelle, lorsque la loi prononcera la peine de l'emprisonnement, le prévenu devra se présenter en personne, et, dans les autres cas, le tribunal pourra ordonner sa comparution.

Conférence. — Code d'inst. crim., art 152 et 185.

Comparution personnelle ; exceptions. — Devant les tribunaux correctionnels de France, il est de doctrine et de jurisprudence que la disposition de l'article 185 du Code d'instruction criminelle sur l'obligation pour le prévenu de se présenter en personne, ne se réfère qu'au jugement de la prévention ou des exceptions qui s'y rattachent au fond ; elle ne se réfère pas au jugement des exceptions qui en sont indépendantes. Ainsi le prévenu peut faire présenter des exceptions préjudicielles par son fondé de pouvoir sans comparaître lui-même en personne, tant qu'il ne s'agit que de ces exceptions ; il peut à plus forte raison faire demander une remise de cause à un autre jour. Cette interprétation de l'article 185 du Code d'instruction criminelle est applicable à l'article 48 de la loi de 1836, puisque le § 2 de cet article est la reproduction littérale du Code.

49. L'instruction à l'audience se fera dans l'ordre suivant :

Les procès-verbaux et rapport seront lus; les témoins pour ou contre prêteront serment et seront entendus ; les reproches proposés seront jugés ; lecture sera faite des déclarations écrites de ceux des témoins qui, à raison de leur éloignement, ou pour toute autre cause légitime, ne pourraient comparaître. Les témoins défaillants, hors les cas ci-dessus, pourront être condamnés et contraints à comparaître, conformément à l'article 23. Les pièces pouvant servir à conviction ou décharge seront représentées aux témoins et aux parties ; la partie civile sera entendue ; le prévenu ou son conseil, ainsi que les parties civilement responsables, proposeront leur défense ; la réplique sera permise à la partie civile ; mais le prévenu, ou son conseil, aura toujours la parole le dernier ; le jugement sera prononcé immédiatement, ou, au plus tard, à l'audience qui sera indiquée, et qui ne pourra être différée au delà de huit jours.

Le jugement contiendra mention de l'observation de ces formalités ; il sera motivé, et, s'il prononce une condamnation, les termes de la loi appliquée y seront insérés.

Si le prévenu est acquitté, il sera mis en liberté sur le champ, ou il lui sera donné main-levée de son cautionnement.

Conférence. — Code d'inst. crim., art. 154 et suivants, 189 et suivants.

En ce qui concerne la publicité de l'audience, voyez *infrà* article 52.

50. Dans le cas où, par suite de l'instruction à l'audience, il serait reconnu que le fait imputé au prévenu

a les caractères du crime, il sera procédé de la manière suivante :

Si le prévenu avait été cité directement à l'audience, en conformité de l'article 46, il sera renvoyé devant le consul, qui procédera aux informations, interrogatoires, récolement et confrontation dans la forme prescrite au titre 1er de la présente loi.

Si le prévenu avait été traduit à l'audience par suite d'ordonnance, aux termes de l'article 20, il sera renvoyé devant le même consul, qui procédera à tel supplément d'information que bon lui semblera, et aux formalités du récolement et de la confrontation.

Enfin, si le prévenu n'avait été soumis aux débats qu'à la suite d'une instruction complète, le tribunal consulaire décernera contre lui une ordonnance de prise de corps, et il sera ultérieurement procédé selon les règles prescrites par le titre III ci-après.

Dans le cas où, par suite de l'instruction à l'audience, il serait reconnu que le fait imputé au prévenu ne constitue qu'une contravention, le tribunal consulaire prononcera conformément à l'article 54 de la présente loi, sans appel.

Conférence. — Ord. d'août 1681, liv. 1, tit. 9, art. 14; Code d'inst. crim., art. 159, 160, 161, 191, 192, 193.

Droit de décerner une ordonnance de prise de corps.—

L'article 50 contient une dérogation importante au droit commun. Cet article donne en effet au tribunal consulaire siégeant correctionnellement, le droit de décerner une ordonnance de prise de corps, dans le cas où il reconnaîtrait que les faits imputés au prévenu présentent les caractères d'un crime, et d'infirmer par conséquent l'ordonnance qui avait été précédemment rendue en jugeant la prévention. Cette disposition, qui a pour effet d'éviter un règlement de juges par la Cour de cassation, par suite d'un conflit négatif résultant de deux décisions opposées, émanées du même tribunal, se justifie d'elle-même. (Rapport à la chambre des pairs, séance du 16 avril, *Moniteur* du 17, p. 764, 1re col.).

51. Les condamnations par défaut qui interviendront en matière correctionnelle et de simple police, seront considérées comme non avenues si, dans les huit jours de la signification qui en aura été faite à la personne du condamné, à son domicile réel ou élu, même à sa dernière résidence, lorsqu'il n'aura plus ni domicile ni résidence actuels dans le ressort du consulat, il forme opposition à l'exécution du jugement par déclaration à la chancellerie du consulat.

Toutefois, le tribunal pourra, suivant la distance du dernier domicile et le plus ou moins de facilité des communications, proroger, par son jugement, ce délai, ainsi qu'il lui paraîtra convenable.

En cas d'acquittement prononcé par le jugement définitif, les frais de l'expédition, de la signification du jugement par défaut et de l'opposition, pourront être mis à la charge du prévenu.

Conférence. — Code d'instruction criminelle, art. 149, 150, 151, 186, 187, 188.

52. L'entrée du lieu où siégera le tribunal consulaire ne pourra être refusée aux Français immatriculés, durant la tenue des audiences, si ce n'est dans le cas où le droit commun de la France autorise le huis-clos.

Le consul a la police de l'audience.

Conférence. — Code d'instruction criminelle, art. 153, § 1 et 190, § 1.

Admission des Français immatriculés dans le lieu où siège le tribunal consulaire. — La publicité de l'audience du tribunal consulaire est, dans la législation du Levant, une innovation qui a pour objet de mieux garantir la bonne administration de la justice et de donner plus de solennité à ses décisions. Mais en transportant ainsi sur un territoire étranger l'application d'un principe de notre législation, la loi n'a pas voulu fournir une occasion de trouble et de scandale; elle n'a, en conséquence, ouvert le lieu où siège le tribunal consulaire qu'aux Français immatriculés, en réservant expressément aux consuls la police de l'audience. Cette dernière disposition met entre les mains de ces agents tous les moyens nécessaires pour assurer le maintien du bon ordre et le respect dû à la justice; elle doit être entendue dans le sens le plus large. Selon que les localités et les circonstances l'exigeront, l'admission pourra être limitée et même l'entrée de la maison consulaire réservée aux seuls notables ou aux gens connus comme amis de l'ordre (Rapport à la chambre des pairs, séance du 16 avril, *Moniteur* du 17, pag. 764, 1re col.; Circulaire du 15 juillet 1856, n° 32.

Mention de cette publicité dans le jugement. — Pour établir la preuve qu'il a été déféré aux dispositions de l'article 52 de la loi, le procès-verbal d'audience doit en faire mention et le jugement lui-même doit l'indiquer. Dans le jugement, cette indication peut être ainsi formulée : *Fait et prononcé en audience dans le lieu ordinaire des séances du tribunal consulaire, où ont été librement admis les Français immatriculés.*

53. Dans les affaires correctionnelles, le procès-verbal d'audience énoncera les noms, prénoms, âges, professions et demeures des témoins qui auront été entendus; leur serment de dire toute la vérité, rien que la vérité ; leurs déclarations s'ils sont parents, alliés, serviteurs ou domestiques des parties, et les reproches qui auraient été fournis contre eux; il contiendra le résumé de leurs déclarations.

Conférence. — Code d'instruction criminelle, art. 189 modifié par la loi du 13 juin 1856.

Résumé des déclarations des témoins. — Le plus grand soin doit être apporté à la rédaction de ce résumé, surtout lorsqu'il y a appel et qu'il y a eu citation directe, puisque c'est alors uniquement sur ces notes que la Cour statue.

54. En matière de simple police, le consul prononcera définitivement et sans appel.

S'il y a partie civile, et que la demande en réparation excède cent cinquante francs, le consul renverra cette partie à se pourvoir à fins civiles, et néanmoins statuera sur la contravention.

Conférence.— Code d'instruction criminelle, art. 172.

Dernier ressort des jugements de police.— Comme les contraventions résultent souvent de l'inobservation d'ordonnances de police qui seraient plus du ressort de l'autorité locale que du conseil qui les a rendus, il importait, comme nous le disions sous l'article 46, que la répression en fût assurée, prompte et définitive. C'est pour ce motif, et aussi en raison du peu d'importance de ce genre de délits et de l'éloignement des juges auxquels il faudrait recourir, que la loi autorise le consul à statuer seul en matière de simple police et ne soumet ses décisions ni à l'appel, ni au recours en cassation (Circ. de 1836, n° 29). D'un autre côté, les condamnations étant personnelles comme les délits, les jugements des tribunaux de police ou des consuls qui les remplacent ne peuvent être opposés qu'à ceux contre lesquels ils ont été rendus. Il en résulte que la tierce-opposition ne peut être admise devant eux, lorsqu'ils jugent comme tribunaux de répression. C'est l'avis unanime des auteurs et des tribunaux.

55. En matière correctionnelle, les jugements seront susceptibles d'appel.

Les appels seront portés à la cour impériale d'Aix.

La faculté d'appel appartiendra tant au prévenu et aux personnes civilement responsables qu'au procureur général près la cour impériale d'Aix. Elle appartiendra également à la partie civile, quant à ses intérêts civils seulement.

Conférence. — Ordonnance d'août 1681, liv. 1, tit. ıx, édit de juin 1778, art. 37, Code d'instruction criminelle, art. 37 et suiv.; loi du 13 juin 1856; loi de 1836, art. 56. et suiv., 75, 79.

Voyez, en ce qui concerne l'appel, les observations qui accompagnent l'article 37 de l'édit de juin 1778, sur les appels en matière civile.

En ce qui concerne les formalités, voyez les notes qui accompagnent les articles 56, 57 et suivants.

La faculté d'appel existe pour tous jugements en matière correctionnelle.— Lors de la discussion de la loi, on proposait un amendement d'après lequel la faculté d'appeler n'aurait pas existé, dans le cas où il aurait prononcé une peine de simple police. Cet amendement ayant été rejeté, (Séance de la chambre des députés du 10 mars, *Moniteur* du 11, pag. 448, 3me col. et 449, 1re et 2me col.), il résulte de la discussion aussi bien que des termes de la loi, qu'en matière correctionnelle, il y a lieu à l'appel dans tous les cas.

56. La déclaration d'appel sera faite à la chancellerie du consulat par l'appelant en personne ou par son fondé de pouvoirs, dans les dix jours au plus tard après la prononciation du jugement, s'il est contradictoire. Pendant ce délai et pendant l'instance d'appel, il sera sursis à l'exécution du jugement de condamnation.

L'appel ne sera point reçu contre les jugements par défaut de la part du défaillant. Ces jugements ne pourront être attaqués par lui que par la voie du recours en cassation, s'il y a lieu.

Conférence.— Code d'instruction criminelle, art. 203.

Les jugements par défaut sont non susceptibles d'appel de la part du défaillant.— L'article 56 refuse aux défaillants le droit d'appel, en matière correctionnelle, contre les jugements par défaut. Le but de cette disposition est d'empêcher que des Français, cités devant le tribunal consulaire, refusent de comparaître, dans le seul but de braver son pouvoir par une manifestation publique de désobéissance (Circ. de 1836, n° 33). La privation du droit d'appel n'étant portée que contre le défaillant n'atteint pas les autres parties en cause.

Déclaration en chancellerie. — La déclaration d'appel doit être faite à la chancellerie du consulat de France. Si c'est un étranger qui la forme et qu'il emploie l'intermédiaire de son consulat, on n'aura égard, pour supputer les délais, qu'à la date où le consulat étranger aura notifié cette déclaration au consul français et qu'il en aura été dressé acte par le chancelier du consulat de France (Aix, ch. cor., 8 février 1854, affaire Casowich).

Délais. — Notre article est calqué sur l'article 203 du Code d'instruction criminelle ; or, d'après les auteurs et la jurisprudence, le délai de dix jours fixé pour l'appel par l'article 203 est de rigueur et l'appel interjeté le onzième jour est irrecevable ; la règle *dies termini non computantur in termine* étant ici inapplicable, on tient qu'il en est ainsi alors même que le dixième jour est un jour férié. La Cour d'Aix faisant application de cette règle à une affaire qu'elle avait à juger sur appel d'un jugement consulaire des Echelles, a jugé que l'appel interjeté le 29 novembre d'un jugement rendu le 18 novembre, en matière correctionnelle, était tardif et par suite irrecevable (8 février 1854, Casowich).

Fondés de pouvoirs.— Bien que l'article 203 du Code

d'instruction criminelle ne déclare pas que la déclaration d'appel peut être faite par mandataire, il est généralement jugé que c'est là une faculté qui n'est pas enlevée par la loi. Toutefois les arrêts font des distinctions suivant qu'il s'agit d'un mandataire spécial ou d'un mandataire général. Nous ne croyons pas que cette distinction soit applicable aux appels émis dans les Echelles, l'article 56 autorisant, d'une manière générale, à faire la déclaration d'appel par fondés de pouvoirs.

57. La déclaration d'appel devra contenir élection de domicile dans la ville d'Aix, faute de quoi les notifications à faire à l'appelant pourront être faites au parquet du procureur général près la cour impériale d'Aix, sans qu'il soit besoin d'aucune prorogation de délai à raison des distances.

La déclaration d'appel de la partie civile sera, dans la huitaine, notifiée au prévenu, avec citation à comparaître devant la cour impériale.

L'appel du procureur général sera déclaré dans les formes et les délais réglés par l'article 79 ci-après.

Conférence.— Loi de 1836, art. 61.

Citation à comparaître. — La partie civile qui, notifiant au prévenu sa déclaration d'appel, ne le cite pas à comparaître devant la Cour, comme le prescrit notre article, se rend non recevable dans son appel. C'est ce que la Cour d'Aix, sur les conclusions conformes de M. l'avocat général Vaïsse, dans l'affaire Thomassin contre Colin, a jugé le 23 avril 1841, par un arrêt ainsi conçu : Attendu que la partie civile justifie bien de la notification au prévenu d'un appel par elle interjeté, mais nullement de la citation devant la Cour qui devait la suivre ; qu'il suit de là que la Cour n'a pas été mise à même de statuer sur cet appel ni contradictoirement ni par défaut. La Cour déclare Aimé Thomassin partie civile non recevable *en l'état*, dans sa demande tendant à ce que la Cour statue sur son appel. Bien que l'omission de cette formalité ne constitue d'après la Cour qu'une fin de non recevoir en l'état, il est essentiel que les chanceliers, dans les notifications qu'ils sont chargés de faire, ne négligent pas de la remplir.

58. La procédure, la déclaration d'appel et la requête, s'il en a été déposé une par l'appelant, seront immédiatement transmises au procureur général de la cour impériale d'Aix; le condamné, s'il est détenu, sera embarqué sur le premier navire français destiné à faire retour en France, et il sera conduit dans la maison d'arrêt de la même cour.

Conférence. — Code d'instruction criminelle, art. 207.

Et en ce qui concerne l'embarquement, édit de 1778, art. 76 et suiv ; loi de 1836, art. 64.

Envoi de la procédure. — Les originaux de la procédure doivent être envoyés en France, mais on est dans l'habitude de conserver dans les consulats des copies certifiées pour y recourir au besoin.

Transport en France d'un détenu. — Le détenu, en cas d'appel, doit être embarqué sur le premier navire français destiné à faire retour en France. S'il ne s'en trouvait pas dans le port et qu'il ne dût pas en venir prochainement, le consul devrait, plutôt que de garder indéfiniment les individus dont il s'agit en détention, aviser aux moyens de les faire passer dans l'échelle la plus voisine où il y aurait un bâtiment français soit de guerre, soit de commerce, sur lequel ils pourraient être transportés dans un des ports de l'Empire. La loi s'est bornée à prescrire qu'ils arrivassent en France sur un navire français ; elle n'a pu que s'en rapporter du reste à la prudence des consuls sur les moyens d'éviter aux prévenus une détention préventive indéfinie dans les Echelles, et, d'autre part, de les faire conduire, d'une manière sûre, devant le tribunal qui doit prononcer sur leur sort. Si le navire sur lequel le prévenu devra effectuer son passage en France est un bâtiment de l'État, la demande de passage sera faite par le consul de la manière prescrite par l'ordonnance du 7 novembre 1833. (Circ. de 1836, n°s 34 et 35). Le transfert doit avoir lieu sur navire français. (Discussion à la chambre des députés, séance du 10 mars 1836, *Moniteur* du 11, p. 449, 3me col., et 450, 1re col.).

Obligations pour les capitaines de recevoir les prévenus à leur bord. — Cette obligation, écrite dans les anciennes ordonnances, est reproduite dans l'ordonnance du 29 octobre 1833 (art. 51 et suiv.), qui règle les fonctions des consuls dans leurs rapports avec la marine marchande, par l'ordonnance du 7 novembre 1833, qui règle leur rapport avec la marine militaire, et par la circulaire des affaires étrangères du 15 juillet 1836, n° 35. L'article 80 de la loi de 1836 fixe les peines que le capitaine encourt en cas de refus.

59. Si la liberté provisoire est demandée en cause d'appel, le cautionnement sera au moins égal à la totalité des condamnations résultant du jugement de première instance, y compris l'amende spéciale autorisée

par le second paragraphe de l'article 75 de la présente loi

60. Immédiatement après l'arrivée des pièces et celle du condamné, s'il est détenu, l'appel sera porté à l'audience de la Cour impériale d'Aix, chambre des appels de police correctionnelle. L'affaire sera jugée comme urgente.

61. S'il s'agit de l'appel de la partie civile, l'original de la notification de la déclaration d'appel, contenant citation, sera joint aux pièces qui doivent être transmises à la Cour.

62. Dans tous les cas ci-dessus, l'appel sera jugé suivant les formes prescrites par le Code d'instruction criminelle.

Néanmoins, le condamné non arrêté, ou celui qui aura été reçu à caution, pourra se dispenser de paraître en personne à l'audience et se faire représenter par un fondé de procuration spéciale.

Conférence. — Code d'instruction criminelle, articles 209 et suivants, et les articles de ce même Code auxquels renvoient les articles 209 et suivants.

63. Lorsque la Cour, en statuant sur l'appel, reconnaîtra que le fait sur lequel le tribunal consulaire a statué comme tribunal correctionnel constitue un crime, elle procèdera ainsi qu'il suit :

Si l'information préalable a été suivie de récolement

et de confrontation, la Cour statuera comme chambre d'accusation, et décernera une ordonnance de prise de corps.

Dans tous les autres cas, elle ordonnera un complément d'instruction, et, à cet effet, elle déléguera le consul, sauf ensuite, lorsque la procédure sera complète, à prononcer comme dans le cas précédent.

Conférence. — Code d'instruction criminelle, art. 214.

TITRE 3. — De la mise en accusation.

64. Lorsqu'il aura été déclaré par le tribunal consulaire, aux termes de l'article 43 ou de l'article 50, que le fait emporte peine afflictive ou infamante, l'ordonnance de prise de corps sera notifiée immédiatement au prévenu. Celui-ci sera embarqué sur le premier navire français destiné à faire retour en France, et il sera renvoyé avec la procédure et les pièces de conviction au procureur général près la cour impériale d'Aix.

Dans le plus bref délai, le procureur général fera son rapport à la chambre d'accusation de la même cour, laquelle procédera ainsi qu'il est prescrit par le Code d'instruction criminelle.

Conférence. — Ordonnance d'août 1681, liv. 1, tit. 9, art. 14 ; édit de juin 1778, art. 76 ; Code d'inst. crim., art. 217 et suivants.

En ce qui concerne le transfert des prévenus, voyez les notes qui suivent l'article 58.

Formalités devant la chambre des mises en accusation.—Notre article portant que lorsque la chambre des mises en accusation aura été saisie, elle procèdera ainsi qu'il est prescrit par le Code d'instruction criminelle, on devra se conformer aux articles 217 et suivants du Code ; par suite les juges statueront par un seul arrêt sur les délits connexes dans les cas prévus par la loi : ils pourront ordonner des informations nouvelles, etc.

65. En matière de faux, la chambre d'accusation procédera aux vérifications prescrites par les articles 13 et 15 de la présente loi.

Conférence. — Loi de 1836, art. 13, 15 et 68.

66. Si la chambre d'accusation reconnaît que le fait a été mal qualifié et ne constitue qu'un délit, elle annulera l'ordonnance de prise de corps, et renverra le prévenu et la procédure devant le tribunal de première instance d'Aix, lequel statuera correctionnellement et sauf l'appel. Elle maintiendra le prévenu en état d'arrestation, ou ordonnera sa mise en liberté, conformément à l'article 42.

Le tribunal saisi en vertu du présent article procédera suivant les dispositions du Code d'instruction criminelle, sauf les exceptions ci-après :

Il sera donné lecture, à l'audience, de la procédure écrite ; les témoins, s'il en est produit, seront entendus sous la foi du serment.

Le prévenu, s'il a été mis en liberté, aura le droit de se faire représenter par un mandataire spécial.

Le tribunal aura la faculté de convertir la peine d'emprisonnement en une amende spéciale, conformément aux règles prescrites par le titre V de la présente loi.

Conférence. — Code d'instruction criminelle, art. 190, 229, 230; loi de 1836, art. 42, 71, 75.

Réformation sur appel du ministère public. — Si la chambre des mises en accusation reconnaît que le fait qualifié crime ne constitue qu'un délit, elle renvoie le prévenu devant le tribunal d'Aix ; mais si l'inculpé poursuivi pour crime avait été mis hors de procès par une ordonnance de non lieu rendue par le tribunal consulaire, et que sur appel de la partie civile ou du procureur général, la Cour reconnût qu'il y a des indices de culpabilité, mais que le fait constitue un simple délit, le prévenu qui se trouverait en liberté devrait être renvoyé, non devant le tribunal d'Aix, mais devant le tribunal consulaire (Loi de 1836, art. 68, Rapport à la chambre des pairs, séance du 16 avril, *Moniteur* du 17, pag. 765, 3me col.).

67. Si la mise en accusation est ordonnée, l'arrêt et l'acte d'accusation seront notifiés à l'accusé, et celui-ci sera traduit devant la première chambre et la chambre des appels de police correctionnelle réunies de la cour impériale d'Aix, lesquelles statueront dans les formes ci-après, sans que jamais le nombre des juges puisse être moindre de douze.

Lorsque la mise en accusation aura été prononcée

par la chambre des appels de police correctionnelle, conformément à l'article 63, cette chambre sera remplacée pour le jugement du fond par celle des mises en accusation.

Compétence de la Cour impériale d'Aix.— Lors de la discussion de la loi de 1836, la désignation de la Cour impériale d'Aix comme juge des crimes commis dans les Echelles du Levant, donna lieu à des observations. On demandait que ce fût le jury des Bouches-du-Rhône qui en connût; mais après une discussion sérieuse, il fut reconnu qu'il s'agissait ici d'affaires toutes exceptionnelles enlevées à la compétence des juges territoriaux pour en investir la justice française; que l'intervention d'un jury dans des jugements où il ne pourrait pas se former une conviction d'après un débat oral, et où il n'aurait pour éléments de décision qu'une procédure écrite, était impossible; que, dans de pareilles circonstances, on ne pouvait espérer une bonne justice que de la part de magistrats éprouvés, capables, expérimentés; qu'il ne fallait pas compromettre nos priviléges : le jury fut donc écarté (Séance de la ch. des députés du 19 fév. 1836, *Moniteur* du 17, p. 310, 2me col.; séance du 11 mars, *Moniteur* du 12, p. 453 et suiv.; séance de la ch. des pairs du 16 avril, *Moniteur* du 17, p. 764, 2me col.).

Nombre des juges.— Le nombre des juges ne peut être moindre de douze, mais il peut être supérieur à ce nombre. C'est ce qui résulte des termes mêmes de la loi et des explications données par M. le rapporteur à la chambre des pairs (Séance du 16 avril, *Moniteur* du 17, p. 764, 2me c.).

Chambres appelées à se réunir pour procéder au jugement.— La réunion de la chambre civile et de la chambre correctionnelle ne présentera pas de difficultés, mais en l'état de la décision prise par le ministre, postérieurement à la loi de 1836, de composer la chambre des mises en accusation de magistrats faisant le service des autres chambres, il peut être difficile d'appliquer la seconde partie de notre article, dans le cas, qui ne s'est pas encore réalisé, où la mise en accusation serait prononcée par la chambre correctionnelle. En effet, l'article porte que, dans ce cas, cette chambre sera remplacée, pour le jugement du fond, par celle des mises en accusation. Or, comme la chambre des mises en accusation se compose de magistrats de la chambre correctionnelle, qui ne peuvent prendre part au jugement, et de magistrats de la chambre civile, qui doivent siéger ni plus ni moins à cette chambre, qu'il y ait ou non réunion de chambres, en fait, cette adjonction de la chambre des mises en accusation n'amènera en concours avec la chambre civile que le président de la chambre des mises en accusation; ce qui ne peut être considéré comme une réunion de chambres, puisque dans cette réunion, chaque chambre devrait apporter un contingent suffisant de membres pour son fonctionnement.

En supposant même que cette adjonction du président de la chambre des mises en accusation pût être considérée comme suffisante, en lui adjoignant par fiction des membres de la chambre civile en nombre suffisant pour composer une chambre d'accusation, il peut être très-difficile de réunir les douze magistrats nécessaires au jugement, car, on n'aura ainsi que treize magistrats, et il arrivera très-souvent que, par suite du service des assises, de maladies, congés, vacances au siége, plusieurs de ces magistrats ne pourront pas siéger, et on ne pourra composer la Cour que par l'appel d'avocats.

Au surplus, j'indique la difficulté, mais je dois ajouter que je présente ici des observations peu importantes dans la pratique, car le cas prévu par le § 2 de notre article ne s'est jamais présenté depuis que la loi existe et il ne peut se présenter que très-rarement.

68. Dans le cas d'opposition formée à l'ordonnance du tribunal consulaire par la partie civile ou par le procureur général, aux termes des articles 44 et 45 de la présente loi, les pièces de la procédure seront transmises et la chambre d'accusation statuera comme ci-dessus. Néanmoins si la chambre d'accusation met l'inculpé en simple prévention de délit, elle le renverra devant le tribunal consulaire.

Conférence. — Loi de 1836, art. 44, 45, 64 et suiv.; Cod. d'inst. crim., art. 135, modifié par la loi du 17 juillet 1856.

Voyez les observations qui suivent l'article 66 de la loi de 1836.

TITRE 4. — Du Jugement des crimes.

69. L'accusé subira un premier interrogatoire devant un des conseillers de la Cour, délégué par le premier président; copie de la procédure lui sera délivrée en même temps; il sera interpellé de faire choix d'un conseil; faute par lui de faire ce choix, il lui en sera désigné un d'office, et il sera fait mention du tout dans l'interrogatoire.

Conférence. — Cod. d'inst. crim., art. 266, 293 et suiv.

Supplément d'information. — A la suite de l'interrogatoire il peut arriver qu'il y ait lieu à de nouvelles constatations et vérifications; nul doute qu'il ne puisse y être procédé. La Cour devant juger sur l'information, cette instruction doit être complétée dès qu'un supplément devient nécessaire. L'article 78 de l'ordonnance de 1778 autorisait les officiers des amirautés, avant le jugement, à ajouter des éclaircissements aux procédures par tous moyens possibles, et ce droit est conféré par l'article 303 du Code d'instruction criminelle aux présidents d'assises. Le supplément d'information doit être fait par le conseiller délégué, sans qu'il soit nécessaire d'une nouvelle délégation spéciale. L'article 69, en effet, ne charge pas le premier président du soin de terminer l'information par un nouvel interrogatoire, mais bien le conseiller délégué par lui ; dès lors ce conseiller ou le premier président, s'il se désigne lui-même, sont après cette désignation investis de tous les pouvoirs nécessaires pour compléter l'instruction, sans qu'il soit nécessaire pour chaque acte de ce complément de procédure d'une série de délégations.

S'il y a lieu d'entendre des témoins éloignés, le conseiller transmettra des commissions rogatoires aux autorités compétentes, soit en France aux magistrats, et à l'étranger aux consuls français ou aux magistrats locaux. Il va sans dire que les commissions rogatoires transmises dans les Echelles doivent être adressées aux consuls français, alors même qu'il s'agit d'entendre un Franc appartenant à une autre nationalité ; le consul français s'entendra avec le consul de la nation à laquelle appartient ce Franc pour le faire comparaître devant lui, suivant les usages des consulats de l'Echelle ; la commission rogatoire ne devrait pas être envoyée directement au consul étranger à l'étranger ; ce consul, simple représentant de ses nationaux dans l'échelle, n'a pas à recevoir de mandat d'un magistrat français.

70. Le ministère public, la partie civile et l'accusé auront le droit de faire citer des témoins pour le jour de l'audience. Néanmoins, ils ne pourront user de ce droit qu'à l'égard de ceux qui seraient présents sur le territoire français.

Les noms, profession et résidence des témoins cités seront notifiés, vingt-quatre heures au moins avant l'audience, à l'accusé par le procureur général ou la partie civile, et au procureur général par l'accusé.

Conférence. — Code d'inst. crim., art. 315.

71. Huitaine au moins après l'interrogatoire, et au jour indiqué pour le jugement, le rapport sera fait par l'un des conseillers; la procédure sera lue devant la Cour, séant en audience publique, l'accusé et son conseil présents. Le président interrogera l'accusé.

Les témoins, s'il en a été appelé, conformément à l'article précédent, seront ensuite entendus. Néanmoins, l'accusé et le procureur général pourront s'opposer à l'audition d'un témoin qui n'aurait pas été indiqué, ou qui n'aurait pas été clairement désigné dans la notification.

Le président pourra aussi, en vertu de son pouvoir discrétionnaire, faire comparaître toutes personnes dont il jugera les déclarations utiles à la manifestation de la vérité, et la cour devra les entendre.

Les témoins cités et les témoins appelés en vertu du pouvoir discrétionnaire prêteront le serment prescrit par l'article 18 de la présente loi.

Conférence. — Code d'inst. crim., art. 268.

Lecture des pièces. — L'article 71 prescrit de donner lecture de la procédure devant la Cour et cette prescription doit être rigoureusement accomplie; toutefois lorsque le rapporteur, sans opposition de l'accusé, s'est borné à indiquer le contenu de certaines pièces sans les lire en entier, on ne saurait trouver dans cette circonstance un moyen de cassation. C'est ce que la cour suprême a jugé le 14 septembre 1854, statuant sur le pourvoi du nommé Bremond, condamné par arrêt de la Cour d'Aix, du 19 août 1854, à dix ans de travaux forcés pour homicide volontaire.

Serment des témoins appelés en vertu du pouvoir discrétionnaire. — Contrairement à ce qui a lieu devant la Cour d'assises, les témoins entendus en vertu du pouvoir discrétionnaire du président doivent prêter serment. Cette disposition, insérée par suite d'un amendement présenté par la chambre des députés, sans avoir l'assentiment de la chambre des pairs, n'ayant pas été repoussé par elle, est passée dans la loi.

72. La partie civile, ou son conseil, et le ministère public seront entendus en leurs conclusions et réquisitions. L'accusé et son conseil proposeront leur défense. La réplique sera permise, mais l'accusé et son conseil auront toujours la parole les derniers.

Le président, après qu'il aura demandé à l'accusé s'il n'a plus rien à dire pour sa défense, posera les questions, et en fera donner lecture par le greffier.

La Cour statuera sur les réclamations auxquelles pourrait donner lieu la position des questions.

Conférence. — Code d'inst. crim., art. 190, 336, 337.

Exceptions. — Devant la Cour, l'accusé peut présenter, dans l'intérêt de sa défense, toutes les exceptions qui pourront lui être utiles; il peut demander même que l'on rejette du procès les pièces qui ne seraient pas régulièrement produites ou qui ne rempliraient pas en la forme les conditions prescrites par la loi. Cependant il a été décidé par la Cour qu'il ne pourrait pas revenir sur une exception qui aurait été résolue par une précédente décision de justice contre laquelle aucun recours ne serait plus possible.

Acquatella, Corse d'origine, poursuivi pour meurtre commis à Alexandrie sur un Sicilien, ayant été renvoyé devant la Cour d'Aix, chambres réunies, par arrêt de la chambre des mises en accusation, pour y être jugé conformément à la loi de 1836, ne s'était pas pourvu contre cet arrêt dans les trois jours de la signification; devant la Cour il éleva une question d'incompétence, en se fondant sur ce qu'ayant pris du service à l'étranger, il avait perdu la qualité de Français, et en outre, sur ce que le crime qu'on lui reprochait aurait été commis hors de France, sur un étranger. La Cour le déclara non recevable : « Attendu que la question de compétence a été jugée par l'arrêt de renvoi de la chambre des mises en accusation, rendu le 6 novembre dernier et signifié à l'accusé le 16 du même mois ; attendu que l'accusé ne s'étant pas pourvu contre cet arrêt, dans le délai de trois jours de ladite signification, ni même depuis, la question de compétence est définitivement jugée et ne peut être reproduite devant la Cour » (du 4 novembre 1840). Immédiatement après la prononciation de l'arrêt, l'accusé ayant déclaré se pourvoir en cassation, a demandé qu'il fût sursis au jugement du procès, jusqu'à solution de ce pourvoi : « La Cour...., attendu que l'arrêt rendu à l'audience de ce jour, bien loin de décider la question de compétence, a déclaré que cette question était souverainement résolue par un arrêt précédent de la chambre des mises en accusation, ayant acquis l'autorité de la chose jugée, et contre lequel il n'existe en ce moment aucun pourvoi ; qu'en cet état, le pourvoi dirigé contre l'arrêt de ce jour ne peut être suspensif, car, s'il en était ainsi, l'accusé pourrait toujours mettre obstacle à son jugement, en reproduisant la question de compétence et en se pourvoyant, à l'instant même, contre l'arrêt qui l'aurait déclaré non-recevable ; ordonne qu'il sera passé outre au jugement. »

73. Les questions posées seront successivement résolues ; le président recueillera les voix.

La décision, tant contre l'accusé que sur les circonstances atténuantes, ne pourra être prise qu'aux deux tiers des voix, et dans le calcul de ces deux tiers, les fractions, s'il s'en trouve, seront comptées en faveur de l'accusé.

Il en sera de même pour l'application de toute peine afflictive ou infamante.

L'arrêt sera prononcé publiquement ; il contiendra les

questions qui ont été posées, les motifs de la décision, et le texte de la loi qui aura été appliquée.

Il constatera l'existence de la majorité ci-dessus requise.

S'il porte condamnation à une peine afflictive ou infamante, il sera affiché dans les chancelleries des consulats établis dans les Échelles du Levant et de Barbarie.

Conférence.— Code d'inst. crim., art. 195, 347, 365, 368 et suivants.

Majorité des deux tiers— Il est inutile de rappeler ici toutes les discussions auxquelles a donné lieu, aux chambres, la fixation de la majorité des deux tiers. Il en résulte que la question principale ne pourra être prise contre l'accusé qu'aux deux tiers des voix. Il en est de même pour les circonstances aggravantes et pour les circonstances atténuantes. « S'agit-il de résoudre une question d'excuse ou de discernement, elle ne peut être résolue *contre* l'accusé, c'est-à-dire négativement, qu'à la même majorité. » (Rapport, séance de la chambre des députés du 19 fév. 1836, *Moniteur* du 20, p. 310, 3me col.).

Si le fait reconnu constant est passible d'une peine afflictive ou infamante, la décision contre l'accusé devra être prise aux deux tiers des voix ; mais si l'accusé n'est passible que d'une peine correctionnelle, la décision sera arrêtée à la simple majorité, comme le ferait, d'après le droit commun et l'article 62 de notre loi, la Cour, si elle avait à statuer sur une affaire correctionnelle (Séance de la chambre des pairs du 25 avril 1836, *Moniteur* du 26, 1re col.).

Motifs de la décision.— L'article 73 porte que l'arrêt contiendra *les questions qui auront été posées, les motifs de la décision et le texte de la loi qui aura été appliquée.* On est dans l'habitude d'exécuter ainsi cette disposition, au point de vue des motifs de la décision ; les questions sont copiées, elles sont suivies de la réponse affirmative ou négative exprimée par oui ou par non, et l'on ajoute : attendu que les faits déclarés constants constituent tel crime, vu tels et tels articles ainsi conçus; la Cour condamne, etc. L'arrêt au point de vue de la prononciation de la peine est ainsi évidemment motivé, mais l'est-il au point de vue de la déclaration de culpabilité ? Évidemment non, puisqu'on se borne à la déclarer par un oui. Devant les cours d'assises et lorsqu'il s'agit de déclaration du jury, c'est la seule manière légale de procéder, les jurés votant au scrutin et par oui et non; mais les magistrats, dans les cours et tribunaux, doivent, en opinant, faire connaître leur opinon et les motifs de cette opinion, et les cours et tribunaux doivent énoncer sur quels motifs ils se fondent pour déclarer, à l'encontre des accusés, que des faits sont constants. Ici pourquoi cette règle ne serait-elle pas applicable et pourquoi les juges ne feraient-ils pas connaître les motifs qui leur font adopter l'affirmative et rejeter les raisons que faisait valoir l'inculpé ? En matière correctionnelle, cela se pratique ainsi ; or, notre article 73, relatif au jugement des crimes, s'exprime à ce sujet dans les mêmes termes que l'article 49 de la même loi, relatif au jugement des délits. Au surplus, il faut reconnaître que la plupart des articles de notre loi, sur le jugement des crimes, présentent une rédaction peu heureuse; pris par fragments dans notre Code d'instruction criminelle, dans les anciennes lois, successivement amendés par paragraphes lors de la discussion, ils sont pleins de lacunes fâcheuses.

Hâtons-nous d'ajouter, en ce qui concerne notre question, que le mode de procéder de la Cour n'a jamais encouru la censure de la Cour suprême, à l'examen de laquelle divers arrêts ont été soumis, et que le plus sage est de suivre un mode de procéder sanctionné ainsi par une longue pratique et l'approbation tacite de la Cour de cassation.

La solution des questions et la délibération sur l'application de la peine, doivent-ils avoir lieu immédiatement? — Je m'explique, lorsque le jury a fait sa déclaration elle est lue à l'accusé qui est appelé à fournir spécialement ses observations sur l'application de la peine. Doit-il en être de même ici? Et lorsque la Cour aura déclaré l'accusé coupable, devra-t-elle revenir à l'audience pour passer la parole au ministère public et à l'accusé sur l'application de la peine, ou bien devra-t-elle, après avoir reconnu la culpabilité, sans interrompre le cours de ses délibérations, s'occuper de l'application de la peine? Quelquefois la Cour a scindé sa délibération sur la culpabilité et sur l'application de la peine. Le plus souvent elle a procédé autrement et je crois que c'est à bon droit; rien dans la loi n'indique que les débats devront se rouvrir sur l'application de la peine lorsque le fait aura été déclaré constant; le ministère public en requérant la déclaration de culpabilité ne manque jamais de demander l'application de la peine, et la défense est présentée à ce double point de vue. En l'état du silence de notre loi, on ne peut que se prévaloir de ce qui se passe devant les cours d'assises; la distinction qui existe aux assises entre les juges du fait et les juges du droit et qui explique très-bien ces divisions dans la marche de la procédure, ne saurait expliquer ce mode de procéder devant la Cour. Nous voyons au surplus devant les tribunaux spéciaux criminels, où le jury ne fonctionne pas et où les juges du fait et du droit sont les mêmes, que les débats doivent porter à la fois sur la culpabilité et l'application de la peine, et que les magistrats, en se retirant pour délibérer lorsque les débats sont terminés, rendent une sentence définitive et complète.

Omission de l'une des formalités prescrites par l'article 73. — Il résulte des explications fournies par le rapporteur, que l'inexécution de l'article 73 doit entraîner nullité toutes les fois que cette inexécution résulte de l'omission de quelque formalité substantielle. (Séance de la ch. des députés, du 14 mars 1836, *Moniteur* du 15, p. 478, 1re col.).

74. Si l'accusé est contumax, il sera procédé conformément aux articles 465 et suivants jusqu'à l'article 478 inclusivement du Code d'instruction criminelle.

Néanmoins, lorsque l'accusé sera domicilié dans les Échelles du Levant et de Barbarie, l'ordonnance de contumace sera notifiée tant à son domicile qu'à la chancellerie du consulat, où elle sera affichée.

Conférence. — Edit de 1778, art. 79, 80 et 81 ; Code d'inst. crim., art. 465 à 478.

Combinaison des articles 465 à 478 du Code d'instruction criminelle avec la loi de 1836.— L'article 74 renvoyant à divers articles du Code d'instruction criminelle, M. Isambert crut devoir faire remarquer à la chambre, lors de la discussion de la loi, que, dès lors, l'accusé contumax qui se représenterait, devrait, par application de ces articles, être traduit devant le jury. Le rapporteur répondit avec raison : « Lorsqu'on renvoie à tel ou tel article, il est bien entendu qu'il s'agit des articles combinés avec les articles de la loi spéciale. Or, pour les cas dont a parlé M. Isambert, je dois faire remarquer que dans les articles 476 et 477, il y a des dispositions qui devront s'exécuter même dans le cas de la loi actuelle. Ainsi, il y a un accusé présent et un accusé contumax, il faudra, lorsque le contumax viendra à comparaître devant la justice, qu'on lui donne lecture des interrogatoires subis par son co-accusé, jugé précédemment. Voilà une des dispositions de l'article 476 qui s'applique naturellement ; mais, quant aux autres, quant à celles qui ne sont pas applicables, il est bien évident qu'elles ne seront appliquées que dans la mesure de la loi actuelle. (Séance de la chambre des députés, du 15 mars, *Moniteur* du 16, pag. 478, 1re col.).

TITRE 5. — **Des Peines**.

75. Les contraventions, les délits et les crimes commis par des Français dans les Echelles du Levant et de Barbarie seront punis des peines portées par les lois françaises.

Toutefois, en matière correctionnelle et de simple police, après que les juges auront prononcé la peine de l'emprisonnement, ils pourront, par une disposition qui sera insérée dans l'arrêt ou jugement de condamnation, convertir cette peine en une amende spéciale, calculée à raison de dix francs au plus par chacun des jours de l'emprisonnement prononcé.

Cette amende spéciale sera infligée indépendamment de celle qui aurait été encourue par le délinquant, aux termes des lois pénales ordinaires.

Les contraventions aux règlements faits par les consuls, pour la police des Echelles, seront punies d'un emprisonnement qui ne pourra excéder cinq jours, et d'une amende qui ne pourra excéder quinze francs. Ces deux peines pourront être prononcées cumulativement ou séparément.

Conférence.— Voyez le Code pénal, *passim*.

Conversion de l'emprisonnement en amende. — L'article 75 donne aux juges, en matière correctionnelle et de simple police, la faculté de convertir la peine d'emprisonnement en une amende spéciale, calculée à raison de 10 francs au plus, par chacun des jours de l'emprisonnement prononcé. En ne fixant pas de minimum à cette amende spéciale, la loi a voulu que la condamnation pécuniaire pût être proportionnée aux moyens des individus. La faculté laissée au tribunal de convertir la peine a paru, d'ailleurs, commandée par les circonstances du pays où la loi doit recevoir son application. Il est possible, en effet, qu'il n'y ait pas de prison à la disposition du consul ou qu'elle soit malsaine; il se peut aussi que la peine de l'emprisonnement soit une cause de ruine pour un Français qui est venu seul fonder un établissement, dans un pays étranger, où personne ne pourrait le remplacer dans la direction de ses affaires. Les juges apprécieront, dans ces différents cas, la convenance de substituer la peine pécuniaire à celle de l'emprisonnement. Une entière liberté est laissée à ce sujet au tribunal, et, dès lors, nul ne peut le requérir de faire la conversion dont il s'agit. Mais, dans tout état de cause, cette substitution ne pourra s'effectuer qu'en vertu d'une disposition expresse du jugement même. Elle ne peut être prononcée postérieurement. (Séance de la chambre des députés du 19 février 1836, *Moniteur* du 20, p. 310, 3me col.; Circ. des affaires étrangères du 15 juillet 1836, n° 36).

TITRE 6. — **Dispositions générales.**

76. Les arrêts de cour impériale rendus en vertu de la présente loi pourront être attaqués par la voie de cassation, pour les causes et selon les distinctions énoncées au titre III du livre 2 du Code d'instruction criminelle.

Conférence.— Code d'inst. crim., art. 407 et suiv.; en ce qui concerne le sursis au jugement, en cas de pourvoi contre un arrêt qui statue sur une exception préjudicielle présentée par l'accusé, voyez *suprà* les notes qui suivent l'article 72.

Consignation d'amende.—Le pourvoi en cassation contre les jugements rendus en matière criminelle, correctionnelle et de police, par les tribunaux consulaires établis par la loi du 25 mai 1836, dans les Echelles du Levant, est soumis à la consignation d'amende. (Cour de cassation, ch. crim., 4 janvier 1838, Collin c. ministère public).

77. Si la cassation d'un arrêt est prononcée, l'affaire sera renvoyée devant une autre cour impériale, pour être procédé et statué de nouveau dans les formes prescrites par la présente loi.

Conférence.— Code d'inst. crim., art. 427 et 428.

78· Les consuls enverront au ministère des affaires étrangères un extrait des ordonnances rendues dans le cas des articles 41, 42 43, et des jugements correctionnels qui auront été prononcés, un mois, au plus tard, après que ces ordonnances et jugements seront intervenus. Ledit extrait sera transmis par le ministre des affaires étrangères au ministre de la justice.

Envoi des extraits des jugements et ordonnances consulaires. — Les consuls auront soin d'expédier en duplicata et dans le délai fixé, au ministre des affaires étrangères, l'extrait des ordonnances rendues dans le cas des articles 41, 42 et 43 et des jugements correctionnels qui auront été prononcés, afin que la connaissance puisse en être régulièrement portée au département de la justice.

Les consuls du Levant auront soin également d'informer l'ambassadeur, à Constantinople, de toutes les circonstances des affaires judiciaires de leur échelle, dont la connaissance pourrait lui être utile pour l'exercice de sa haute surveillance sur nos intérêts politiques et commerciaux, dans les états ottomans. (Circ. de 1836, nos 37 et 38).

79. Sur les instructions qui lui seront transmises par le ministre de la justice, le procureur général près la cour impériale d'Aix aura le droit de se faire envoyer les pièces et procédures.

Lorsqu'il exercera son droit d'opposition ou d'appel, aux termes des articles 45 et 55, il devra en faire la déclaration au greffe de la cour.

S'il s'agit d'une opposition, il la fera dénoncer à la partie, avec sommation de produire son mémoire, si elle le juge convenable.

S'il s'agit d'un appel, il fera citer la partie.

Les déclaration, notification et citation ci-dessus auront lieu dans le délai de six mois, à compter de la date des ordonnances ou jugements, sous peine de déchéance.

Délais du pourvoi.— Par un arrêt du 1ᵉʳ oct. 1856, la Cour d'Aix, chambre correct., dans l'affaire Creissel, appliquant les dispositions de l'art. 79, a prononcé contre le procureur général la déchéance d'un appel formé contre une décision du tribunal consulaire de Constantinople.

80. Lorsqu'il y aura lieu, conformément aux articles 58 et 64 de la présente loi, de faire embarquer un condamné ou un prévenu, ainsi que des pièces de procédure et de conviction, sur le premier navire français, les capitaines seront tenus d'obtempérer aux réquisitions du consul, sous peine d'une amende de cinq cents francs à deux mille francs, qui sera prononcée par le consul, à charge d'appel devant la cour impériale d'Aix. Ils pourront, en outre, être interdits du commandement par arrêté du ministre de la marine.

Les capitaines ne seront pas tenus d'embarquer des prévenus au delà du cinquième de l'équipage de leurs navires.

Conférence.— Edit de juin 1778, art. 77; loi de 1836, 58 et 64.

Voyez les notes qui accompagnent *suprà* l'article 58.

81. Les frais de justice faits en exécution de la présente loi, tant dans les Echelles du Levant et de Barbarie qu'en France, et dans lesquels devra être comprise l'in-

demnité due aux capitaines pour le passage des prévenus, seront avancés par l'Etat; les amendes et autres sommes acquises à la justice seront versées au trésor public.

Conférence.— Décret du 18 juin 1811 (tarif criminel), art. 1, 2 et 3.

Avances des frais.— Cette avance est faite par les consuls auxquels elle est remboursée par le ministère des affaires étrangères, sur la production d'états distincts de ceux des frais du service de leur consulat. Quant au produit des amendes et autres sommes acquises à la justice, ils en feront successivement passer le montant au ministère des affaires étrangères, en traites de toute solidité, dont la valeur sera versée au trésor public. (Circ. de 1836, n° 40).

82. Sont abrogés les articles 36 et suivants jusques et compris l'article 81 de l'édit de juin 1778.

Il n'est pas dérogé, par la présente loi, aux dispositions de celle du 10 avril 1825, relatives à la poursuite et au jugement des crimes de piraterie.

Erreur de rédaction.— J'ai déjà indiqué ailleurs l'erreur qui s'est glissée dans la rédaction de cet article, il faut lire : Sont abrogés les articles 39 et suivants, et non 36 et suivants. (Voyez *suprà* page 49 et les notes qui accompagnent l'article 37 de l'édit de 1778).

§ 5. — Tarif des droits à percevoir dans les chancelleries consulaires.

ORDONNANCE DU 6 NOVEMBRE 1842.

Article 1er. A dater du 1er janvier 1843, les droits de chancelleries consulaires seront perçus conformément au tarif joint à la présente ordonnance, et selon la catégorie dans laquelle chaque pays est classé dans l'ordre suivant :

2. Sont compris dans la première catégorie : les Etats d'Italie, l'Autriche, la *Turquie*, les *Etats barbaresques* et la Grèce.

Dans la seconde catégorie : l'Espagne, le Portugal, la Belgique, la Hollande, la Prusse, les Etats de la Confédération germanique, le Danemark, la Suède, la Russie, Malte et les Iles Ioniennes.

Dans la troisième catégorie : la Grande-Bretagne, ses possessions en Afrique, en Asie et en Amérique, Gibraltar, les Etats de l'Amérique septentrionale et méridionale, Haïti, les possessions espagnoles en Asie et en Amérique et la Chine.

3. Les taxations des actes particuliers à certaines localités et dont l'énonciation n'était pas susceptible d'être comprise dans la nomenclature du tarif général des

chancelleries consulaires, seront soumises par nos consuls, sous forme de tarif-annexe, à l'approbation de notre ministre secrétaire d'Etat au département des affaires étrangères.

4. Le tarif des droits de chancellerie, ainsi que le tarif annexe, seront constamment affichés dans la chancellerie, conformément à l'article 1er de l'ordonnance du 23 août 1833.

5. Les droits de chancellerie consulaires pourront, en cas d'urgence, être modifiés par décisions de notre ministre et secrétaire d'Etat au département des affaires étrangères. Ces modifications partielles seront soumises à notre approbation.

TARIF DES DROITS A PERCEVOIR DANS LES CHANCELLERIES CONSULAIRES (a).

Observations générales.

1. Tout acte non porté au tarif sera délivré gratuitement, conformément à l'article 2 de l'ordonnance du 23 août 1833.

(a) Nous avons reproduit textuellement le tarif annexé à l'ordonnance du 6 novembre 1842. Toutefois, au lieu de conserver la disposition typographique suivie dans le bulletin, et de répéter pour chaque catégorie l'énumération complète des actes de chancellerie,

II. Aucun acte taxé ne sera délivré *gratis* sans l'autorisation du consul.

III. Les rôles taxés dans le tarif sont de vingt-cinq lignes à la page et de douze syllabes à la ligne, ou évalués sur ce pied.

Le droit entier est dû pour tout rôle commencé.

IV. Les vacations sont de trois heures, le droit entier est dû pour toute vacation commencée.

V. Il n'est pas dû de droit pour la minute des procès-verbaux dressés dans les vacations.

VI. Pour tous les actes taxés en minute à un droit fixe, au rôle ou à la vacation, le droit d'expédition est dû sur toute expédition délivrée.

Pour les actes taxés au droit proportionnel, le droit d'expédition n'est pas dû sur la grosse ou la première expédition.

nous nous sommes borné à faire cette énumération une fois, en indiquant à la suite de chaque acte le coût de ces actes, suivant la catégorie. Lorsqu'un seul chiffre accompagne l'indication d'un acte, c'est que le coût de cet acte est le même, quelle que soit la catégorie à laquelle appartienne le consulat où a lieu la procédure; lorsque le coût varie suivant les trois catégories, l'indication de l'acte est suivie des trois taxes : la première applicable dans les consulats de la première catégorie, la seconde applicable dans les consulats de la seconde catégorie, enfin la troisième applicable dans les consulats compris dans la troisième catégorie. Les notes placées à la suite du tarif sont la reproduction de celles qui se trouvent au Bulletin des lois, il n'y a que les notes placées au bas des pages, comme celle-ci, qui ne sont pas la reproduction de celles qui sont rapportées par le Bulletin.

ACTES DE L'ÉTAT CIVIL (1).

1. Expédition d'un acte de naissance, de décès, *par acte*, 1re catégorie 2 fr. — 2me catégorie 3 fr. — 3me catégorie 4 fr.

2. Expédition d'un acte de mariage, — d'un acte de reconnaissance d'enfant naturel, — d'un acte de naissance *avec mention* de reconnaissance d'enfant naturel faite par acte de mariage, — d'un acte d'adoption, *par acte*, 4—6—8.

3. Expédition d'un acte de mariage comprenant reconnaissance d'enfant naturel, *par acte*, 6—9—12.

4. Affiche d'acte de publication de mariage.— Certificat de publication et de non-opposition, *par acte*, 1— 1 50—2.

ACTES DE LA JURIDICTION CIVILE ET COMMERCIALE.

5. Actes de consentement d'adoption,—d'émancipation.—Citations.—Significations.—Sommations.— Offres réelles.— Oppositions. — Déclarations.—Requêtes. —Actes de reconnaissance d'écritures.— Dépôts de procès-verbaux d'Experts, de rapports d'arbitres ou interprètes. — Récusation des juges, arbitres ou experts. — Acceptation ou répudiation de successions. — Procès-verbaux de conciliation. — Certificats de non-conciliation.—Procès-verbaux de non-comparution des parties

on de refus de répondre. — Réception de cautions. — Dépôts de testaments et procès-verbaux de leur ouverture. — Dépôt et affirmation de sentences arbitrales. — Prestation de serment.—Cédules ou décrets du consul (3). —Ordonnances et jugements consulaires. — Exécutoires de frais. — Actes d'appel et tous autres actes non dénommés de la juridiction civile ou commerciale — *Minute ou original* (2), *premier rôle,* 4—6—8.

Chaque rôle en sus, 2 50—3 50—4 50.

Expéditions ou extraits des mêmes actes par rôle d'expédition, 2 50—3 50—4 50.

Notification, signification, remise ou affiche des mêmes actes: Premier rôle de copie, 4—6—8.

Chaque rôle de copie en sus, 2 50—3 50—4 50,

6. Enquêtes, expertises ou interrogatoires faits hors d'audience. — Visites des lieux—Descente de justice.— Apposition, levée ou reconnaissance de scellés. — Ouvertures de portes.— Saisies-exécutions.—Assemblée de famille. *Par vocation,* 8—12—16.

ACTES DE LA JURIDICTION CRIMINELLE.

7. Plaintes déposées par les parties.—Dénonciations. —Citations.—Significations.—Sommations.—Enquêtes. — Procès-verbaux d'audition de témoins.— Cédules ou décrets (3). — Ordonnances. — Jugements. — Procès-

verbaux de visites de lieux. — Actes de dépôt de pièces. — Acte de cautionnement. — Dépôt de sommes versées à ce titre ou du montant des condamnations pécuniaires. — Décharges et quittances. — Exécutoires de frais. — Actes d'appel, et tous autres actes non dénommés de la juridiction criminelle. *Minute ou original* (2). *Premier rôle*, 1 50.

Chaque rôle en sus, 1.

Expéditions ou extraits des mêmes actes. *Par rôle d'expédition*, 1.

Notification, signification, remise aux parties ou affiche des mêmes actes. *Premier rôle de copie*, 1 50.

Chaque rôle en sus, 1.

8. Transport sur les lieux, expertises et enquêtes *faites hors de l'audience*, dans la résidence. *Par vacation*, 5.

ACTES NOTARIÉS (4) ET (5).

9. Compromis. — Révocation d'arbitres. *Par acte*, 6—7 50—12 50.

10. Rétablissement de communauté.—Donation entre époux. — Dissolution de société sans liquidation. —Séquestre conventionnel, et tous autres actes bilatéraux ou collectifs non dénommés du ministère du notariat. *Par acte*, 10—15—25.

11. Procuration générale. *Par acte en minute ou en brevet*, 9—10—20.

12. Procuration spéciale.—Révocation de mandat.— Prorogation.—Rectification.—Décharge.—Avération.— Consentement à mariage.—Désistement ou main-levée. —Protêt (6).—Aval.—Notoriété, et généralement tous autres actes unilatéraux non dénommés du ministère du notariat. *Par acte en minute ou en brevet*, 6—7 50— 12 50.

13. Bail.—Cession, résiliation et prolongation de bail. —Contrat de louage. *Sur la valeur de la location pendant une année* (7), 2 *pour cent,*

14. Vente d'immeubles (8) et de meubles (9) aux enchères.

Sur le prix jusqu'à 20,000 *fr.*, 2 *pour cent.*

Sur le surplus, 1 *pour cent.*

15. Acte de société (10).—Modification (10).—Continuation (10).—Liquidation et partage de société (10) et (11).—Compte de gestion, de tutelle.—Reddition de compte par le chancelier.—Liquidation et partage de communauté, de succession (11).—Donations entre vifs. —Constitution de rente.—Marché.—Contrat de vente. —Contrat d'échange (12).—Obligation.—Transport, *jusqu'à* 20,000 *fr.* (8), 1 *pour cent.*

Sur le surplus, 1/2 *pour cent.*

16. Prorogation d'obligation.—Cession de biens à des créanciers.—Cautionnement.—Garantie.—Nantisse-

ment.—Quittance.—Transaction.—Contrat de mariage (13). *Jusqu'à* 20,000 *fr.* (8), **1/2** *pour cent.*

Sur le surplus, **1/4** *pour cent.*

17. Certificat de propriété. *Jusqu'à* 20,000 *fr.* (7), **1/4** *pour cent.*

Sur le surplus, **1/8** *pour cent.*

18. Testament.—Inventaire.—Acte respectueux.—Concordat.—Contrat d'union.—Compulsoire.—Et tous autres procès-verbaux du ministère du notariat. *Par vacation,* **9—12—18.**

19. Expédition ou grosse de tout acte du ministère du notariat. *Par rôle,* **3—4 50—6.**

ACTES RELATIFS A LA NAVIGATION (14).

20. Expédition (15) d'un bâtiment qui a opéré son déchargement ou son chargement complet et partiel. *Droit fixe par navire,* **4.**

Droit proportionnel par tonneau jusqu'à 300 *tonneaux* (16), **20** *centimes.*

21. Expédition (15) d'un bâtiment faisant échelle avec opération de commerce, s'il a déjà payé les droits entiers à une chancellerie, dans chacun des ports subséquents. *Droit fixe par navire,* **4.**

Droit proportionnel par tonneau jusqu'à 300 *tonneaux* (16), **10** *cent.*

22. Expédition (15) d'un paquebot à vapeur faisant

un service régulier dans chaque port de la ligne. *Droit fixe par navire*, 10.

Droit proportionnel par tonneau (a), 10 *cent*.

23. Expédition (15) d'un bâtiment à voile ou à vapeur en relâche forcée ou volontaire, qui n'a débarqué ou embarqué ni marchandises, ni passagers, si la relâche a duré plus de vingt-quatre heures. *Droit fixe par navire au-dessous de* 100 *tonneaux*, 5.

De 100 *à* 200 *tonneaux*, 10.

Au-dessus de 200 *tonneaux*, 15.

Expéditions (15) d'un bâtiment à voile ou à vapeur en relâche forcée ou volontaire, qui n'a débarqué ou embarqué ni marchandises, ni passagers, si la relâche a duré moins de vingt-quatre heures (17), *demi-droit*.

24. Courtage et interprétation dans les cas prévus par les traités et lorsqu'ils sont requis. *Droit proportionnel par tonneau* (13), 10 *cent*.

25. Rédaction du manifeste de sortie lorsqu'il est demandé. *Droit fixe par navire au-dessous de* 20 *tonneaux*, 5—7 50—10.

De 20 *à* 100 *tonneaux*, 10—15—20.

Au-dessus de 100 *tonneaux*, 15—22 60—30.

(*a*) L'ordonnance du 31 août 1846 a étendu cette disposition aux paquebots et vapeurs employés à un service régulier et périodique dans la Méditerranée.

26. Consulat ou rapport extraordinaire avec ou sans audition de l'équipage et des passagers.

Premier rôle, 5—7 50—10.

Chaque rôle en sus, 3—4 50—6.

27. Mouvement sur le rôle d'équipage (19) et (20). *Par marin débarqué ou embarqué, 1.*

28. Mention sur le rôle d'embarquement ou de débarquement de passagers (20) et (21). *Par passager, 2.*

29. Certificat de visite d'un bâtiment. *Par certificat, 3—4 50—6.*

30. Addition de feuilles au journal de navigation ou au rôle d'équipage. — Remplacement (22), en cas de perte, d'un rôle d'équipage. *Par feuille, 2—3—4.*

31. Remplacement (22), en cas de perte, d'un journal de navigation, d'un congé. *Par pièce délivrée, 5—7 50—10.*

32. Remplacement (22), en cas de perte, d'une patente de santé. *Par pièce délivrée, 5.*

33. Délivrance (22) d'un passavant avec rôle d'équipage dans le même cas. *Par pièce délivrée, 10—15—20.*

34. Visa de la patente de santé et des autres pièces de bord, s'il devient nécessaire après la délivrance des expéditions. *Par visa, 2.*

35. Désarmement (23), armement ou réarmement (24) d'un bâtiment. *Droit fixe par navire, 10.*

Droit proportionnel par tonneau jusqu'à 300 *tonneaux* (16), 30 *cent.*

36. Ordonnance du consul en matière maritime. — Homologation d'un règlement d'avaries.—Procès-verbal de prestation de serment d'experts (25). Rapport d'experts dressé par le chancelier.—Dépôt de rapport d'experts dressé par ceux-ci. — Acte de délaissement d'un navire ou de marchandises. *Premier rôle,* 3—4 50—6.

Chaque rôle en sus, 2—3—4.

37. Contrat d'affrétement ou charte - partie. *Sur le prix convenu* (7), 1/4 *pour cent.*

38. Police de chargement (rédaction de) ou connaissement. *Par exemplaire,* 50 *c.*—1—1 50.

39. Police ou contrat d'assurances maritimes. *Par acte,* 10—15—20.

40. Résiliation. — Modification dudit contrat. *Par acte,* 5—7 50—10.

41. Contrat de prêt à la grosse aventure ou de prêt sur marchandises prévu par l'article 234 Cod. de comm. *Sur la valeur du prêt jusqu'à* 20,000 *f.* (7), 1/2 *p. cent.*

Sur le surplus, 1/4 *pour cent.*

42. Vente aux enchères de marchandises dans le cas prévu par le même article (9), d'un bâtiment (8) ou d'une portion de bâtiment, d'embarcation, d'agrès et autres articles d'inventaire (9). *Jusqu'à* 1000 *f.,* 1/2 *p. cent.*

Sur le surplus, 1 *pour cent.*

43. Vente par contrat d'un bâtiment (8) ou d'une portion de bâtiment, d'embarcation, d'agrès et autres articles d'inventaire. *Jusqu'à 1000 fr., 1 pour cent.*

Sur le surplus, 1/2 pour cent.

44. Droit de dépôt sur les sommes provenant de bris, naufrages et prises. *Par 100 fr., 15.*

45. Enregistrement littéral (26), copie collationnée, extrait littéral ou analytique, publication par affiches de procès-verbaux et autres pièces concernant la navigation. *Par rôle, 2—2 50—4.*

ACTES ADMINISTRATIFS.

46. Passeports aux Français. *Par acte, 5—6—10.*

Passeports aux étrangers. *Par acte, 8—10—12 50.*

47. Patente de santé pour un navire étranger. *Par acte, 6—8—10 50.*

48. Certificat (27) d'immatriculation, de nationalité. —Patente de protection (27). *Par acte, 4—6—8.*

49. Certificats de vie pour perception de rentes, pensions annuelles ou sommes quelconques. *Au-dessus de 1000 fr., 5—6—12 50.*

De 300 à 1000 fr., 3—4 50—6 25.

Au-dessous de 300 fr., 2—3—4.

50. Certificats de vie pour motifs non énoncés. *Par certificat, 5—6—12 50.*

51. Visa de passeports (27) de Français. *Par visa*, 2—2 50—5.

Visa de passeports (27) d'étrangers. *Par visa*, 3—5—10 50.

52. Visa de patente de santé d'un navire étranger. *Par visa*, 5—5 50.

53. Visa de manifeste d'un navire étranger (lorsqu'il est requis). *Par visa*, 5—8—10 50.

54. Visa (27) de certificat d'immatriculation, de nationalité, de patente de protection, et de tout autre visa non spécifié (27). *Par visa*, 2—3—4.

55. Certificat quelconque requis par l'autorité locale. *Par certificat*, 2 50—3 50—5.

56. Certificat d'origine, de destination, de débarquement. *Par certificat*, 5—10—12 50.

57. Décharge d'acquit à caution. *Par acte*, 4—5—6.

58. Légalisation (28). *Par légalisation (a)*, 5—6 12 50.

ACTES DIVERS.

59. Déclaration, certificat, procès-verbal quelconque, dans tous les cas non spécifiés. 1er *rôle*, 5—7 50—10. *Chaque rôle en sus*, 3—5 50—6.

(*a*) Aux termes de l'ordonnance du 27 avril 1847, les actes destinés à être transmis aux compagnies d'assurances maritimes ou sur la vie, établies en France et légalement autorisées, doivent être légalisés à demi-droit.

60. Dépôt (29) de sommes d'argent, valeurs, marchandises ou effets mobiliers. *Par acte de dépôt*, 5—7 50—10.

Droit de dépôt sur le montant de la somme ou de la valeur estimée, 2 pour cent.

61. Dépôt, remise, retrait de pièces ou registres. — Communication de pièces ou registres en chancellerie.— Remise de pièces aux intéressés. *Par acte*, 3—4 50—6.

62. Actes énoncés dans l'article 61, s'il y a inventaire de pièces. *Par rôle*, 3—4 50—6.

63. Enregistrement littéral (26), copie collationnée, expédition, extrait littéral ou analytique, publication par affiches de pièces ou actes quelconques, dans tous les cas non spécifiés. *Premier rôle*, 4—6—8.

Chaque rôle en sus. 3—4 50—6.

64. Copie en langue étrangère. *Premier rôle*, 5—7 50—10.

Chaque rôle en sus, 3—4 50—6.

65. Traduction certifiée conforme. *Premier rôle*, 6—9—12.

Chaque rôle en sus, 4—6—8.

66. Tenue d'un compte courant de recettes et dépenses en chancellerie. *Par article de compte, 50 cent.*

67. Vacations du chancelier dans tous les cas non spécifiés. *Par vacation*, 8—10—12.

68. Frais de voyage du consul, de l'élève-consul ou du chancelier. *Le montant des déboursés.* (30).

69. Frais de séjour du consul. *Par journée d'absence,* 18—24—30.

Frais de séjour de l'élève-consul ou du chancelier. *Par journée d'absence,* 12—15—18.

OBSERVATIONS PARTICULIÈRES.

1. La minute des actes de l'état civil ne donne lieu à aucune perception.
2. Le droit de minute ou original ne sera pas perçu pour tous les actes que la partie dépose ou rédige elle-même, quand elle y est autorisée.
3. Les décrets qui n'ont pour objet que la signification ou la transmission de requêtes ou de tous autres actes, ne donnent lieu à aucune perception.
4. Si le même acte contient plusieurs contrats, il n'est dû de droits que sur le contrat principal.
5. La taxe proportionnelle sur tout acte accessoire d'un acte précédemment reçu en chancellerie, ne sera perçue que pour la partie du capital ajoutée au capital primitif, et s'il n'y est rien ajouté, il sera perçu un droit fixe de 15 fr.
6. Si le protêt est fait pour plusieurs lettres de change sur la même personne, il sera perçu 1 fr. 50 par chaque lettre en sus de la première.

Pour chaque présentation aux *indications au besoin*, ou intervenants quelconques, il sera aussi perçu un droit de 3 fr.

7. Le droit proportionnel sera remplacé par une taxe fixe de 10 francs pour la première catégorie, 15 fr. pour la deuxième, et 25 fr. pour la troisième, quand il ne donnera qu'une perception inférieure à cette taxe combinée avec le droit d'expédition.

8. Le droit proportionnel sera remplacé par une taxe fixe de 20 francs pour la première catégorie, 30 francs pour la deuxième, et 50 fr. pour la troisième, quand il ne donnera qu'une perception inférieure à cette taxe combinée avec celle de l'expédition.

9. Le droit proportionnel sera remplacé par une taxe fixe de 6 fr. pour la première catégorie, 7 fr. 50 cent. pour la deuxième, et 12 fr. 50 cent. pour la troisième, quand il ne donnera qu'une perception inférieure à cette taxe combinée avec celle de l'expédition.

10. Sur le capital social, la partie de ce capital excédant 100,000 fr. ne donne lieu à aucune perception.

11. Sur la masse brute, dans laquelle ne sont pas comprises les valeurs fictives.

12. Sur la valeur de l'immeuble le plus important.

13. Sur l'apport dotal le plus fort.

14. Les actes concernant la navigation, non dénommés dans le présent chapitre, payeront les droits spécifiés dans les autres chapitres du tarif. — Dans les opérations relatives à un naufrage, tout acte fait par le consul ou le chancelier, comme remplissant à l'étranger les fonctions dont les commissaires des places sont chargés en France, ne donne lieu à aucune perception (art. 76 de l'ord. du 29 oct. 1833).

15. Comprenant l'ensemble des formalités et actes *ordinaires* qui peuvent être requis du consulat à l'arrivée et au départ, savoir : 1° consulat simple ou rapport à l'arrivée ; 2° certificat d'arrivée et de départ ; 3° rapport concernant

la santé ; 4° visa du journal ou registre de bord, du congé, du rôle d'équipage ; 5° visa et enregistrement des manifestes d'entrée et de sortie ; 6° déclaration de simple relâche ; 7° dépôt et procès-verbaux de tout acte dressé par le capitaine, pour cause de désertion, à l'occasion d'un crime, d'un délit, d'une naissance, d'un dépôt ; dépôt de testament, d'inventaires faits en mer, ainsi que des objets inventoriés ; 8° délivrance ou visa d'une patente de santé ; 9° acte de dépôt ou de cautionnement de sommes destinées aux frais de repatriement, de maladie, d'enterrement de marins laissés à terre; 10° certificat quelconque, exigé par l'autorité locale pour permettre la sortie du navire.

16. Le droit proportionnel n'est pas dû sur les tonneaux qui excèdent 300.

17. Toute relâche ayant pour objet l'acquittement d'une taxe, ou l'accomplissement d'une formalité quelconque imposée par l'autorité étrangère, et nécessitant l'intervention de la chancellerie, sera considérée comme ayant duré plus de vingt-quatre heures.

18. Sont comprises dans ce droit la rédaction du manifeste, ainsi que les traductions et copies de cette pièce exigées par les autorités locales.

19. les mentions excédant le tiers du nombre des hommes de l'équipage ne donneront lieu à aucune perception.

20. Pour les marins disgraciés ou autres personnes embarquées ou débarquées, soit en vertu d'ordres des consuls, soit gratuitement et par humanité de la part du capitaine, le droit n'est pas dû.

21. Le droit n'est pas applicable aux paquebots ni aux navires n'ayant à bord que des passagers.

Le consul aura la faculté de faire réduire à moitié le droit pour les personnes peu fortunées, et de ne faire payer qu'un seul droit pour tous les membres d'une même famille qui seraient dans le même cas.

Au delà de *six* (ayant payé le droit entier) les mentions de débarquement, ou d'embarquement, sur le même navire, seront gratuites.

22. Sur la déclaration affirmée et signée du capitaine, en tête de la même pièce donnée en remplacement.

23. Comprenant l'ensemble des formalités et actes nécessaires pour le désarmement, savoir : 1° déclaration de désarmement : 2° rôle de désarmement ; 3° acte de dépôt et visa de l'acte de francisation, du congé, du rôle d'équipage ; 4° apostille et visa du journal de navigation, et de l'acte de propriété ; 5° expédition des actes ci-dessus qui doivent être remis au capitaine.

Nota.—Le droit dit d'expédition (art. 20, 21, 22, et 23) n'est pas dû par le navire qui désarme, lorsque le désarmement a lieu immédiatement après l'accomplissement des formalités de départ.

24. Comprenant l'ensemble des formalités et actes nécessaires pour l'armement ou le réarmement, savoir : 1° déclaration d'armement ou de réarmement ; 2° délivrance et enregistrement d'un rôle d'équipage, d'un congé provisoire, d'un passavant, d'un journal de navigation côté et parafé ; 3° tous actes ou formalités quelconques comprises dans les expéditions. (Note 15).

25. Si l'intervention des experts est suivie de la réception d'un acte en chancellerie, la mention de prestation de serment sera insérée en tête de cet acte et ne donnera lieu à aucun droit spécial.

26. Cet enregistrement ne s'entend que des actes qui n'ont pas été reçus en chancellerie.

27. Les consuls ont la faculté de faire délivrer les actes dont il s'agit à demi-droit, lorsque l'état de fortune du redevable lui rendrait trop onéreux le payement du droit entier, et qu'il ne serait cependant pas dans le cas de les recevoir *gratis*.

28. La légalisation par le consul d'un acte reçu par le chancelier, de même que celle d'un acte fait et légalisé par un agent du consulat, ne donne lieu à aucune perception.

Lorsque le droit de légalisation d'un acte délivré par l'autorité étrangère excédera le chiffre du droit qui aurait été exigible sur le même acte, s'il eût été passé en chancellerie, ce dernier droit sera perçu.

Si le même acte est présenté, en même temps, à la légalisation en plusieurs expéditions, la première seulement donne lieu au payement du droit entier, et les suivantes au demi-droit.

29. Le droit proportionnel ne se perçoit que lors du retrait du dépôt, et l'acte de retrait ne donne lieu à aucun droit.

30. Le compte de ces frais, que les agents s'éfforceront, d'ailleurs, de renfermer dans les limites les plus étroites, sera affirmé par le consul, pour les dépenses qui le concernent, et visé par lui, pour celles qui concernent l'élève ou le chancelier.

IV.
BIBLIOGRAPHIE.

BIBLIOGRAPHIE.

Comme complément à cette étude sur la Législation française dans les Echelles, j'ai cru devoir indiquer divers ouvrages sur les consulats. Ce n'est point une bibliographie complète que je prétends présenter ; mais une indication rapide des principaux écrits où il a été traité des attributions judiciaires des consuls. Dans un second paragraphe j'indiquerai quelques travaux publiés sur l'empire ottoman.

§ 1. — Publications où il a été traité des attributions judiciaires des consuls.

Bajot et Poirré. — Annales maritimes et coloniales ou revue des lois et ordonnances, règlements et décisions ministérielles, mémoires, observations, etc, de 1816 à 1847, 104 vol. in-8.

Baldasseroni. — Dictionnaire raisonné de jurisprudence maritime. *Livourne*, 1811, 4 vol. in-4.

Beaussant. — Code maritime ou lois de la marine marchande. *Paris*, 1840, 2 vol. in-8.

Block (Maurice). — Dictionnaire de l'administration française. *Paris*, 1856, très fort in-8.

L'article consul est de M. C. de Vallat.

Borel (F). — De l'origine et des fonctions des consuls. *St-Pétersbourg*, 1807, in-8; 2ᵉ édition, *Leipzig*, 1833, in-8.

L'auteur a été chef de division au ministère du commerce à St-Pétersbourg et consul général de Russie dans diverses places.

Bursotti. — Guide des agents consulaires. *Naples*, 1838, 2 vol. in-8.

Caumont Aldrick. — Dictionnaire universel de droit commercial maritime, en deux parties. *Paris-Havre*, grand in-8, v° consul.

M. Adrick Caumont, avocat au Havre, en présentant sous la forme d'un dictionnaire l'exposé des principes qui régissent le droit commercial maritime, a fait un travail d'une grande utilité pratique.

Clercq (de). — Formulaire à l'usage des consulats, suivi d'un appendice contenant le tarif des chancelleries consulaires et les principales lois et ordonnances relatives aux consulats. *Paris*, Guillaumin et Cᵉ, 1848, 1 vol. in-8 : 2ᵉ édit. 1853, 2 vol. in-8.

Le premier volume contient un formulaire complet des chancelleries diplomatiques et consulaires; le second, le texte des principales lois, ordonnances, circulaires et instructions ministérielles relatives aux consulats. La publication de ce travail a eu lieu sous les auspices du ministère des affaires étrangères. L'auteur est sous-directeur des consulats et affaires commerciales à ce ministère.

Clercq (de) et de Vallat. — Guide pratique des consulats. *Paris*, Guillaumin et Cᵉ, 1851, in-8.

Ouvrage d'une grande utilité pratique.

Cussy (de). — Règlements consulaires des principaux états maritimes de l'Europe et de l'Amérique, *Leipzig* et *Paris*, 1851, in-8.

L'auteur nous dit qu'en fesant ce travail, il a voulu présenter un livre qui fût le complément des ouvrages de Mensch et de Ribeiro dos Santos.

Cussy (de). —Phases et causes célèbres du droit maritime. *Leipzig*, 2 vol. in-8, 1856.

Il est souvent question des consuls dans ce travail et notamment livre I, titre I, § 24.

Cussy (de). — Dictionnaire du diplomate et du consul. *Leipzig*, 1846, in-12.

Dalloz. — Répertoire méthodique et alphabétique de législation, de doctrine et de jurisprudence, v° consuls, Echelles du Levant, traités internationaux.

Desaint. — Recueil des lois relatives à la marine et aux colonies. 1799, 1809. 18 vol. in-8.

Devilleneuve et Massé. — Dictionnaire du contentieux commercial. *Paris*, 1 vol. in-8, au mot consul.

Dumont. — Corps universel diplomatique (800 à 1738), 9 vol. in-folio.

Dupont (Paul). — Dictionnaire général d'administration. *Paris*, 1849, 1 très-fort vol. in-8.

Ouvrage édité par Paul Dupont et publié sous la direction de M. Alfred Blanche. Voyez l'article consul.

Emérigon. — Traité des assurances. *Marseille*, 1783, 2 vol. in-4.

L'ouvrage d'Emérigon, avocat au Parlement de Provence et ancien conseiller au siége de l'amirauté de Marseille, est, de l'avis de tous, encore de nos jours, le meilleur traité sur les assurances maritimes.

Fynn. — British consuls abroad. *Londres*, 1846, in-8.

Garcia de la Vega. — Guide pratique des agents politiques du ministère des affaires étrangères. *Bruxelles*, 1852, 1 vol. in-8.

Goujet et Merger. — Dictionnaire de droit commercial. *Paris*, 1852; 2ᵉ édit. 4 vol. in-8, v° consul.

Green. — On the nature and character of the consular service. *Londres*, 1848, in-8.

Hauterive (d') et de Cussy. — Recueil des traités de commerce et de navigation entre la France et les puissances étrangères depuis 1648, suivi du recueil des principaux traités conclus par les puissances étrangères entre elles depuis cette époque. *Paris*, 1833 et suiv., 10 vol. in-8.

Henshaw.—A Manual for united states consuls. *New-York*, 1849, in-18.

Laget de Podio. — De la juridiction des consuls de France à l'étranger. *Paris*, 1826, in-8; 2e édit. *Marseille*, 1841, 2 vol. in-8.

Lareynie-Labruyère. — Manuel des commissaires des relations commerciales. *Paris*, 1803, in-8.

Le Rat de Magnitot et Huart Delamarre. — Dictionnaire de droit public et administratif. *Paris*, 2 vol. grand in-8.
Voyez le mot agent diplomatique.

Letamendi. — Tratado de jurisprudencia diplomatico consular. *Madrid*, 1843, in-8.

Magnone.— Manuel des officiers consulaires sardes et étrangers. *Marseille*, 1847, 2 vol. in-8.

Martens (Ch. de).—Guide diplomatique ou traité des droits, des immunités et des devoirs des ministres publics, des agents diplomatiques et consulaires dans toute l'étendue de leurs fonctions. Nouvelle édition revue par Hoffmans. *Paris*, 2 vol. en 3 tomes, in-8.

Martens (Ch. de) et de Cussy. — Recueil manuel et pratique de traités de 1760 à l'époque actuelle. *Leipzig*, 1846, 1849, 5 vol. in-8.

Martens (G. F. de) et Murrhard. — Recueil des traités et conventions, etc. (1751 à 1853), *Stuttgard*, 45 vol. in-8.

Meissler. — Ebauche d'un discours sur les consuls. *Hambourg*, 1751, in-4.

Mensch. — Manuel pratique du consulat. *Leipzig*, 1846, in-8.

De Mensch. conseiller du commerce du roi de Saxe, a pris pour base de son travail, surtout utile pour les consuls de Prusse et du Zolwerein, le règlement prussien.

Merlin. — Répertoire, v° consuls français.

Miltitz. — Manuel des consuls. *Londres* et *Berlin*, 1837, 1842, 2 vol. en 5 tomes in-8.

Le manuel des consuls de Miltitz, chambellan du roi de Prusse, ancien ministre près la Porte Ottomane, est un travail excessivement précieux par le nombre prodigieux et l'exactitude des renseignements, des détails et des documents qu'il contient. Je dois répéter ici ce que j'ai indiqué ailleurs, que j'ai eu constamment recours à ce livre dans mon étude sur la juridiction française dans le Levant, et ce n'est jamais en vain que je l'ai consulté.

Pardessus. — Cours de droit commercial. *Paris*, 1852, 6e édit. 6 vol. in-8, 7e édit. 4 vol. in-8.

Pouget (L.). Principes du droit maritime. *Paris*, A. Durand, 1858, 2 vol. in-8.

M. L. Pouget, avocat, a écrit ce traité sur le droit maritime, en prenant pour base de son travail le Code de commerce français. Ce qui concerne les consuls fait l'objet d'un des trois paragraphes de l'appendice.

Moreuil. — Manuel des agents consulaires français et étrangers. *Paris*, Videcoq, 1850, in-8.

Moreuil. — Dictionnaire des chancelleries diplomatiques et consulaires. *Paris*, 1858, in-8.

Pardessus. — Collection des lois maintenues, antérieures au 18e siècle. *Paris*, 1828 à 1845, 6 vol. in-4.

Prugnaud. — Législation et administration de la marine. 1850, 1851, 1852, 3 vol. in-8.

Ribeirio dos Santos. — Traité du consulat. *Hambourg*, 1839, 2 vol. in-8.

José Ribeiro dos Santos, consul général de Portugal, a publié avec la collaboration de José Feliciano de Castilho Barreto, vice-consul, ce travail où les auteurs ont pris pour base le règlement portugais. Cependant c'est là un ouvrage plus général que spécial, plein d'observations précieuses où l'on rencontre les traces de l'expérience et du bon sens des auteurs.

Roland de Bussy. — Dictionnaire des consulats. *Alger*, 1854, in-16.

Sébire et Carteret. — Encyclopédie de droit.

L'article consul est de M. H. Richelot.

Steck. — Essai sur les consuls. *Berlin*, 1790, in-8.

De Steck, conseiller de légation au ministère des affaires étrangères en Prusse, a tracé dans cet opuscule le cadre de la théorie des consulats.

Tancoigne. — Le guide des chanceliers. *Paris*, 1847, in-12.

Valin. — Commentaire sur l'ordonnance de la marine, du mois d'août 1681. *La Rochelle*, 1760, 2 vol. in-4.

Il est souvent question des consuls dans ce traité, notamment tom. 1, p. 232 et suivantes.

Vivò (Buenoventura). — Tratado consular. *Mexico*, 1850, in-8.

Warden. — On the origin, nature, progress and influence of consular establishments. *Paris*, 1813, in-8, traduit en français par Bernard Barrère, de Morlaix. *Paris*, 1815, in-8.

Warden a été consul général des Etats-Unis à Paris.

Wenck. — Codex juris gentium (1735 à 1772). *Leipzig*, 1795, 3 vol. in-8.

Wheaton (H.) — Histoire des progrès du droit des gens en Europe et en Amérique, 2e édit. *Leipzig*, 1846, 2 vol. in-8.

§ 2. — Publications concernant l'Empire ottoman.

La guerre récente que la Russie a eu à soutenir contre la Turquie et les puissances occidentales a donné lieu à un très-grand nombre d'écrits sur la Russie et la Turquie; je m'abstiendrai de signaler ces ouvrages de circonstance, la plupart déjà oubliés et ne présentant souvent qu'un intérêt temporaire. C'est surtout les travaux faits consciencieusement et présentant une importance réelle que je veux signaler ici. Je voulais me borner à l'indication des ouvrages qui font connaître la constitution et l'administration de l'Empire turc, j'ai cru devoir donner une nomenclature plus complète. Toutefois j'ai fait précéder d'une astérisque les publications les plus importantes au point de vue de l'étude des institutions politiques, administratives et judiciaires. D'un autre côté, en faisant entrer dans cette nomenclature les livres sur la géographie et l'histoire, je n'ai pas cru devoir indiquer les ouvrages sur la linguistique, la littérature, les sciences et les arts, parce qu'ils s'éloignent trop de l'étude qui précède, et qu'un pareil travail aurait pris des proportions que je ne pouvais lui donner avec utilité.

Ainsworth (W. Francis). — Travels and researches in Asia minor, etc. *London*, 1842, 2 vol. in-8.

Alix. — Histoire de l'Empire ottoman. *Paris*, Didot frères, 3 vol. in-8 avec cartes.

Cette histoire s'arrête en l'année 1820.

Allom et Gallibert. — L'Empire ottoman illustré. *Paris*, in-4.

Almosino (Rabbi). — Grandezas de Constantinopla. *Madrid*, 1628, in-4.

Andréossy (le comte). — Constantinople et le Bosphore de Thrace. *Paris*, 1818, in-8 et atlas.

D'Andréossy, général français, mort en 1828, avait fait avec Bonaparte la campagne d'Egypte et a concouru au magnifique travail de la commission scientifique d'Egypte; il était ambassadeur à Constantinople lorsqu'il en fut rappelé par Louis XVIII en 1814.

Anville (d') — L'Empire turc considéré dans son établissement et dans ses accroissements successifs. *Paris*, 1772, in-12.

Aubignosc (d'). — La Turquie nouvelle. *Paris*, 1839, 2 vol. in-8.

* Augerii Gislenii Busbequii. — Legationis turcicæ epistolæ quatuor. *Basileæ*, 1740, in-12.

Baltimore. — A tour to the East in the years, 1763 and 1764. *London*, 1767, in-12.

Barère de Vieuzac. — Voyage dans la Turquie d'Europe. *Paris*, 1812, 2 vol. in-8.

Barrault et Cadalvene.—Deux années de l'histoire d'Orient, 2 vol. in-8.

Bartetius. — De vita moribus ac rebus præcipue adversus Turcos gestis. *Argent*, 1537, in-fol.

Baudier (J. Mich.). —Histoire générale du sérail et de la cour du grand seigneur. *Paris*, 1624, in-fol. 1631, in-4.

Baudier (J. Mich.). Histoire générale de la religion des Turcs. *Paris*, 1625, in-4.

Beaufort. — Karamania, or a brief description of the soulth coast of Asia minor. *London*, 1817, 2 vol. in-8.

Beaujour (Félix).—Voyage dans l'Empire ottoman. *Paris*, Didot frères, 2 vol. in-8.

L'auteur a été consul général en Orient.

Beauvoisins. — Notice sur la cour du grand seigneur, etc. *Paris*, 1807, in-8.

Beillard (Chauvin). — De l'Empire ottoman-islam, *Paris*, 1849, in-8.

Beillard (Chauvin). — De l'Empire ottoman, de ses nations et de sa dynastie. 1844-45, in-8.

Berghaus (H). — Atlas von asien. *Gotha*, 1832 et suiv. in-fol.

Bertelli (P.). —Vite degli imperatori de Turchi. *Vicenza*, 1599, in-fol.

Berton. — Voyage depuis les sources du Jourdain jusqu'à la mer Rouge. in-8.

Beyran (Jph).— Notice sur la Turquie. *Paris*, 1855, in-8.

Bianchi (T.-X.). — Le premier annuaire impérial de l'Empire ottoman. *Paris*, 1849, in-8.

Boissordus. — Vita et icones Sultanorum Turcicorum, etc. omnia recens in æs artificiosi incisa per de Bry. *Francof*, 1596, in-4.

Boschovich (abbate Ruggiero). — Giornale di un viaggio da Constantinopoli in Polonia. *Bassano*, 1784, in-8.

Boué (Amé). — La Turquie d'Europe. *Paris*, 4 vol. in-8.

Brayer (A.) —Neuf années à Constantinople. *Paris*, 1836, 2 vol. in-8.

Breves (de). — Relation des voyages tant en Grèce, Terre Saincte et Egypte, qu'aux royaumes de Tunis et Arger, etc. Ensemble un traité fait l'an 1604 entre le roy Henry le Grand et l'empereur des Turcs ; le tout recueilli par Jacques de Castel. *Paris*, 1628, in-4.

Brun (Corneille le). — Voyage au Levant. *Paris*, 1714, in-fol.

Bruyn (C. le). — Voyage au Levant. *Rouen*, 1725, 5 vol. in-4.

Burckhardt.—Travels in Syria and the Holy land. *London*, 1822.

Buckingham (J.) — Travels among the Arab tribes inhabiting' the country east of Syria and Palestine. *London*, 1825, in 4.

Bussière (le baron Renouard de). — Lettres sur l'Orient, écrites pendant les années 1827 et 1828. *Paris*, 1829, in-fol.

Cadalvène (Ed. de). — Histoire de la guerre de Mehemet-Ali contre la Porte. *Paris*, in-8.

Callimacho. — Oratio de bello turcis inferendo, etc. *Haguenaviæ*, 1533.

Cambini (Andrea). — Della origine dei Turchi. *Firenze*, 1537, in-8.

Cansino. — Extremos y grandezas de Constantinopla, trad. de l'hébreu. *Madrid*, 1638, in-4.

Cantimir (Demetrius).—Histoire de l'Empire othoman, trad. en français par de Jenquière. *Paris*, 1743, 2 vol. in-4.

Carlisle (le comte de). Diary in Turkish waters, etc. *London*, in-8.

Carne (F.)—Letters from the East. *London*, 1826, 2 v. in-8.

Cassas (L. F.)—Voyage en Syrie, Phénicie, Palestine, etc. *Paris*, 1799, in-fol.

Castellan. — Mœurs des Othomans, avec des éclaircissements par Langlès. *Paris*, 1812, 6 vol. in-18.

Castellan. — Lettres sur la Morée, etc. *Paris*, 1808, in-8.

Castellan. — Lettres sur la Grèce, l'Hellespont et Constantinople. *Paris*, 1811, in-8.

Cervarii Tuberonis. — De Turcarum origine moribus, etc. commentarius. *Florentiæ*, 1590, in-4.

Chandler. — Voyage dans l'Asie mineure et la Grèce, en 1764, 65 et 66, trad. de l'anglais par Servois et Barbier du Boccage. *Riom*, 1806, 3 vol. in-8.

Charrière. — Négociations de la France dans le Levant, correspondances, etc. publiés par L. Charrière. *Paris*, 1850.

Chateaubriand. — Itinéraire de Paris à Jérusalem. La 1re édition est de 1811, 3 vol. in-8. *Paris*, Lenormant.

Chaumette des Fossés.—Voyage en Bosnie en 1807 et 1808. *Paris*, 1822, in-8.

Chenavard (Ant. M.) Relation du voyage fait en 1843-44, en Grèce et dans le Levant, par Chenavard, Rey et Dalgabio. *Lyon*. 1846.

Chenier (Louis de). — Révolutions de l'Empire ottoman. *Paris*, 1789, in-8.

Choiseul Gouffier (le comte de). — Voyage pittoresque dans l'Empire ottoman en Grèce, etc. *Paris*, 1842, 4 v. et atlas.

M. le comte Choiseul Gouffier, né en 1752, mort en 1817, était ambassadeur à Constantinople lorsqu'éclata la révolution de 1789.

Clayton. — A journey from Aleppo to Jerusalem by Maundell also a journal from gran Cairo to mount Sinai translated from a ms. written, by the prefetto of Egypt. *London*, 1810, in-8.

Voyez Maundrell.

Colson (F.) — De l'état présent et de l'avenir des Principautés de Moldavie et de Valachie. *Paris*, 1839, in-8.

Colville Frankland. — Travels to and from Constantinople in 1827 and 1828. *London*, 1830, 2 vol. in-8.

Coppin (le R. P. Jean). — Relation de voyages dans la Turquie. *Lyon*, 1720, in-4.

Cornelio. — Viaggi per la Turchia (en 1672 et 1673). *Bolog.* 1685, in-12.

Cotovico (J.) — Itinerarium Hierosolymitanum et Syriacum. *Antuerpiæ*, 1619, in-4.

Cousinery. — Voyage dans la Macédoine. *Paris*, 1831, in-4.

Craven (milady). — Voyage à Constantinople, traduit de l'anglais par Durand, 1789.

Croix (de la). — Mémoires concernant diverses relations très curieuses de l'Empire othoman, de 1670 à 1679. *Paris*, 1684, 2 vol. in-8.

Crusius (Martinus). — Turco Græcia, liv. VIII. *Basileæ*, 1798, in fol.

Dadini (R. P. J.) — Voyage du mont Liban, trad. de l'italien par R. S. P. *Paris*, 1675, in-12.

Dawson Borrer. — Journey to Jerusalem. *London*, 1843, in-8.

* Depping (G.-B.) — Histoire du commerce entre le Levant et l'Europe, depuis les croisades jusqu'à la fondation des Colonies d'Amérique, 2 vol. in-8. 1830, imp. roy.

<small>Ouvrage plein d'érudition et de recherches historiques et d'observations critiques. Depping est mort à Paris en 1853; il était né à Munster, et s'était fait naturaliser français.</small>

Desprez. — Les peuples de l'Autriche et de la Turquie. *Paris*, 1850, 2 in-8.

Devoil (Ch.)— Deux années à Constantinople et en Morée. *Paris*, 1828, in-8.

Didot (Ambroise-Firmin). — Notes d'un voyage fait dans le Levant en 1816 et 1817. *Paris*, 1826, in-8.

Diego de Castilho. — Epitome de los Turcos y sus imperadores. *Lovanha*, 1538, in-4.

Dopper (O.) — Description exacte des îles de l'Archipel et de quelques autres adjacentes, trad. du flamand. *Amsterdam*. 1703, in-folio.

Doubdan (J.) — Voyage de la Terre Sainte. *Paris*. 1666, in-4.

Duponcet. —Histoire de Scanderberg. *Paris*, 1709, in-12.

Dupré. — Voyage à Athènes et à Constantinople. *Paris*, 1825, in-folio.

Duvigneau. — Total présent de la puissance ottomane. *Lahaye*, 1688, in-12.

Elmacini. — Historia saracenica, etc, trad. de l'arabe en latin, par Erpenius; accedit Ximenez historia Arabum cum præfatione Golii *Lugd. Batav*, 1625, in-folio, traduit par Vatier. *Paris*, 1657, in-4.

Enault (Louis). — Constantinople et la Turquie. *Paris*, 1855, 1 vol. in-18.

Engel (W. H.) — Kypros, Chypre. *Berlin*, 1841, 2 in-8.

Estournel (le comte J. d'). — Journal d'un voyage en Orient, *Paris*, 1844, 2 in-8.

Ewers (G.) — Wollfahrtsn im Morgenlende.... Pélérinages de Fr. de Richter en Orient. *Berlin*, 1822, in-8.

Febvre (Michel). — Théâtre de la Turquie, traduit de l'italien en français par l'auteur. *Paris*, 1682, in-4.

Fellows (Ch.) — A journal Written during an excursion in Asia minor. *London*, 1838, in-8.

Fellows (Ch.) — An account of discoveries in Licia. *London*, 1840, in-8.

Ferrante Caracciolo, conte de Biccarri. — I commentarii delle guerre fatte co Turchi da d. giovani d'Austria. *Fiorenza*, 1581. in-4.

Ferrières Sauvebœuf. — Mémoires historiques, politiques et géographiques des voyages en Turquie, etc. *Paris*, 1790, 1 in-8.

Ferté (Mad. de la). — Lettres sur le Bosphore ou relation d'un voyage en différentes parties de l'Orient, de 1816 à 1819. *Paris*, 1821, in-8.

Flandin. — L'Orient. *Paris*, 1856, 3 vol. in-folio.

M. E. Flandin a été attaché à l'ambassade en Perse en 1840 et 1841; il est l'un des auteurs du voyage en Perse.

Flori (Franc). — Navigazioni e viaggi nella Turchia. *Anvers*, 1576, in-4.

Fontanier. — Voyages en Orient de 1830 à 1833. *Paris*, 1834, in-8.

Forbin (comte de). — Voyage dans le Levant en 1817 et 1818. *Paris*, 1819, in-8.

Le comte L. Aug. de Forbin, de l'Acadmie des Beaux-Arts, a été directeur des musées.

Forcade. — Histoire des causes de la guerre d'Orient. 1857, *Paris*, in-18.

Fraser (Ch.)— Annales of the Turkisch, empire from 1591 to 1659 of the christian era, by Naïma, translated from the Turkish. *London*, 1832, in-4. Voyez *infrà Tarikhi*.

Fraser (Ch.) — History of the war ni Bosnia during the years 1736-8 et 1739, translated from the turkish. *London*, 1838. in-8.

Frossard (pasteur protestant). — Lettres écrites d'Orient. 1856, *Toulouse*, in-12.

Gardanne. — Journal d'un voyage dans la Turquie d'Asie, etc, en 1807 et 1808. *Paris*, 1809, in-8.

Gautier (T.) — Constantinople. 2ᵉ édit., *Paris*, 1855, in-18.

Gauthier (Th.) — La Turquie. *Paris*. in-fol.

Gassot (J). — Le discours de Venise à Constantinople. *Paris*, 1606.

Georgiewitz (Barth). — De Turcorum moribus epitome. *Lugd*, 1555, in-12; *Paris*, 1568, in-16.

Géramb (le R. P. M. J. de).— Pélérinage à Jérusalem en 1831, 32 et 33. *Paris*, 3 vol. in-8.

Gérard de Nerval. — Voyage en Orient. *Paris* , 4ᵉ édit. 1856, 2 vol. in-18.

Geufrœi (Antonii). — Pars primæ aulæ turcicæ othomanici imperii descriptio, etc., per Guilhemum Godeleweum, latine reddita. *Basileæ*, 1577, 1 vol. in-12.

Gishull.— Voyage into Turky. *London*, 1747.

★ Gislenii (Augerii Bubbequii). — Legationis turcicæ epistolæ quatuor. *Basileæ*, 1740, in-12.

La première édition est de *Anvers* 1581. Ce livre a été longtemps e document le plus sûr et le plus complet sur la Turquie ; il a été traduit en français par Gaudon, *Paris*, 1636, in-8; et l'abbé de Fois, *Paris*, 1748, 3 vol. in-12.

Gisquet.— L'Egypte, les Turcs et les Arabes. *Paris*, 1819, 2 vol. in-8.

Goupil Fesquet. — Rédaction du voyage d'Horace Vernet en Orient. *Paris*, 1843, in-8.

Grassi (Alfio). — Charte turque. *Paris*, 1825, 2 vol. in-8.

Grelot. — Relation nouvelle d'un voyage à Constantinople. *Paris*, 1680, in-4.

Griffiths. — Nouveau voyage dans la Turquie d'Europe et d'Asie, trad. par Barrère de Vieuzac. *Paris*, 1812, 2 vol. in-8.

Gruber (A. de). — Das Osmaniche. L'empire ottoman. *Vienne*; 1811, in-8.

Guer (de). — Mœurs et usages des Turcs. *Paris*, 1746, 2 vol. in-4.

Guigues (J. de). — Histoire des Huns, des Turcs, etc, 1824.

Guillet. — Histoire du règne de Mahomet II. *Paris*, 1681, 2 vol. in-12.

Guillet a écrit des observations sur le voyage de Grèce de Jacob Spon. Voyez Spon.

Gylii (Petri). — Tractatus de Bosphoro thracico, lib. III. *Lugduni*, 1561, in-4.

Gylii (Petri). — Constantinopoleos topographia *L. Batav*, 1632, in-12. *Lugduni*, 1561, in-4, trad. en anglais par J. Ball. *London*.

Hadjy Khalfa. — Le géographe turc en langue turque. *Constantinople*, 1732, in-fol.

Hamilton (W.) — Researches in Asia minor, Pontus and Armenial. *London*, 1842, 2 in-8.

Hammer (J. Von). — Topographische ansichten. Vues topographiques recueillies pendant un voyage au Levant. *Vienne*, 1811, in-4.

Hammer (J. Von). — Constantinopolis and der Bosphorus. *Pesth*, 1822, 2 vol. in-8.

Description topographique et historique de Constantinople et du

Bosphore. Ce travail est suivi d'une traduction du *Bordah*, poème arabe de Bousiri.

Le baron Joseph de Hammer-Purgstall, né à Grœtz en 1774, mort en 1856, ancien élève de l'Académie orientale de Vienne, a passé de longues années dans l'Orient, comme drogman, puis comme agent diplomatique. On a de lui un très-grand nombre de travaux sur l'Orient.

*Hammer (J. Von). — Geschichte des osmanichen reiches. *Pesth*, 1827 à 1834, 10 vol. in-8, trad. en français par J. Hellert. *Paris*, Bellizard, Barthes, Dufour et Lowell, 18 vol. in-8. *Paris*, 1835 à 1843 et par Dochez, *Paris*, 1844, 3 vol. in-8.

C'est l'ouvrage capital de Hammer; il s'arrête à la paix de Kaïnardji en 1774. Malgré les reproches faits à Hammer sur la précipitation avec laquelle il écrivait, nul n'a connu plus intimement les peuples musulmans et n'a autant contribué à nous faire connaître leurs mœurs, leur histoire et leur littérature.

Hammer. — Histoire de l'ordre des assassins, trad. de l'allemand par Hellert et de la Mourais. *Paris*, 1833, in-8.

Harles (D.) — Nachrichten. Éclaircissement sur Alep. *Weimar*, 1804, in-8.

Hasselquist. — Voyage dans le Levant, trad. de l'allemand par Eidous *Paris*. 1769, in-12; publié par Linnée, en latin, *Stockholm*, 1757, in-8; publié en anglais, *London*, 1766, in-8.

Jouannin et Von Gaver. — Turquie. *Paris*, Didot frères, 1 vol. in 8, avec gravures.

Ce travail fait partie de la publication faite par MM. Didot frères, sous le titre d'*Univers pittoresque*; il s'appuie principalement sur de Hammer. M. Jouannin, l'un des auteurs, a été premier secrétaire interprète en Orient.

Hell (Xavier-Hommaire de). — Voyage en Turquie et en Perse, exécuté par ordre du gouvernement français en 1746 et 1848, in-8 et fol.

Herbelot (d'). — Bibliothèque orientale ou dictionnaire universel contenant généralement tout ce qui regarde la connaissance des peuples de l'Orient. *Maëstricht*, 1776, in-f.

Heude. — Voyage de la côte du Malabar à Constantinople en 1817. *Paris*, 1820, in-8.

Hobhouse (J. C.) — A journey trough Albania and others provinces of turkey during the years, 1809 and 1810. *London*, 1813, in-4.

Hommaire de Hell. — Voyage en Turquie et en Perse exécuté par ordre du gouvernement français en 1846, 7 et 8, divisé en partie historique, 3 vol. in-8; scientifique, 1 vol. in-8. Ces parties sont accompagnées d'un grand nombre de planches in-folio.

Huen (le). — Des sainctes pérégrinations de Jherusalem, tiré du latin de Breydenbach. *Lyon*, 1488, in-fol.

Israël-Joseph Benjamin II. — Cinq années de voyage en Orient, 1846-51. *Paris*, 1856, in-8.

Jagerlchmid (M. A.) — Athènes et Constantinople, vues, plans des villes les plus importantes de l'empire ottoman. *Paris*, 1829, in-fol.

Joliffe. — Letters from Palestine, 2th édition. *London*, 1820, in-8.

Joubert et Mornan. — Tableau historique, politique et pittoresque de la Turquie et de la Russie. *Paris*.

*Juchereau de St-Denis (le baron). — Histoire de l'empire ottoman depuis 1792 jusqu'en 1844. *Paris*, 1844, 4 vol. in-8.

L'auteur a été maréchal de camp, ministre de France en Grèce en 1828, et directeur du génie militaire de l'empire ottoman.

Juchereau de St-Denis. — Révolutions de Constantinople en 1807-8. *Paris*, 1819, 2 vol. in-8.

Kaper (S). — Christen and Turken. *Leipzig*, 2 vol. in-8.

Kieper (H.)— Karte des Turkischen Reichs in Asien. *Berlin*, 1844, 2 feuilles. Travail très-remarquable.

Kieper (H.)— General karte der Europaischen Turkei. *Berlin*, 1846, 4 feuilles.

Kubalski. — Recherches sur les peuples d'origine slave et roumaine. *Paris*, in-8.

Lacroix (de).— Abrégé chronologique de l'histoire ottomane, 1768, 2 in-8.

Lamarche, Kauffman, Labedollière. — Le libraire Barba a publié en 1856, 1857, divers travaux sur la Turquie et la guerre de Crimée, dus la plupart à la plume des écrivains du journal le *Siècle*.

Lamartine a publié, dans ces derniers temps, divers travaux sur l'Orient : notamment un voyage en Orient. *Paris*, Didot, 1849, 4 in-8.

Lapie. — Carte générale de la Turquie d'Europe et de la Grèce. *Paris*, 1847.

Lapie.— Carte de la Turquie d'Asie, etc. *Paris*, 1847.

Larpent (George).— Turkey, etc. Ouvrage récent.

Lavardin (de). — Histoire de Scanderberg. *Paris*, 1597, in-8 ; 1621, in-4.

Leake (Willian-Martin).— Journal of à tour in Asia minor. *London*, 1824, in-8.

Lechevalier.— Voyage de la Propontide et du Pont-Euxin. 1800, 2 vol. in-8.

Lechevalier (J. B,)— Voyage de la Troade en 1785-86, *Paris*, 1802, 3 vol. in-8 ; Atlas in-4.

Loir (du). — Voyages, ensemble ce qui se passa lors de la mort du sultan Mourat, et de l'évènement du sultan son frère. *Paris*, 1654, in-4.

Lonnicerus (D. Philip), — Chronicorum Turchicorum collectio. *Francof*, 1578, in-fol.

Lorent.—Wanderungen in Morgenlande. Voyages en Orient en 1842-43. *Manheim*, 1845, in-8.

Lucas (Paul). — Voyage au Levant. *Paris*, 1704, 2 vol. in-12. *Amsterdam*, 1714.

Lucas (Paul). — Voyage dans la Grèce, l'Asie mineure, la Macédoine et l'Afrique. *Paris*, 1712, 2 vol. in-12.

Lucas (Paul). — Voyage en 1714 dans la Turquie, l'Asie, etc. *Rouen*, 1719, 3 vol. in-12. *Amsterdam*, 1720, 2 vol. in-12.

Ludeke. — Beschreibung des Turkischen Reiches. 1780, 3 vol. in-8. Description de l'Empire turc.

Lusignan (S.) — Voyage to Smyrna and Constantinople. *London*, 1801, in-8.

Lynch. — Narrative of the united states expedition to the river Jordar and the Dead sea. *Philadelphia*, 1850, in-8.

Macdonald Kinneir. — Journey through Asia minor, Armenia, etc. in the years 1813 and 1814. *London*, 1821, 2 vol. in-4.

Macfarlane (Ch.) — Travels in Turkey during 1827-28. *London*, 1829-30, 2 vol. in-8.

Mackintosch (le major général A. F.) — A military tour in European Turkey, etc. *London*.

Madden (R.) — Travels in Turkey, etc. *London*, 1829, 2 vol. in-8.

Marchebeus. — Voyage de Paris à Constantinople en bateau à vapeur. *Paris*, 1839, in-8.

Marsigli. — Stato militare dell' imperio ottomano. *In Haya*, 1732, in-fol.

Mariti. — Viaggio di Jerusalem. *Livorno*, 2 vol. in-8; traduit en français. *Neuvied*, 1791, 2 vol. in-12.

Maundrell.—Voyage d'Alep à Jérusalem en 1697. *Utrecht*, 1705, in-12. *Voyez* Clayton.

Maxime du Camp. — Souvenirs et paysages d'Orient, etc. *Paris*, 1848, in-8.

Mayer (Luigi). — Views in the Ottomans dominions in Europe, in Asia and some of the mediterranean islands from the original drawings taken for sir Robert Ainslie. *London*, 1810, in-fol.

Mayer (L.) — Vues de Palestine. *Londres*, 1814, in-fol.

Méry. — Constantinople et la mer Noire. *Paris*, in-8.

Michael Mac. — Journey from Moscou to Constantinople. *London*, 1819, in-4.

Mignan (Rob). — Travels in Chaldæa, etc. *London*, 1829, in-8.

Mikoscha. — Reise eines Polen durch die Moldan nach der Turkei. Voyage d'un Polonais en Turquie par la Moldavie. 1793, in-8.

Miricke. — Reise von Constantinopel nach Jérusalem. Voyage de Constantinople à Jérusalem. *Augsbourg*, 1789, in-8.

Mislin. — Les saints lieux; pèlerinage à Jérusalem par l'Autriche, etc. Constantinople, l'Archipel, le Liban, la Syrie, Alexandrie, etc. *Paris*, 1857, 3 vol. in-8.

Mitchell (Janus). — The history of the maritime wars of the Turks; translated from the Turkish of haji Khalifch.

Moltke (de). — Campagnes des Russes en Turquie en 1828 29, trad. de l'allemand par Denmler. *Paris*, 2 v. in-8.

Moncuda (Fr. de). — Expedicion de los Catalanes y Aragoneses contra Turcos y Gregos. *Madrid*. 1805, in-8.

Moncel (vic[te] Th. du). — De Venise à Constantinople à travers la Grèce. *Paris*, in fol.

Moni (de). — Histoire critique de la Crimée et des coutumes des nations du Levant. *Francfort*, 1684, in-8.

Montalbanus (J. P.) — De Turcorum moribus commentarius. *Lugd. Bat.*, in-12.

Montagu (lady Marie Wortley). — Letters written during her travels in Europa, Asia and Africa, etc. 1716-1718, wich countain among other curious relations, accounts of the police and manners of the Turks. *London*, 1763, 3 vol. in-12 ; réimprimé très-souvent.

Moreno. — Viage a Constantinople en el ano de 1784, escrito de orden superior. *Madrid*, 1790, in-fol.

Morier (J.). — Voyage en Perse, en Arménie, en Asie mineure et à Constantinople, en 1808-09; traduit de l'anglais. *Paris*, 1813, 3 vol. in-8, et atlas in-4.

Morier (J.) — Second voyage en Perse, etc. de 1810 à 1816. *Paris*, 1818, in-4 et in-8.

Mouravief. — Voyage en Turcomanie en 1819-20 (en Russe). *Moscou*, 1822, in-4.

Muller. — Albanien, Rumelien ; l'Albanie, la Roumelie, etc. *Prague*, 1844, in-8.

Murad (Mgr N.) archevêque maronite. — Notice historique sur l'origine de la nation maronite et sur ses rapports avec la France. *Paris*, 1844, in-8.

Nau (le P.) — Voyage nouveau de la Terre Sainte. *Paris*, 1679, in-12.

Nettement. — Constantinople et la Turquie. *Paris*, 1830, 2 vol. in-8.

* Ohsson (Mouradgea d'). — Tableau général de l'Empire ottoman, 1re partie, *Paris*. 1787-90, 2 vol. in-fol. ; 2e partie, 1804, 2 vol. in-8 ; 3e partie en 1821. La dernière édition a été, je crois, publiée par MM. Didot frères en 3 vol. in-fol. Elle est cotée dans ses catalogues 500 francs.

D'Hosson, Arménien, né à Constantinople en 1740, mort à Paris en

1807, après avoir été longtemps interprète de l'ambassade de Suède, devint ensuite chargé d'affaires, puis ministre près la Porte. Son travail, fruit de longues études et d'observations intelligentes, est d'une grande importance. Miltitz dit qu'il est indispensable à tous ceux qui sont appelés à remplir des fonctions diplomatiques ou consulaires dans le Levant; la 3ᵉ partie a été publiée par M. le baron d'Hosson fils, ministre de Suède à la cour de Prusse.

Olivier (G. A.) — Voyage dans l'Empire ottoman. *Paris*, 1801, 6 vol. in-8 et atlas.

Olter. — Voyage en Turquie et en Perse. *Paris*, 1748, 2 vol. in-12.

Paganel. — Hist. de Scanderbeg, ou Turks et chrétiens au 15ᵉ siècle. *Paris*, 1855, in-8.

Paléologue (Grégoire). — Esquisses des mœurs turques au 19ᵉ siècle. *Paris*, 1827, in-8.

Peregrini. — De Turcorum moribus epitome. *Lugd. batav.* 1552, in-12.

Pertusin (Ch.) — Promenades pittoresques dans Constantinople. *Paris*, 1815-17, 3 vol. in-8 et atlas in-fol.

Philippe (R.P.) — Voyage d'Orient. *Lyon*, 1669, in-8.

Pitton de Tournefort. — Relation d'un voyage dans le Levant, fait par ordre du roi. *Paris*, imp. royale, 1717, 2 vol. in-4.

Pococke (Rich). — A description of the East and some others countries. *London*, 1743-45, vol. in-fol.

Porter. — Observation sur la religion, les lois et les mœurs des Turcs, traduit de l'anglais par Bergier. *Paris*, 1769, in-12.

* Porter (James) — Observations on religion, law, governement and manners of the Turks. *London*, 1768, 2 vol. in-12.

J. Porter était ambassadeur d'Angleterre près la Porte en 1764.

Postel (Guill.) — De la république des Turcs. *Poitiers*, 1560, in-4.

Postel (Guillaume). — Des histoires orientales et principalement des turkes, etc. *Paris*, 1775; in-16.

Poujoulat. — Histoire de Constantinople. 2 vol. in-8.

Pouqueville (de). — Mémoire historique et diplomatique sur le commerce et les établissements français dans le Levant, de l'an 500 jusqu'à la fin du 17ᵉ siècle. Dans le tome X des mémoires de l'institut, académie des inscriptions et belles-lettres.

Pouqueville (de). — Voyage en Morée, à Constantinople, etc. *Paris*, 1805, 3 vol. in-8.

Puget de St-Pierre.—Histoire des Druses, peuples du Liban formé par une colonie de Français. *Paris*, 1762, in-12.

Quin (Michael). — Steam voyage down the Danube with sketches of Hungary, Wallachia; Servia an Turkey, etc. *London*, 1835, 2 vol. in-8, trad. en français par Eyriès, 2 vol. in-8.

Raczynsky. — Malerische Reise in einigen provinzen des osmanischen Reichs. Voyage pittoresque dans quelques provinces de l'Empire turc. *Breslau*, 1828, in-8.

Radzivili (Nic. Chrit.) — Jerosolymitana peregrinatio ex Polonico sermone in latinum translata. *Antuerpiæ*, 1614, in fol.

Ranke (L.) — Geschichte der Osmanlis, in-8.

Raumer (Ch. de). — Palœstina. La Palestine. *Leipzig*, 1850, in-8.

Rauwolff (Leonh.) — Reise in Morgenlandez. Description d'un voyage en Orient. *Laugingen*, 1582, in-4.

Regnault (Anthoine, bourgeois de Paris). Discours d'un voyage d'outre mer au sainct sépulchre de Jérusalem et autres lieux de la terre saincte. *Lyon*, 1573, in-4.

Regnault. — Voyage en Orient, Grèce, Turquie. *Paris*, 1855, in-8.

Reinaud. — Monuments arabes, persans et turcs du cabinet de M. de Blacas. 1828.

Revue de l'Orient. — 1re partie de 1841 à 1546. *Paris*, 11 vol. in-8 ; la 2e partie commence en 1847.

* Ricaut. — Histoire de l'état présent de l'Empire ottoman. *Londres*, 1668-70, in-fol. 1675, in-8.

Cet ouvrage, très-souvent réimprimé, est le premier travail sérieux sur les Turcs et la Porte. Il a été traduit dans presque toutes les langues, notamment en français par Pierre Briot, *Amsterdam*, 1671, in-12 ; *Paris*, 1670, in-4, et Bespier *Rouen*, 1677, 2 vol. in-12. Ricaut, secrétaire d'ambassade à Constantinople, puis consul à Smyrne, avait été élevé à de hautes dignités en Angleterre.

Richer (Christ.) — De rebus Turcarum. *Parisiis*, 1540, in-4.

Richer a lui-même traduit son livre en français. *Paris*, 1542, in-8.

Rigler (L.) — Die Türkei. *Vienne*, 2 vol. in-8.

Roberts (David). — La Terre Sainte, vues et monuments. *Bruxelles*, 1843, in-fol.

Roger. — La Terre Sainte. *Paris*, 1646, in-4.

Rogier (Camille). — La Turquie, mœurs et usages des Orientaux au 19e siècle. *Paris*, in-fol.

Roque (de la). — Voyage de Syrie et du Mont-Liban, *Amsterdam*, 1773, 2 vol. in-12.

Rottiers. — Itineraire de Téflis à Constantinople. *Bruxelles*, 1829, in-8.

Rottiers. — Description des monuments de Rhodes. *Bruxelles*, 1830, in-4.

Rousseau fils. — Description du pachalick de Bagdad. *Paris*, 1809, in-8.

Salignac (Mgr de). — Relation de Turquie envoyée au roy de tout ce qui s'est passé en cet empire depuis l'aduenement de l'empereur Amat. *Paris*, 1608, in-8.

Salignaco. — Itinerarium Terræ Sanctæ. *Lugduni*, 1525.

Sallabery (de). — Histoire de l'empire ottoman , depuis sa fondation jusqu'à la paix de Jassy en 1792. *Paris*, 1813, 4 vol. in-8.

Sallabery (de). —Voyage à Constantinople, en Italie et dans les îles de l'Archipel. *Paris*, an VII, in-8.

Salvador (Ed.) — Histoire des Echelles du Levant. *Paris*, 1857, 2e édit. in-8.

Salzmann. — Monuments et vue de Jérusalem, publié par ordre du ministère de l'instruction publique de France, 58 liv. grand in-fol. *Paris*, 1857,

Sandy (Jorg). — Travels into Turkey, etc. *London*, 1658, in-folio.

Sansovino (Francesco).—Istoria del origine ed imperio dei Turchi. *Venetia*, 1568, in-4.

Scheler. — La Palestine, esquisse historique, géographique et statistique. *Paris*, 1831, in-8.

Schildberger. — Der vel wunders erfaren hat inder heydenschaft und in Turkey, in fol. ; ouvrage, imprimé, dit-on, en 1473, donnant des détails sur l'histoire de Turquie de 1384 à 1427.

Sestini.—Voyage dans la Grèce asiatique, trad. de l'italien. *Paris*, 1789, in-8.

Schweigger. — Reise nach Constantinopol und Jerusalem. Voyage de Constantinople à Jérusalem. *Nuremberg*, 1608.

Sieber. — Reise von Cairo nach Jerusalem. Voyage du Caire à Jérusalem. *Prague*, 1823, in-fol.

Sieber. — Reise nach Kreta. Voyage en Crète en 1817. *Leipzig*, 1823, 2 vol. in-8.

Silvestre de Sacy. — Traité des monnaies musulmanes, traduit de l'arabe de Makrisi. *Paris*, an V, in-8.

Slade (Adolphus). — Records of travel in Turkey, etc. during 1829-30-31. *London*, 1832, 2 vol. in-8.

Sonnini (C. S.) — Voyage en Grèce et en Turquie par ordre de Louis XVI. *Paris*, 1801, 2 vol et Atlas in-4.

Spencer (S. A.) — The east. *New-Yorck*, 1858, in-8.

Spon (J.) et George Wheler. — Voyage d'Italie, de Dalmatie, de Grèce et du Levant, fait en 1675 et 1676. *Lyon*, 1678, 3 vol. in-12.

Cet ouvrage a donné lieu à des travaux de critique auxquels l'auteur a répondu.

Spratt and Forbes. — Travels in Lycia, Misyas and the Cibyratis. *London*, 1847, 2 vol. in-8.

Spruner (K. Von). — Historich-geographischer hand atlas. *Gotha*, 1837 et suiv., (partie relative à la Turquie).

Stochové (Vincent de). — L'Othoman ou abrégé de la vie des empereurs turcs depuis Othoman Ier jusqu'à Mahomet IV. *Amsterdam*, 1665, in-12.

Surius (le P. Bern.) — Le pieux pèlerin ou voyage à Jérusalem. *Bruxelles*, 1666, in-4.

Tancoigne (J. M.) — Lettres sur la Perse et la Turquie d'Asie. *Paris*, 1819, in 8.

Tancoigne. — Voyage à Smyrne, etc, *Paris*, 1817, in-18.

Tarikhi Naima, Reschid effendi, Sami, Chakir, etc. — Annales de l'empire ottoman en turc. Ce recueil qui comprend plusieurs volumes in-f° commence à l'année 1592 et se termine en 1775. Plusieurs historiographes impériaux en ont été successivement chargés. La société anglaise a fait traduire la première partie qui va de 1591 à 1659. *London*, 1832, 2 vol. in-4. Voyez *suprà* Fraser.

Tavernier (J. B.) — Six voyages en Turquie, en Perse et aux Indes. *Paris*, 1676-79, 3 vol. in-4. *Paris*, 1692, 3 vol. in-8.

Tavernier (J. B.).— Nouvelle relation de l'intérieur du sérail du grand seigneur, 1675, in-4.

Tavernier (J. B.).— Recueil de plusieurs relations, etc, qui n'ont pas été mis dans les six premiers voyages. *Paris*, 1679, in-4.

Taylor (le baron) et L. Reybaud. — La Syrie, l'Egypte, la Palestine et la Judée, considérées sous leur aspect historique, archéologique, descriptif et pittoresque. *Paris*, 1839, 3 vol. in-4.

Texier (Ch.).— Description de l'Asie Mineure, faite par ordre du gouvernement français. *Paris*, 1838, in-fol.

Thovnton.— Etat actuel de la Turquie. *Paris*, 1812, 2 vol. in-8.

Tollot.— Nouveau voyage fait au Levant ès-années 1731 et 1732. *Paris*, 1742, in-12.

Tott (baron de). — Mémoire sur les Turcs et les Tartares. *Paris*, 1785, 2 vol. in-4.

Turner (W.) — Journal of a tour in the Levant. *London*, 1820, 3 vol. in-8.

Ubicini.— La Turquie actuelle. *Paris*, 1855, in-18.

Ubicini.— Lettres sur la Turquie. *Paris*, 2 vol. in-8.

* Urquhart (David).— Turkey and its ressources ; its municipal organization and free trade. *London*, 1833, in-8.

Urquhart a été secrétaire d'ambassade à Constantinople. Son livre a été traduit en français par X. Raymond. *Paris*, 2 vol. in-8.

Valle (Pietro della).— Viagi in Turchia, etc. *Roma*, 1662-63, 4 tom. in-4.

Valmy (duc de).— Question d'Orient ; Capitulations européennes. *Paris*, 1856, broch. in-8.

Vanel. — Abrégé nouveau de l'histoire générale des Turcs. *Paris*, 1697, 6 vol. in-12. *Paris*, 1689, 4 vol. in-12.

Vimercati (César).— Voyage à Constantinople et en Egypte. *Paris*, 1852, in-8.

Viquesnel. — Voyage dans la Turquie d'Europe. *Paris*, 1856, 2 vol. in-4 et atlas.

Visdelou et Galand. — Bibliothèque orientale ou dictionnaire universel, concernant tout ce qui fait connaître les peuples de l'Orient. *La Haye*, 1779, in-fol., pour servir de supplément à l'ouvrage d'Herbelot. Voyez Herbelot (d').

Vohney. —Considération sur la guerre actuelle des Turcs. *Paris*, 1788, in-8.

Vohney (C. F.)—Voyage en Syrie et en Egypte en 1782-5. *Paris*, 1787, 2 vol. in-8.

Zallony (Philippe).—Traité sur les princes de la Valachie et de la Moldavie, connus sous le nom de Fanariotes. *Paris*, 1830, in-8.

Zieglerus Landamus-Bavanus.— Terræ sanctæ, etc, doctissima descriptio. *Argentorati*, 1536, in-fol.

Zuallart le très-dévot. — Voyage de Jérusalem fait en 1586. *Anvers*, 1638, in-4.

C'est la traduction française de l'ouvrage : Il devotissimo viaggio in Gierusalemme. *Roma*, 1595, in-8.

Walpole (Rob.)—Memoirs relating to European and Asiatik Turkey. *London*, 1817, in-4.

Walpole (Rob.) — Travels in various countries of the east. *London*, 1820, in-4.

Walsh (R.) — Narrative of a journey from Constantinople to England. *Philadelphie*, 1828, in-12.

Webster (Janus). — Travels through the Crimea, Turkey and Egypt during 1825-28. *London*, 1830, 2 v, in-8.

Wheler (Georg.) — Voyage de Dalmatie, de Grèce et du Levant, trad. de l'anglais. *Amsterdam*, 1689, 2 v. in-12.

Wilkinson. — Histoire pittoresque, géographique et politique de la Moldavie et de la Valachie, trad. de l'anglais par Desos de la Roquette. *Paris*, 1824, in-8.

L'ouvrage anglais porte pour titre : An account of the principalities of Valachia en Moldavia. *London*, 1820, in-8.

Wittman (W.) — Travels in Turkey, etc., during, 1799-1801. *London*, 1803.

Wolffgandus Weissenburgius. — Terræ Sanctæ descriptio. *Argentorati*, 1536, in-fol.

Wratislaw. — Gesandtschafts Reise von Wiem nach Constantinopel. Voyage de l'ambassade de 1591, de Vienne à Constantinople, 1787, in-8.

Fin.

TABLE

Des Traités internationaux ; Lois et Règlements qui sont textuellement rapportés dans ce Volume.

	PAGES
1569. 18 octobre. Traité entre la France et la Porte, article 12.	85
1604. 20 mai. Traité entre la France et la Porte, art. 18.	85
1631. 17 septembre. Traité entre la France et le Maroc, art. 9.	195
1631. 24 septembre. Traité entre la France et le Maroc, art. 9.	195
1682. 29 jan. Traité entre la France et le Maroc, art. 12.	195
art. 13.	195
art. 16.	196
1740. 18 mai. Traité entre la France et la Porte.	67
1742. 9 novembre. Traité entre la France et Tunis.	162
1778. Edit du roi.	217
1801. 19 juin. Traité entre la France et Tripoli.	139
1802. Traité entre la France et la Porte, art. 1 et 2 § 1.	90
art. 2 § 2.	83
art. 7.	178
art. 9.	102
1802. 23 février. Traité entre la France et Tunis, art. 2 à 7.	172

TABLE DES TRAITÉS.

1824. 15 novembre. Traité entre la France et Tunis,
art. 15. 167
art. 3 jusques et y compris 13. 172
art. 14. 179

1800. 8 août. Traité entre la France et Tunis, art. 1. 181
art. 3. 166
art. 6. 174

1833. 28 novembre. Ordonnance sur l'immatriculation en chancellerie. 289

1836. 28 mai. Loi sur la poursuite et le jugement des crimes et délits dans les Echelles. 291

1838. 25 novembre. Traité entre la France et la Porte, art. 2, 3 et 4. 75
art. 5. 79
art. 6 et 7. 80
art. 8. 91
art. 18. 110

1841. 18 juillet. Convention entre la France, l'Autriche et la Porte, art. 1 et 2. 92

1842. 2 juillet. Ordonnance sur la composition du tribunal consulaire à Constantinople. 273

1842. 6 novembre. Ordonnance sur le tarif des chancelleries. 374

1856. 30 mars. Traité entre la France, la Grande-Bretagne, etc. et la Turquie. 92

TABLE

ALPHABÉTIQUE ET ANALYTIQUE DES MATIÈRES.

A.

ABSENTS. — Les consuls doivent veiller particulièrement à leurs droits, page 285.

ACTES DE L'ÉTAT CIVIL. — Voyez Etat civil.

ACTE DE NAVIGATION. — Décret de 1793, 207.

ACTES reçus dans les chancelleries. — instruction, 210. Tarif, 374 et suivants.

ADOPTION. — Compétence des consuls, 283.

AFFAIRES ÉTRANGÈRES. — Règlement sur les frais de service, 211. Réductions à opérer, 213. Administration centrale, 211, 215.

AFFICHE. — Des arrêts portant peine afflictive ou infamante, 364.

AGA. — Ses fonctions, 115.

AGENTS CONSULAIRES. — Fonctions, 210. Attributions, traitements, congés, 212, 216. Comment ils procèdent lorsqu'ils reçoivent avis d'un crime ou d'un délit, 311. Cas où ils ont besoin d'une délégation spéciale pour agir, 312. Voy. Consuls et Vice-Consuls.

AIX. — Est le chef-lieu judiciaire des Echelles du Levant, 263; et *passim* voy. Appel, Chambres réunies, Cours impériales.

AMBASSADEURS de France. — Préséance, 87, 113. Exemptions diverses de droits, 88. Honneurs qui leur sont dus par la Porte, 113. Choisissent leurs drogmans et janissaires, 113, et ont seuls autorité sur eux, 113. Priviléges des rayas attachés à leur service, 114. Ne sont pas tenus des dettes de leurs nationaux, s'ils ne les ont pas cautionnés, 116. Délivrent les passeports aux Français voyageant en Turquie, 123. Leur présence est nécessaire pour qu'un Français puisse être amené devant une autorité turque, 124.

Amende. — Peut remplacer l'emprisonnement en matière correctionnelle et de police, 355, 368 et 369. Est versée au Trésor public, 373. Doit être consignée en cas de pourvoi en cassation contre les décisions rendues en vertu de la loi de 1836, 370.

Appel des sentences consulaires statuant au civil. — Est porté devant la Cour d'Aix, 263. Est irrecevable si, d'après les lois françaises, la décision a dû être rendue en dernier ressort, 264. Délais de l'appel, 267. Peut être émis par procureur fondé, 268. Doit contenir assignation, 268. Comment signifié, 269. Assistance judiciaire, 272. Des sentences consulaires statuant en correctionnel sont portés devant la Cour d'Aix, 346. A qui appartient le droit d'appel, 346. Comment est formé, 347. Ne peut être relevé par un défaillant, 347. Délais, 348. Formalités que doit contenir la déclaration d'appel, 349. Citation à comparaître, 349. Envoi de la procédure, 350. Jugement en appel, 352. Comment est formé par le procureur général, 371. Des sentences des commissions mixtes, 266. Des sentences des consulats étrangers, 266.

Arbitrages. — Sont licites dans les Echelles, 234. Exécution des sentences arbitrales, 260.

Archipel. — Règlement pour les consuls de l'Archipel, 205.

Archives des consulats. — Ordonnance sur leur conservation, 209. Soin que doivent en avoir les chanceliers, 243.

Arrestation des prévenus. — Comment a lieu, 313. Dans quel cas, 313. Position des Français immatriculés, 314. Des protégés, 315.

Arrêt criminel. — Rédaction, mentions, 364. Motifs, 364. Publicité, 363.

DES MATIÈRES. 429

ASPRE. — Valeur monétaire, 81.

ASSISTANCE JUDICIAIRE. — Peut être accordée devant la Cour dans une instance d'appel d'une décision consulaire, 272.

AUDIENCES des tribunaux consulaires. — Publicité au civil non obligatoire, 248. Il est en autrement au correctionnel, 344 et 345.

AUTORISATION pour s'établir dans les Echelles. — N'est plus nécessaire, 210.

AVOCATS. — Voy. Consul.

B.

BADJ. — Droit spécial, 81.

BANQUEROUTE. — Actions auxquelles elles donnent naissance, 38. N'autorisent à agir que sur les effets du failli ou contre ses cautions, 116.

BARATTERIE. — Loi spéciale pour sa répression, 209.

BEGLER BEY. — Ses fonctions, 82.

BEITULMALDGY, 96.

BIBLIOGRAPHIE, 393. Publications où il est traité des attributions judiciaires des consuls, 395. Publications concernant l'empire ottoman, 400.

BIENS délaissés par des Français, voy. Décès.

BOSPHORE. — Liberté de passage pour les navires de commerce, 60. Prohibition pour les navires de guerre, 91. Traités de 1802, 90. Du 25 nov. 1838, 91. Du 18 juillet 1841, 91. Et de 1856, 92.

BOSTANDY BACHI. — Leurs fonctions, 115.

BOULANGERIE française à Tunis. — Priviléges, 173.

C.

CADI. — Ses fonctions, 96. Constate les conventions entre Turcs et Français, 96.

CADIX, — Règlement pour les consuls français dans cette place,
CANOUN. — Lois constitutives de l'Etat en Turquie, 24.   [205.
CAP NÈGRE. — Compagnie française, V. Compagnie d'Afrique.
CAPITAINES. — Peines qu'ils encourent lorsqu'après due réquisition ils refusent de recevoir à bord un accusé, 372. Voy. Marine marchande.
CAPITULATIONS. — Ce qu'on entend par capitulations. 63. Les premières ont été obtenues par la France, 7. Motifs de leurs concessions, 9 et suiv. Historique, 16 et suiv. Capitulation de 1515, 25. Indication des diverses capitulations concédées par la Porte, 27 et 63 et suiv. Dispositions principales, 28, 33. Ont été renouvelées en 1802, 32. Sont maintenues, 65, 136. Texte annoté de celle du 18 mai 1740, 67 et suiv. Doivent être respectées par les fonctionnaires turcs à peine de punitions sévères, 104, 130 136. Confirmation des capitulations obtenues de Tripoli, 141. De Tunis, 184. De l'empereur de Maroc, 187.
CARAVANE. — Liberté du commerce par caravane, 156. Protection de celles allant à la Mecque, 156.
CASSAM. — Ses fonctions, 96.
CASSATION. — Pourvoi contre les décisions consulaires, 272. Contre les arrêts rendus en exécution de la loi de 1836, 370. Consignation d'amende, 370. Renvoi après cassation, 370.
CATHOLICOS. — Sa suprématie, sa résidence, etc., 11.
CAUTION, CAUTIONNEMENT. — Pour s'établir dans le Levant n'est plus nécessaire, 210. Les cautions peuvent seules être recherchées en cas de fuite ou de faillite du débiteur, 37, 116, 125, 179, 196. Donnée par le consul permet au débiteur de partir, 37. Dans quel cas est nécessaire pour exécuter les sentences consulaires, 45, 257, 258. Comment on y supplée, 258. En cas de détention préventive. Voy. Liberté sous caution.
CENSAUX DES FRANÇAIS. — Ne doivent pas être inquiétés, 121. Sont sous la protection de la France d'après les traités avec Tunis, 172, 173.

CERTIFICATS DE VIE. — Délivrance par les consuls, 286.

CHAMBRES RÉUNIES DE LA COUR D'AIX.—Jugent les crimes commis dans le Levant, 355. Etendue de compétence, 356. Nombre de juges, 356. Réunion des chambres, comment s'opère dans les divers cas, 356. Mode de procéder devant elles, 358 et suiv.. Délibération, verdict, application de la peine, 366. Mode de procéder si l'accusé est contumax, 367.

CHANCELIERS, CHANCELLERIES. — Nomination, 205, 239. Emoluments, 206, 216. Perceptions et remises, 209. Droits et tarif, 211, 212, 214, 242. Attributions, 43, 239, 241. En matière criminelle, 307. Serment, 43. Remplacement en cas d'empêchement, 242. Remplacement à Constantinople, 243, 273. Les archives du consulat leur sont confiées, 243. Actes et contrats qu'ils reçoivent, 210. Dépôts, 344 Comptabilité, 212, 243. Vente de l'emploi de chancelier, 244.

CHINE. — les négociants turcs y avaient au 9ᵉ siècle un juge mahométan, 10. Juridiction des consuls français, 215.

CIRCONSTANCES ATTÉNUANTES ET AGGRAVANTES.—Majorité, 263.

CITATION EN POLICE CORRECTIONNELLE.— Formalités, 339, 340.

COMMERCE. — Facilités, garanties aux Français en Turquie, 75. Liberté dans l'empire ottoman, 89. On ne peut y forcer un Français à acheter des marchandises dont il ne veut pas, 95. Liberté dans les ports de Tripoli, 146. Par les caravanes entre Tripoli et l'Egypte, 156. A Tunis, 168, 174. Dans le Maroc, 189, 191. Décret de 1791 sur le commerce des Français dans le Levant, 207. Décret de 1803 sur le même objet. 208. Tableaux annuels à transmettre par les consuls, 211.

COMMISSIONS mixtes. — Leur compétence, 229. Exécution de leur décision, 260. Appel, 266.

COMMISSSIONS rogatoires. — Exécution, 262, 320.

COMPAGNIE d'Afrique.—Objet, 169. Résumé historique de son fonctionnement, 169.

COMPARUTION personnelle. — Devant les tribunaux consulaires, 244 et 246.

COMPTABILITÉ publique. — Règlements, 208. Des consulats

règlements et instructions, 209, 212, 213, 214. 215. Son importance, 244.

Concesssions par les Turcs aux chrétiens et aux Francs, voy. Capitulations.

Confrontation. — Le jour en est fixé par le consul, 322. Comment a lieu, 325. Quid si le témoin est absent, 326. S'il y a plusieurs prévenus, 327. Comment elles sont consignées, 327. Présence de l'interprète, 328.

Congés. — Agents consulaires, drogmans et chanceliers, 216.

Congés de navire. — Défense aux consuls de délivrer aux navires des congés et passeports, 204.

Conseil. — Le prévenu doit être averti du droit qu'il a de se faire assister d'un conseil, 323. Conditions à remplir pour assister un prévenu comme conseil, 323. Sa présence au récolement, 323. Interpellations qu'il peut faire aux témoins lors de la confrontation, 325. Ne peut répondre pour le prévenu ou lui suggérer des réponses, 326. Peut formuler des reproches contre les témoins, 326. Il en est donné un à l'accusé lors de son interrogatoire par le conseiller délégué, 358. Propose la défense de l'accusé devant les chambres réunies, 361.

Conseiller. — Délégué pour interroger l'accusé, 358. Lui désigne un défenseur, 358. Peut procéder à un supplément d'information, 359.

Consul. — Leur premier établissement dans les Echelles, 17. Ont été commissionnés par le roi de France dès 1535, 25. Rang d'après les capitulations, 28, 88, 113, 154, 176, 194. Doivent être admis sans opposition, 97. Et protégés par les autorités turques, 133. Installation, 33. Comparution devant la justice turque, 37, 155. Peuvent autoriser des Français débiteurs à s'absenter en se portant caution, 37, 125. Etendue de leur juridiction, 7. Voyez de plus le mot juridiction. Préside le tribunal consulaire, 43. Et au besoin le compose seul, 43, 331, 332, 333, 334. Pouvoir de police, 57, 339, 345, 346. Leur procès avec des Turcs sont portés devant la

Porte, 87. Sont exempts de divers impôts, 98, 150, 179, 194. Honneurs qui leur sont dus par la Porte, 113. Choisissent leurs drogmans et janissaires, 113, 114, 155, 177. Et ont seuls autorité sur eux, 113, 194. Plaident par leurs drogmans devant la justice turque, 114. Arborent leurs pavillons suivant les usages, 114, 149, 177. Ne sont pas tenus des dettes de leurs nationaux s'ils ne sont leurs cautions, 116, 179, 196. Doivent veiller à ce que les corsaires n'abusent pas de leurs pavillons sans être même responsables de ces abus, 117. Ont droit de percevoir les droits de consulats, 84, 121; et *infrà*, au mot Tarif. Délivrent à leurs nationaux des passeports pour voyager en Turquie, 123. Doivent être appelés si des poursuites sont dirigées par des Turcs contre des Français, 124. Doivent réclamer les objets indûment enlevés à leurs nationaux, 153. Ont juridiction sur leurs nationaux, 177, 194. Peuvent avoir des églises dans leurs maisons, 194. Droit d'en établir à Tripoli, 148, 151. A Tunis, 176. Attributions particulières dans ce port, 171. Au Maroc, 193. Indication des lois, édits et règlements les concernant, 203. Attributions en matière civile, 217 et suiv. Attributions extrajudiciaires, 280. Attributions en matière criminelle, correctionnelle et de police, 296. Ouvrages publiés sur leurs attributions judiciaires, 395. Voyez au surplus les diverses indications de cette table, suivant les matières spéciales à raison desquelles il peut y avoir lieu de rechercher quels sont les pouvoirs et attributions des consuls dans le Levant.

CONSTANTINOPLE.—Comment le tribunal consulaire y est composé, 211, 243, 273.

CONTRAINTE PAR CORPS. — Doit être prononcée dans les cas prévus par les lois françaises, 262.

CONTRAVENTIONS. — Compétence, 299. Jugement, 53, 291, 304, 338 et suiv.

CONTUMAX. — Procès-verbal de perquisition, 330. Instruction de la procédure, 310. Jugement, 367.

CORRESPONDANCE. — Agents des affaires étrangères, conditions de publicité, 207. Contre-seing, 211. Division et numéros, 213. Instruction ministérielle de 1850, 213.

CORSAIRES. — Stipulations avec les puissances ottomanes à raison des corsaires, 82, 117, 133, 147, 153, 175, 185, 193.

COURS IMPÉRIALES. — Connaissent des appels des sentences consulaires, 263. Voy. Aix et chambres réunies.

COURSE. — Abolie par convention entre la France et Tunis, 181. Ne peut être exercée par le Maroc en cas de guerre entre la France et autre puissance barbaresque, 193. Arrêté règlementaire sur les armements en course, 207.

CRIMES dans les échelles. — Lois sur leurs poursuites et jugements, 210, 211, 291. Pas de distinction à faire par rapport à la nature du crime, 299. Règles de compétence, 31, 39, 40, 50, 55, 112, 124, 150, 180, 208, 296. Les Français ne sont pas responsables des crimes et délits commis par leurs nationaux, 180. Crimes commis sur les bâtiments de commerce, 304. Comment il est procédé si le fait ne présente les caractères d'un crime qu'à l'audience où le prévenu était cité pour un délit, 341, 352. Sont jugés par la cour d'Aix, 355. Instruction, 296. Jugement, 358.

CROISADES. — Influence sur le commerce du Levant, 17. Sur les concessions de priviléges et l'établissement d'une justice nationale dans ces pays, 18.

D.

DARDANELLES. — Liberté du passage pour les navires de commerce, 90. Prohibition pour les navire de guerre, 91. Traité de 1802, 90. Du 25 novembre 1838, 91. Du 18 juillet 1841, 91. De 1856, 92.

DÉCÈS. — Biens délaissés par des Français morts en Turquie. Mesures conservatoires, 40, 96, 196, 285.

DÉFENSES. — Comment présentées dans l'instruction, 327. Devant le tribunal correctionnel, 341. Devant la cour, 361. Exceptions, 362.

DES MATIÈRES. 435

Délits.—Loi sur leur poursuite et leur jugement, 291. Compétence des consuls, 299. Commis sur les navires du commerce, 304. Jugement, 53, 338.

Demandes devant les tribunaux consulaires. — Comment formées, 244. Peuvent être présentées par procureur, 244.

Dépots en chancellerie. — Ordonnance de 1833, 209. Circulaire de 1853, 245. Obligations des chanceliers et des consuls, 244, 288.

Descentes judiciaires — Sont ordonnées par le consul au civil, 249. Au criminel, 309.

Détention préventive. — Quand a lieu, 313, 314, 315.

Dgérimé. — Amende, 112.

Djarié. — Nature de ce droit, 128.

Différends entre Français. — Ne peuvent être portés à peine d'amende devant les tribunaux étrangers, 98, 99, 116, 148, 176, 194, 203, 233, 237. Entre francs de nationalités différentes, 35, 229. Entre francs et Turcs, 35, 149, 178, 195, 231.

Divan. — Ce que c'est, 87. D'après les traités devrait juger les procès entre Turcs et Français excédant 4000 aspres, 111, 125.

Donations.— Attributions des consuls pour les constater, 206.

Douane. — Etablissement de droit, exemption, mode de perception, 75, 77, 79, 80, 88, 188, 106, 110, 118, 119, 120, 123, 150, 157, 168, 169, 171, 173, 179, 194.

Draps. — Destinés pour le Levant, fabrication et vérification, 208.

Drogman. — Signification de ce mot, 89. — Est choisi par le consul, 155, 177. Ordonnance règlementaire de 1825, 209. Nomination, 255. Voy. Interprète.

E.

Echelles du Levant et de barbarie. — Ce qu'elles comprennent, 1. Commerce en 1789, 29. Depuis, 31. Lois, édits et règlements les concernant, 203.

ÉCRITURES PRIVÉES.— Saisies dans les instructions criminelles, 317. Représentation à l'accusé, 317.

EDIT DE 1778. — Son objet, 41, 218. Est en vigueur, 42, 218. Son texte, 217. A été enregistré, 218. Doit se combiner avec les autres lois françaises, 220.

EDITS. — Concernant les consuls et les échelles, 203.

EGYPTE. — Les Grecs y avaient des juges nationaux, 9. Rapports avec les rois de France, 23.

EKATESKERESSY. — Nature de ce droit, 119.

ELÈVES CONSULS. — Organisation, 208, 209, 212.

EMPEREUR DES FRANÇAIS. — Titres qui lui sont donnés dans les traités avec la Porte, 27, 69, 73.

EMPRISONNEMENT. — Peut être converti en amende en matière correctionnelle et de police, 355, 358.

ENQUÊTE. — Juge compétent pour la recevoir à l'étranger, 236. Formalités, 251.

ESCLAVES. — Réclamés par Français doivent être mis en liberté, 97, 144. Transport, 208.

ESPAGNE. — Convention consulaire avec la France, 205. Voy. Cadix.

ETAT CIVIL. — Attribution des consuls, 206. Circulaire de 1826, 209. Ordonnance de 1833, 209. Dépenses occasionnées par ces actes, 213. Règles sur leur tenue, 280. Tarif, 377.

ETATS-UNIS. — Convention consulaire avec la France, 216.

EXCEPTIONS. — Proposées devant la cour. — Irrecevabilité, 362.

EXÉCUTION. — Des décisions consulaires, 34. Contre les Français débiteurs de Turcs, 37. Exécution provisoire, 45, 256, 257. Demandée à des autorités étrangères, 236. Signification préalable des titres, 255. Des décisions consulaires, a lieu dans tout l'Empire, 258, 259. Mode d'exécution, 258. Emploi de la force publique, 259. Effets de la déclaration d'innavigabilité par le consul, 259. Des sentences arbitrales 260. Des décisions des commissions mixtes, 260. Des jugements des tribunaux étrangers, 261. Dans les échelles, des jugements rendus en France, 262. Des commissions rogatoires, 262.

DES MATIÈRES.   437

EXPÉDITIONS. — Sont délivrées par les chanceliers, 243.
EXPERTISE. — Quand ordonnée, 250. Prestation de serment des experts, 250. Refus d'opérer, 251. Expéditions des procès-verbaux d'expertise, 251.
EXPORTATION. — Permis d'exporter concédés par les traités, 118, 120, 122.
EXPULSION des Français des échelles par mesure administrative, 57. Est prononcée par le consul, 275. Seul, 276. Recours contre la décision, 277.
EXTRAITS de jugements et ordonnances consulaires. — En matière criminelle doit être transmis par le consul au ministre des affaires étrangères, 370.

F.

FAILLITE. — Devoirs des consuls en cas de faillite de leurs nationaux, 286. Voy. Banqueroute.
FAUX. — Constatation, mode de procéder, 319, 354.
FAUX TÉMOIGNAGE. — Poursuite, 325.
FLAGRANT DÉLIT. — Dans quel cas existe, 313.
FLOTTE, — Service à bord des navires de la flotte, 214.
FONDE. — Ce qu'elle comprend, 20.
FRAIS. — D'établissement des agents politiques et consulaires, 213, 214. De voyage, 213, 214. Du jugement par défaut en matière correctionnelle quand à la charge de l'inculpé acquitté plus tard, 344. Avancés par l'Etat en matière criminelle, 373. Consignation, 306. Devant les tribunaux turcs, 38, 127. Voy. Tarif.
FRANÇAIS. — Concessions diverses qui leur sont faites par leurs traités avec la Porte, peuvent visiter les saints lieux, 74. Exempts du kharatch, 97. Peuvent avoir du vin pour leur provision, 111, 115. Peuvent voyager en Turquie avec passeports de leurs ambassadeurs et consuls, 123. Peuvent prendre le costume turc, 123. Garanties, 155, 156, 134. Jouissent des priviléges accordés aux autres nations, 172. Voy. Différends entre Français.

FRANCS qui n'ont pas de consuls peuvent se placer sous la bannière de France, 104. Et jouir des avantages attribués aux Français, 109.

G.

GHEDIK. — Nature de ce droit, 121.
GRECS. — Par qui sont jugés leurs différends en Turquie, 11.
GREFFIER. — Le chancelier en remplit les fonctions au civil, 43, 239. Et au criminel, 307.
GUERRE. — En cas de déclaration, rapports entre la Porte et les puissances barbaresques et les Français résidant dans les Echelles, 152, 174, 181, 198. Cas de déclaration, 180, 198.

H.

HATTI SHERIFF. — Nature de cet acte, 106.
HODJET. — Ce qu'on entend par là, 126.
HONNEURS dus à la cour de France, 135.
HUISSIER. — Le chancelier en remplit les fonctions au civil, 43, 239. Et au criminel, 307.

I.

IMMATRICULATION. — Dans les chancelleries, 210. Ordonnance du 28 novembre 1833, 289. Dans quels cas les Français immatriculés peuvent être arrêtés préventivement, 314.
IMPOTS. — Distinction en Turquie, 84. Exemptions en faveur des Français, 81.
INNAVIGABILITÉ. — Déclaration par les consuls, effets, 259.
IMFORMATIONS. — Procès-verbaux, clôture, 322.
INSTRUCTION. — Des crimes et délits, 49. Loi de 1836, 296. Supplément, 353. Par qui fait, 359.
INTERPRÈTE. — Est appelé lorsqu'un Français comparaît devant un tribunal turc, 36, 98. Droits et émoluments, 84. Priviléges, 112. Sont choisis par les consuls et ambassadeurs, 113.

Sont sous leur police et surveillance, 113. Représentent les consuls lorsque ceux-ci sont actionnés devant les tribunaux turcs, 114. Assistent dans les instructions les témoins qui ne parlent pas français, 328. Serment auquel ils sont soumis dans ce cas, 328, 329.

INTERROGATOIRE.— Des parties quand le juge y procède, 249. Des prévenus, arrêtés, délai, 316, 317. Constatation, 317. Peut être réitéré, 317. A l'arrivée de l'accusé à Aix, un conseiller délégué lui fait subir un interrogatoire, 359.

INTERVENTION. — Promesse entre la France et Tunis de ne pas intervenir dans les différends qui pourraient survenir entre l'un de ces états et une autre puissance, 158.

INVENTAIRE.— Du mobilier du consulat, 313.

J.

JÉRUSALEM. — Peut être visité, 74, 105, 107. Garanties pour les religieux du Saint-Sépulchre. 107. Réparation des lieux confiés à des religieux, 134. Difficultés, sont vidées par la Porte, 107.

JUGEMENTS consulaires. — Comment rendus, 44. Exécution, 45. Voy. ce mot. Recours, 45. Sont rendus avec le concours de deux Français, 205. Lorsque la cause est instruite, 247. Rédaction, 257. Date, 247. Mention de la délibération, 248. De la publicité des audiences, 248. Signification, effets, 255. Exécution provisoire, 256. Modes d'exécution, 258. En France, 258. Appel, voy. ce mot. En matière correctionnelle, 341. Par défaut, 343. Appel, 346. Envoi des extraits, 370.

JUGEMENTS des tribunaux étrangers.— Exécution, 261. Appel, 266.

JUGEMENTS des tribunaux turcs. — Ne peuvent être revisés, 38, 126.

JUGEMENTS par défaut. — Opposition, formalités, délai, 255, 337.

JUIFS.— Par qui sont jugés leurs différends en Turquie, 12.

JURIDICTION criminelle des consuls. — Traités sur lesquels elle se fonde, 34. L'exercice en est réglé par la loi de 1836, 48.

JURIDICTION française dans le Levant. — Son origine, documents qui l'ont sanctionnée, 9 et suiv. Jusqu'où elle s'étend, 33. La juridiction civile est réglée par l'édit de 1778, 41. Elle s'étend à tous les Français, sans distinction de profession, 42, 222. Quelle que soit la nature de l'affaire, 42, 222. Elle est forcée, 43. Elle s'exerce sous la présidence des consuls, 205. Juridiction française dans les pays de chrétienté, 210. Etendue territoriale de la juridiction française dans le Levant, 222. Résidence des justiciables, 226. Différends entre Francs et autres Européens, 229. Civile et commerciale, tarif, 377. Criminelle, tarif, 378.

JURY. — Pourquoi ne connait pas des crimes commis dans le Levant, 356. N'est point investi si un accusé contumax se représente, 367.

K.

KARATCH. — Nature de cet impôt, 84. Exemptions, 123, 124.
KASSABIÉ. — Nature de cet impôt, 81.

L.

LÉGALISATION. — Attributions des consuls, 210, 286. Tarif, 212, 386.

LETTRES DE CHANGE. — On ne peut contraindre à les payer, les Français qui ne les ont pas acceptées, 37, 144.

LEVANT. — Commerce avec le Levant en 1789, 29. Depuis 31, voy. Marseille.

LIBERTÉ SOUS CAUTION. — Quand a lieu, 315. 336. Fixation du cautionnement, 315. Lorsque la mise en liberté est demandée en appel, 351.

LOI DU 28 MAI 1836. — Sur la poursuite des crimes et délits dans le Levant, 47. Dans quelles circonstances a été rendue, 47. Exposé de cette loi, 49. Historique, 291. But et objet, 202. Elle a conservé d'anciennes formalités abrogées en

France, 293. Documents à suivre en cas de silence de sa part, 294. Est-elle applicable hors des Echelles, 295. Instructions concernant son exécution, 295.

Lois concernant les consulats et les Echelles, 204.

Lois françaises. — Comment suivies dans le Levant, 220.

M.

Makhémé.— Nature de ce droit, 128, 136.

Marchandises.— Ne pouvaient être chargées par Français sur navires étrangers, 204. Prohibées, 169.

Mariage des Français dans les Echelles.—Difficultés diverses, 282.

Marine.— Organisation de l'administration centrale, 214.

Marine marchande. — Rapports des consuls avec elle, 210, 216, 288. Rôles d'équipage, 215. Décret disciplinaire et pénal, 215. Tarif de droits de chancellerie, 381.

Marine militaire.—Rapports des consuls avec elle, 210, 289.

Marins. — Frais de rapatriement, 210. Engagements pour le commerce, 214. Avances qui leur sont faites à Tunis, responsabilité des capitaines, 149.

Maroc.— Traités, 186. Traité de 1767, 188.

Marseille.— Son importance au moyen-âge, 15. Son commerce avec le Levant, 16. Part qu'elle prend aux Croisades, 18. Concessions qui lui sont faites, 19. Son commerce avec le Levant en 1789, 29. Direction et surveillance des Echelles par la chambre de commerce, 29. Droit de consulat, 30. Approbation des délibérations qui y sont prises, 30. Permission pour y résider, 30. Franchise de son port, 203, 208.

Mascate.— Juridiction des consuls, 215.

Mer Noire.— Navigation, 90. Liberté de commerce, 91. Traités de 1802, 90, de 1838, 91, de 1841, 91, de 1856, 92.

Mezéterie.—Nature de ce droit, 109.

Miry.— Trésor de l'empire, 37, 124.

Mise en accusation.— Pour crimes commis dans le Levant, 54. Formalités, 353.

MONNAIES portées par les Français dans le Levant. — Sont exemptes de droit de douane, 123. Peuvent ne pas être échangées contre des monnaies turques, 123.
MONOPOLE de commerce.— Abolition dans le Levant, 75.
MOTIFS DES ARRÊTS, 364.
MUBACHIRIÉ.— Nature de ce droit, 128.
MUTESSELIM.— Fonctions, 129.

N.

NAVIGATION — Police, 207. Tableaux annuels à envoyer par les consuls, 211. Tarifs de droits de chancellerie concernant la navigation, 381.
NAVIRES français. — Secours auxquels ils ont droit, 89, 130, 142, 145, 151, 155, 162, 163, 165, 181, 189, 191, 197. Ne doivent pas être soumis à plusieurs visites, 100, 151, 154, 189. Saluts qu'ils doivent. 101, 130, 152, 157, 182, 197. Accueil qui doit leur être fait dans les ports des Echelles, 103, 131, 148. Facilités accordées pour leurs cargaisons, 118, 129, 168, 193. Pour leurs approvisionnements et réparations, 128, 163, 190. Les sujets turcs qui les nolisent doivent payer exactement le fret convenu, 129, 157. Ne peuvent être nolisés par le gouvernement turc contrairement à la volonté des capitaines, 132, 147, 148. 157, 175. Droits auxquels ils sont soumis à Tripoli, 145, 153, 157, 167, 158, 197. Ne peuvent être retenus dans les ports, 147. Composition des équipages, 165, 185. L'obligation d'avoir des passeports n'existe pas pour les navires de guerre, 190. Vente des navires naufragés, 207. Feux de position à bord, 215. Crimes et délits commis à bord.
NAUFRAGÉS.— Secours qui leur sont dus, 166. Vente des navires naufragés, 207. Gestion des naufrages, 214.
NOTAIRE.— Qui en remplit les fonctions dans le Levant, 43, 239. Tarif de droits, 379.
NOTABLES.— Ce qu'on entend par notables, 332. Sont appelés à composer le tribunal consulaire, 331.

DES MATIÈRES.   443

ODA-BACHIS.— Nature de ses fonctions, 114.
OFFICIER DE SANTÉ.— Quand doit accompagner le consul dans une descente en matière criminelle, 309. Comment procède, 309. Serment préalable, 309. Rédaction de rapport, 310.
OPPOSITION. — Aux jugements consulaires en matière civile, 255. Aux ordonnances en matière criminelle, 337. Aux jugements correctionnels, 343. Comment exercée par le procureur général, 371.
ORDONNANCES.— Règlementaires concernant les consuls et les Echelles, 204.

P.

PACHAS.— Fonctionnaires investis de ce titre, 114.
PARTIE CIVILE.— Droit du plaignant de se constituer partie civile, 308. Obligation d'élire domicile, 308. Opposition aux ordonnances consulaires, 337. Appel des jugements correctionnels, 346.
PASSEPORTS.— Attributions des consuls, 210, 290.
PATRIARCHES GRECS.— Pouvoirs juridictionnels, 11. Suprématie du Catholicos, 11.
PAYS-BAS.— Convention consulaire avec la France, 216.
PÊCHE du Corail.— Concessions, 83, 170, 174.
PEINES.— Majorité nécessaire pour les appliquer en matière criminelle, 363. Applicables aux crimes, délits et contraventions commis dans les Echelles, 368. L'emprisonnement en matière de simple police et de police correctionnelle peut être remplacé par une amende, 368.
PERSE.— Juridiction des consuls français dans ce pays, 216.
PIASTRES.— Liberté d'introduction en Turquie, 77.
PIÈCES DE CONVICTION. — Saisie, 309, 311, 317, 318. Représentation à l'accusé, 318. Vérification, 318. Représentation aux témoins, 319. Où doivent être déposées, 319. Pièces de la procédure, lecture devant la Cour, 361.
PIRATERIE. — Mesures concertées avec la Porte, pour la ré-

pression, 83. Loi sur sa répression, 209. Il n'a pas été dérogé à cette loi par la loi de 1836 sur la répression des crimes commis dans le Levant, 373.

PLAINTES. — Rédaction, 305. Peuvent être présentées par toute personne, 308.

POLICE. — Droit des consuls, 57, 205. Ils doivent rendre compte des actes d'insubordination commis contre leur autorité, 237. Ils peuvent renvoyer en France des nationaux, dans certains cas, 275. Sauf recours au ministre, 277. Les capitaines doivent recevoir à leur bord les Français ainsi expulsés, 278. Les affaires de simple police sont jugées par les consuls, 338, 345. En dernier ressort, 346.

POLICE CORRECTIONNELLE.— Voy. Tribunaux consulaires.

POLICE SANITAIRE.— Décret de 1840, 214.

PORTE OTTOMANE.— Rapports avec la France ont toujours été de loyale amitié, 27, 71. Traités avec la France, 64.

POURSUITES. — Des crimes, délits et contraventions dans le Levant, loi, 211, 391. Ne peuvent être dirigées au civil que contre les débiteurs, 95, et au criminel que lorsqu'il y a des preuves, 112, et qu'en présence du consul, si c'est l'autorité turque qui les intente, 124.

PRÉSIDENT de la Cour. — Ses attributions en ce qui concerne le jugement des crimes commis dans le Levant. 360.

PRESSE (délits de). — Compétence des consuls, 299.

PRISES. — Attributions des consuls, 206. Conseil des prises, 207. Faites par les navires de l'Etat, 207. Vente, 207.

PRISONNIERS de guerre. — Doivent être rendus à la France et mis en liberté, 183, 192.

PRIVILÈGES. — Concédés à la France par la Porte, 101. Par Tripoli, 153. Par Tunis, 171. Par Maroc, 188, 191.

PROCÉDURE, — Devant les tribunaux consulaires, 44, 244. Au criminel, 296.

PROCÈS-VERBAUX.— D'audience correctionnelle, 345. De recolement, 324. De confrontation, 327. De perquisition en cas de fuite de l'inculpé, 330.

Procureur fondé. — Peut présenter une demande en justice, 244, 245. Représenter la partie à l'audience, 246. Emettre appel, 268.

Procureur général. — Droit d'opposition aux ordonnances consulaires, 338. D'appel des jugements correctionnels, 346. Fait rapport des procédures criminelles à la chambre des mises en accusation, 353. Mode de procéder en cas d'opposition ou d'appel, 371.

Protégés Français. — Arrestation pour crime ou délit, 315.

Publications, — Par personnes appartenant à la mairie, autorisation préalable, 215.

Publicité. — Des audiences correctionnelles des consuls, 344. Des audiences criminelles de la cour, 363. Quid des audiences civiles des consuls, 248. Donnée aux arrêts en matière criminelle, 364.

Q.

Questions.—Position des questions en matière criminelle, 362. Jugement des réclamations auxquelles elles donnent lieu, 362.

R.

Rayás. — Quelles personnes sont comprises sous cette dénomination, 114.

Rapport de mer des capitaines. 214.

Recolement.—Le jour en est fixé par ordonnance, 322. A lieu en présence du consul, 323. Comment il y est procédé, 324. A quoi s'applique, 327. Présence d'un interprète.

Recours contre les sentences consulaires, 46.

Reft. — Nature de ce droit, 81.

Règlement concernant les consuls et les échelles, 203.

Religieux. — Protection qui leur est due, 108, 134, 173, 177. Voy. Jérusalem.

RELIGION. — Liberté d'exercice, 39, 106, 135, 148, 176, 194.

REPRÉSAILLES envers particuliers defendues en temps de guerre entre Tunis et la France, 181.

REPRIS DE JUSTICE. — Ne peuvent être mis en liberté sous caution, 315. Ce que la loi entend par repris de justice, 316.

REQUÊTES. — Rédaction, 305.

S.

SAINT-SÉPULCHRE. Voy. Jérusalem.

SAISIE des pièces de conviction en matière criminelle, 309. Peut être faite par un agent consulaire, 311. D'écritures et signatures privées, 317. De pièces publiques, 318. Doivent être représentées au prévenu, 318.

SARDAIGNE. — Convention consulaire avec la France, 215.

SCLAMETLICK RESMY. — Nature de ce droit, 82.

SENTENCES ARBITRALES. — Légalité, 234, Exécution, 260.

SERMENT des témoins dans l'instruction, 321. Des interprètes, 328. Des assesseurs du tribunal consulaire, 333. Des témoins devant le tribunal consulaire jugeant correctionnellement, 340. Des témoins cités devant la cour en vertu du pouvoir discrétionnaire du président, 361. Voy. Interprète, Drogman, Chancelier, Officier de santé.

SIAM. — Juridiction des consuls dans ce royaume, 216.

SIGNIFICATIONS. — Sont faites par chanceliers, 245 Comment, 245, Effets, 255. De l'appel, 269. Remise de celles qui sont transmises de France. 210, 286.

SULTAN. — Titres qui lui sont donnés par les puissances européennes, 67, 73.

SUPPLÉMENT d'instruction, 353.

T.

TARIF. — Des chancelleries, 212, 213, 214, 242, 374. Actes de l'état civil, 377. Actes de la juridiction civile et commerciale, 377. Criminelle, 378. Actes notariés. 379. Relatifs à la navigation, 381. Actes administratifs, 385. Actes divers, 386. Observations diverses, 388.

TEKIALIF URFIÉ. — Impôt, 84.

TELONARIUS. — Nature de ses fonctions, 10.

TEMASSUK. — Contrat, 129.

TÉMOINS. — Assignation au civil, 252. Comment entendus, 253. Peine contre défaillants, 253. Reproches 254. Assistés d'interprètes, 255. Audition en matière criminelle, 310. Assignation préalable non nécessaire, 311. Peuvent être entendus par agents consulaires, 311. Fixation du jour de comparution, 320. Assignation, 320. Moyens coërcitifs pour les faire comparaître, 320. Comment leur déposition est reçue dans l'instruction, 321. Comment cités dans l'information, 324. Peines contre les défaillants, 324. Faux témoins, poursuites, 325. Recolement de leurs dépositions, 324. Confrontation, 325. Comment reprochés, 326. Appelés par l'inculpé, 327. Assistance d'un interprète, 328. Devant les tribunaux consulaires jugeant en matière correctionnelle, 341. Défaillants, peine, 341. Rédaction du résumé de leur déclaration, 345. Quels sont ceux qui peuvent être cités devant la cour, 360. Notification préalable, 360. Cités en vertu du pouvoir discrétionnaire du président, prêtent serment, 261.

TESTAMENTS. — Attribution des consuls, 206, 242.

TIERCE-OPPOSITION. — Recevable contre décisions consulaires, 256.

TOPTCHY BACHI. — Leurs fonctions, 115.

TRAITE des noirs. — Répression, 209.

TRAITÉS. — Avec la Porte, 83. Avec Tripoli, 138. Tunis, 159. Le Maroc, 186. Entre la France, l'Autriche, etc. et la Porte, De 1841. 92. De 1856, 92, 94, 95, 102.

TRANSACTIONS. — Entre Français et Turcs, constatation, 36.

TRANSFERT des Français renvoyés en France. — Obligation pour les capitaines de les recevoir à leurs bords, 378. De même pour les prévenus, 351, 372. Les frais de transfert sont compris dans les frais de justice, 373.

Transport du consul. — Sur avis du crime ou délit, 309.

Tribunaux consulaires.—Composition, 43, 338, 239, 320, 331. Procédure, 44. Jugement, 44. Exécution de leurs sentences, 45. Voies de recours, 46. Composition à Constantinople, 211, 273. Choix des notables qui y sont appelés, 331, 332. Publication de l'arrêté de désignation, 332 Serment, 333, 334. Remplacement des assesseurs, 334. Attributions comme chambres du conseil, 334. Compétence, 335. Décisions, majorité, 336. Comment investis de la connaissance des délits, 338, 339, 341. Instruction devant eux en matière correctionnelle, 340.

Tribunaux étrangers. — Ne doivent pas être investis des différends entre Français, 43, 306.

Tribunaux français. — Leur compétence pour vider le différends nés dans les échelles, 235. Cas spécial de compétence du tribunal d'Aix en matière correctionnelle, 354.

Tribunaux turc. — Ne peuvent accueillir une demande contre Français que si elle est justifiée par acte passé devant le cadi, 96. Si l'interprète n'est présent, 98. Ne peuvent juger les différends entre Français et autres Francs que si toutes les parties acceptent leur juridiction, 116. Leurs jugements ne doivent pas être revisés, 126.

Tripoli. — Traités avec Tripoli, 138. Confirmation, 159.

Tunis. — Traités avec Tunis, 159.

U.

Usages en vigueur dans le Levant. En cas de crimes commis par des Français, 296. — Ce qu'on doit entendre par usages, 297.

V.

Vagabonds. — Ne peuvent être mis en liberté sous caution, 315.

Vaivodes. — Fonctions, 115.

VÉNITIENS. — Faisaient le commerce des esclaves, 16.
VÉRIFICATION d'écritures saisies chez un inculpé, 318.
VICE-CONSULS. — Fonctions, 210. En matière civile, 279. Au criminel, 306. Quand peuvent délivrer des légalisations, 287. Recevoir des dépôts, 288. Et délivrer des passe-ports, 290.
VISIGOTHS.—Les négociants étrangers établis chez eux avaient des juges nationaux, 9.
VISIR. — Ses fonctions, 88.
VISITES domiciliaires. — Ne peuvent être faites par autorités turques qu'avec l'agrément du consul, 40, 125. Faites par le consul en matière criminelle, 309. Quand peuvent être faites par les agents consulaires, 311.

Y.

YASSAK KOULI. — Droits arbitraires, 81.

TABLE.

	PAGES
Introduction.	I

PREMIÈRE PARTIE. — *Aperçu historique et théorique sur la Juridiction française dans les Echelles du Levant et de Barbarie.*   1

§ 1. Origine de la Juridiction française dans le Levant et dans les États barbaresques; documents qui l'ont sanctionnée.   9

§ 2. Juridiction civile.   41

§ 3. Juridiction criminelle.   37

DEUXIÈME PARTIE. — *Traités de la France avec la Porte Ottomane, les régences de Tripoli et Tunis et l'empire de Maroc.*   61

§ 1. Traités entre la France et la Porte Ottomane; texte du Traité de 1740.   63

§ 2. Traités entre la France et Tripoli; texte du Traité de 1801.   139

§ 3. Traités entre la France et Tunis; texte du Traité de 1742.   159

§ 4. Traités entre la France et le Maroc; texte du Traité de 1677.   189

TROISIÈME PARTIE. — *Lois et règlements français.*   201

§ 1. Lois, Édits, Ordonnances et Règlements con-

cernant les consuls en général et les établissements français dans les Echelles du Levant et de Barbarie en particulier. 203
§ 2. Édit de juin 1778. 217
§ 3. Attributions extrajudiciaires des consuls. 280
§ 4. Loi du 28 mai, relative à la poursuite et au jugement des contraventions, délits et crimes commis par les Français dans les Echelles du Levant et de Barbarie. 291
§ 5. Tarif des droits à percevoir dans les chancelleries consulaires. 374
QUATRIÈME PARTIE. — *Bibliographie.* 393
§ 1. Publications où il a été traité des attributions judiciaires des consuls. 395
§ 2. Publications concernant l'empire ottoman. 400
Table des traités internationaux, lois et règlements qui sont textuellement rapportés dans ce Volume. 425
Table alphabétique des matières. 427

FIN DE LA TABLE.